基 督 教 经 典 译 丛

何光沪 主编
副主编 章雪富 孙毅 游冠辉

Theological Orations

神学讲演录

[古罗马] 纳西盎的格列高利 著
石敏敏 译

Simplified Chinese Copyright © 2009 by SDX Joint Publishing Company.
All Rights Reserved.
本作品中文简体版权由生活·读书·新知三联书店所有。
未经许可，不得翻印。

图书在版编目（CIP）数据

神学讲演录／(古罗马)纳西盎的格列高利著；石敏敏译．—北京：生活·读书·新知三联书店，2009.5（2021.3重印）
(基督教经典译丛)
ISBN 978-7-108-03117-4

Ⅰ.神…　Ⅱ.①纳…②石…　Ⅲ.神学－文集　Ⅳ.B972-53

中国版本图书馆 CIP 数据核字（2008）第 189007 号

丛书策划　橡树文字工作室
责任编辑　张艳华
封面设计　罗　洪
责任印制　卢　岳

出版发行　生活·讀書·新知 三联书店
　　　　　(北京市东城区美术馆东街 22 号)
邮　　编　100010
经　　销　新华书店
网　　址　www.sdxjpc.com
印　　刷　北京隆昌伟业印刷有限公司
版　　次　2009 年 5 月北京第 1 版
　　　　　2021 年 3 月北京第 3 次印刷
开　　本　635 毫米×965 毫米　1/16　印张 21
字　　数　278 千字
印　　数　11,001-14,000 册
定　　价　36.00 元
(印装查询：01064002715；邮购查询：01084010542)

基督教经典译丛

总　序

何光沪

在当今的全球时代,"文明的冲突"会造成文明的毁灭,因为由之引起的无限战争,意味着人类、动物、植物和整个地球的浩劫。而"文明的交流"则带来文明的更新,因为由之导向的文明和谐,意味着各文明自身的新陈代谢、各文明之间的取长补短、全世界文明的和平共处以及全人类文化的繁荣新生。

"文明的交流"最为重要的手段之一,乃是对不同文明或文化的经典之翻译。就中西两大文明而言,从17世纪初以利玛窦(Matteo Ricci)为首的传教士开始把儒家经典译为西文,到19世纪末宗教学创始人、英籍德裔学术大师缪勒(F. M. Müller)编辑出版五十卷《东方圣书集》,包括儒教、道教和佛教等宗教经典在内的中华文明成果,被大量翻译介绍到了西方各国;从徐光启到严复等中国学者、从林乐知(Y J. Allen)到傅兰雅(John Fryer)等西方学者开始把西方自然科学和社会科学著作译为中文,直到20世纪末叶,商务印书馆、生活·读书·新知三联和其他有历史眼光的中国出版社组织翻译西方的哲学、历史、文学和其他学科著作,西方的科学技术和人文社科书籍也被大量翻译介绍到了中国。这些翻译出版活动,不但促进了中学西传和西学东渐的双向"文明交流",而且催化了中华文明的新陈代谢,以及中国社会的现代转型。

清末以来,先进的中国人向西方学习、"取长补短"的历程,经历了两大阶段。第一阶段的主导思想是"师夷长技以制夷",表现为洋务运动之向往"船坚炮利",追求"富国强兵",最多只求学习西方的工业技术和物质文明,结果是以优势的海军败于日本,以军事的失败表现出制度的失败。第二阶段的主导思想是"民主加科学",表现为五四新文化运动之尊崇"德赛二先生",中国社会在几乎一个世纪中不断从革命走向革命之后,到现在仍然需要进行民主政治的建设和科学精神的培养。大体说来,这两大阶段显示出国人对西方文明的认识由十分肤浅到较为深入,有了第一次深化,从物质层面深入到制度层面。

正如观察一支球队,不能光看其体力、技术,还要研究其组织、战略,更要探究其精神、品格。同样地,观察西方文明,不能光看其工业、技术,还要研究其社会、政治,更要探究其精神、灵性。因为任何文明都包含物质、制度和精神三个不可分割的层面,舍其一则不能得其究竟。正由于自觉或不自觉地认识到了这一点,到了20世纪末叶,中国终于有了一些有历史眼光的学者、译者和出版者,开始翻译出版西方文明精神层面的核心——基督教方面的著作,从而开启了对西方文明的认识由较为深入到更加深入的第二次深化,从制度层面深入到精神层面。

与此相关,第一阶段的翻译是以自然科学和技术书籍为主,第二阶段的翻译是以社会科学和人文书籍为主,而第三阶段的翻译,虽然开始不久,但已深入到西方文明的核心,有了一些基督教方面的著作。

实际上,基督教对世界历史和人类社会的影响,绝不止于西方文明。无数历史学家、文化学家、社会学家、艺术史家、科学史家、伦理学家、政治学家和哲学家已经证明,基督教两千年来,从东方走向西方再走向南方,已经极大地影响,甚至改变了人类社会从上古时代沿袭下来的对生命的价值、两性和妇女、博爱和慈善、保健和教育、劳动和经济、科学和学术、自由和正义、法律和政治、文学和艺术等等几乎所有生活领域的观念，从而塑造了今日世界的面貌。这个诞生于亚洲或"东方"，传入了欧洲或"西方"，再传入亚、非、拉美或"南方"的世界第一大宗教，现在因为信众大部分在发展中国家，被称为"南方宗教"。但是，它本来就不属于任何一"方"——由于今日世界上已经没有一个国家没有其存在，所以它已经不仅仅在宗教意义上，而且是在现实意义上展现了它"普世宗教"的本质。

因此，对基督教经典的翻译，其意义早已不止于"西学"研究或对西方文明研究的需要，而早已在于对世界历史和人类文明了解的需要了。

这里所谓"基督教经典"，同结集为"大藏经"的佛教经典和结集为"道藏"的道教经典相类似，是指基督教历代的重要著作或大师名作，而不是指基督徒视为唯一神圣的上帝启示"圣经"。但是，由于基督教历代的重要著作或大师名作汗牛充栋、浩如烟海，绝不可能也没有必要像佛藏道藏那样结集为一套"大丛书"，所以，在此所谓"经典译丛"，最多只能奢望成为比佛藏道藏的部头小很多很多的一套丛书。

然而，说它的重要性不会"小很多很多"，却并非奢望。远的不说，只看看我们的近邻，被称为"翻译大国"的日本和韩国——这两个曾经拜中国文化为师的国家，由于体现为"即时而大量翻译西方著作"的谦虚好学精神，一先一后地在文化上加强新陈代谢、大力吐故纳新，从而迈进了亚洲甚至世界上最先进国家的行列。众所周知，日本在"脱亚入欧"的口号下，韩国在其人口中基督徒比例迅猛增长的情况下，反而比我国更多更好地保存了东方传统或儒家文化的精粹，而且不是仅仅保存在书本里，而是保存在生活中。这一事实，加上海内外华人基督徒保留优秀传统道德的大量事实，都表明基督教与儒家的优秀传统可以相辅相成，这实在值得我们深长思之！

基督教在唐朝贞观九年（公元635年）传入中国，唐太宗派宰相房玄龄率官廷卫队到京城西郊欢迎传教士阿罗本主教，接到皇帝的书房让其翻译圣经，又接到皇宫内室听其传讲教义，"深知正真，特令传授"。三年之后（公元638年），太宗又发布诏书说："详其教旨，玄妙无为；观其元宗，生成立要。……济物利人，宜行天下。"换言之，唐太宗经过研究，肯定基督教对社会具有有益的作用，对人生具有积极的意义，遂下令让其在全国传播（他甚至命令有关部门在京城建造教堂，设立神职，颁赐肖像给教堂以示支持）。这无疑显示出这位大政治家超常的见识、智慧和胸襟。一千多年之后，在这个问题上，一位对中国文化和社会贡献极大的翻译家严复，也显示了同样的见识、智慧和胸襟。他在主张发展科学教育、清除"宗教流毒"的同时，指出宗教随社会进步程度而有高低之别，认为基督教对中国民众教化大有好处："教者，随群演之浅深为高下，而常有以扶民性之偏。今假景教大行于此土，其能取吾人之缺点而补苴之，殆无疑义。且吾国小民之众，往往自有生以来，未受一言之德育。一旦有人焉，临以帝天之神，时为耳提而面命，使知人理之要，存于相爱而不欺，此于教化，岂曰小补！"（孟德斯鸠《法意》第十九章十八节译者按语。）另外两位新文化运动的领袖即胡适之和陈独秀，都不是基督徒，而且也批判宗教，但他们又都同时认为，耶稣的人格精神和道德改革对中国社会有益，宜于在中国推广（胡适：《基督教与中国》，陈独秀：《致〈新青年〉读者》）。

当然，我们编辑出版这套译丛，首先是想对我国的"西学"研究、人文学术和宗教学术研究提供资料。鉴于上述理由，我们也希望这项工作对于中西文明的交流有所贡献；还希望通过对西方文明精神认识的深化，对于中国文化的更新和中国社会的进步有所贡献；更希望本着中国传统中谦虚好学、从善如流、生生不已的精神，通过对世界历史和人类文明中基督教精神动力的了解，对于当今道德滑坡严重、精神文化堪忧的现状有所补益。

尽管近年来翻译界出版界已有不少有识之士，在这方面艰辛努力，完成了一些极有意义的工作，泽及后人，令人钦佩。但是，对我们这样一个拥有十几亿人口的千年古国和文化大国来说，已经完成的工作与这么巨大的历史性需要相比，真好比杯水车薪，还是远远不够的。例如，即使以最严格的"经典"标准缩小译介规模，这么一个文化大国，竟然连阿奎那（Thomas Aquinas）举世皆知的千年巨著《神学大全》和加尔文（John Calvin）影响历史的世界经典《基督教要义》，都尚未翻译出版，这无论如何是令人汗颜的。总之，在这方面，国人还有漫长的路要走。

本译丛的翻译出版，就是想以我们这微薄的努力，踏上这漫长的旅程，并与诸多同道一起，参与和推动中华文化更新的大业。

最后，我们应向读者交代一下这套译丛的几点设想。

第一，译丛的选书，兼顾学术性、文化性与可读性。即从神学、哲学、史学、伦理学、宗教学等多学科的学术角度出发，考虑有关经典在社会、历史和文化上的影响，顾及不同职业、不同专业、不同层次的读者需要，选择经典作家的经典作品。

第二，译丛的读者，包括全国从中央到地方的社会科学院和各级各类人文社科研究机构的研究人员，高等学校哲学、宗教、人文、社科院系的学者师生，中央到地方各级统战部门的官员和研究人员，各级党校相关教员和有关课程学员，各级政府宗教事务部门官员和研究人员，以及各宗教的教职人员、一般信众和普通读者。

第三，译丛的内容，涵盖公元1世纪基督教产生至今所有的历史时期。包含古代时期（1—6世纪）、中古时期（6—16世纪）和现代时期（16—20世纪）三大部分。三个时期的起讫年代与通常按政治事件划分历史时期的起讫年代略有出入，这是由于思想史自身的某些特征，特别是基督教思想史的发展特征所致。例如，政治史的古代时期与中古时期以西罗马帝国灭亡为界，中古时期与现代时期（或近代时期）以17世纪英国革命为界；但是，基督教教父思想在西罗马帝国灭亡后仍持续了近百年，而英国革命的清教思想渊源则无疑应追溯到16世纪宗教改革。由此而有了本译丛三大部分的时期划分。这种时期划分也可以从思想史和宗教史的角度，提醒我们注意宗教和思想因素对于世界进程和社会发展的重要作用。

中国人民大学宜园
2008年11月

目 录

中译本导言 1

第一部分　神学演讲录

前　言 3
第一篇　驳欧诺米主义者初论 14
第二篇　论神存在的奥秘 24
第三篇　论圣子 54
第四篇　再论圣子 76
第五篇　论圣灵 97

第二部分　其他演讲录

第三十三篇　驳阿里乌主义，兼论阿里乌本人 125
第三十八篇　论神显，或基督的生日 139
第三十九篇　论圣光 157
第四十篇　论圣洗礼 177
第四十三篇　称颂巴西尔的演讲 220

第三部分　书　信

致克勒图尼乌神父：驳阿波利拿里（第五十一封书信）...... 289

驳阿波利拿里：致克勒图尼乌的第二封信（第五十二封书信）...... 300

译名对照表 305
译后记 311

中译本导言

陈廷忠

纳西盎的格列高利是著名的卡帕多西亚三杰中的一位。这里所收录的他最著名的演讲，是传世之作，奠定了基督教神学稳固的根基。格列高利的思想极具震撼性，要看清这一点，须将其放在历史背景中来考查。

从375年的复活节开始，格列高利梦寐以求能够在一个修道院中静修，这是为了纪念女圣人提卡拉（Thekla）而设的女修院，位于现在土耳其的塞琉西亚（Seleucia），他在这里待了将近四年。他这样的安排其实是为了照顾双方的方便，一方面修女们能有支持圣礼的主教住在中间，另一方面格列高利也有能照顾其日常起居的团体。但更重要的是，他找到了一个能给他专心研究神学的空间。也就是在这样的环境中，他开始比较各种流行的神学学说；因为这个城市有非常活跃的神学争论的历史，无论是Homoiousians（本质相似论）、Homoousians（本质同一论）、Arian Homoian（阿里乌主义的相似论）和Anhomoians（非相似论），在这地区都有著名的神学代表。对格列高利来说，这当然是他求之不得的研究环境，为他在拜占庭（Byzantium）的神学辩论作了有力的准备。

在378年间，大数的狄奥多（Diodore of Tarsus），梅勒提乌（Meletius）的学生，成为塞琉西亚的主教，他对异端派阿波利拿里主义（Apollinarius）的学说非常反感，公开严厉抨击他，无形中却又产生另一个极端的神学论点。起初格列高利也没有作出任何评论，这要等到381年在君士坦丁堡（Constantinople）的会议上，他才正式宣判两种极端论点，但这期间所引起的阿波利拿里主义争论肯定促使格列高利在神学思想上更加深思熟虑。

西方的罗马帝国皇帝在一场战争中身亡后，继任的格拉提安（Gratian）亲自嫡选狄奥多西（Theodosius）为东方帝国的统治者，他们因为都坚信尼西亚正统神学，就齐心合力排除异己，高举尼西亚神学，这时候，正统派完全得胜。但这也要克服庞大的阻力才见胜利的曙光，尤其东方帝国的首都君士坦丁堡的境内，阿里乌派的势力非常巩固。格列高利也意想不到自己会成为神学争论的焦点，更甚者，他成为维护正统尼西亚派的佼佼者，留给后人以"神学家"的美名。

早在379年时，梅勒提乌大主教因为在他管辖的安提阿教区发生教义争论，就召开了一个规模庞大的教区会议，请来了150多位各地区的主教，这也是让拥护尼西亚正统派的领袖能有这样联合的盛会，以张声色。可惜在开会期间，梅勒提乌大主教突然去世，致使会议没有结果而告散会。众主教中唯有格列高利因正在退隐而没有出席这次会议，这种时势把格列高利造就成了英雄！

在会议中，众领袖虽然大致上都属于尼西亚正统派，但在细节上相持不下。格列高利因为没有出席，显得平衡中立，无形中成为对立的两派众望所归的调解者。所以，在380年秋天，当君士坦丁堡的教会要处理当地的神学纷争时，尼西亚正统派的神学家便毫无异议地要求退隐的格列高利出来，挑战当时仍然得势的阿里乌派分子了。

当格列高利来到君士坦丁堡时，已经有谣传说又有一人试图在首都成名，加上高傲的都市人对"乡下人"的鄙视，所以没有一个教会愿意让他站讲台，当然主要还是因为阿里乌派思想已经根深蒂固，他们自然地会生出排斥一位宣称为尼西亚正统派的人的心态。所以格列高利的使命就显得艰难了，他需要说服狄奥多西皇帝掌管下的这些城市必须剪除阿里乌派，但更重要的是，他要说服这个城市的信徒，尼西亚正统派不只可信，而且在修辞与神学造诣上更崇高，有真正正统的信仰。这里足见格列高利若要完成这个使命，必须倾尽毕生的学问，非全力以赴不可。历史证实格列高利不负众望，在这样处处都是神学陷阱的环境中，坚定不移地诉说自己的信仰，亦即普世教会的信仰，从而奠定了正统神学的根基，堪称教会的神学家。

其实格列高利不是那位表面看上去的懦弱书生，也不只是好辩的思想家，他确实是一位不折不扣的基督徒，只求能把自己经历的神与信仰勇敢地宣讲出来。他可能在教会管理制度诸如此类的行政事务上显得没有主见，他一直都对这些工作与功名不感兴趣，可一旦他的信仰受到挑战时，他会不惜生命代价挺身而出，不会因为要避免别人的鄙视而退缩。他所说的话是自己生命体会过的神学信仰，使人喝彩、使人折服。他留给后人的，不是深奥难懂的哲学，而是一位有血有肉的人，见证一位活生生的上帝。

格列高利记录了他在去君士坦丁堡路上的祷告，可以看出他的确深深体会到自己艰难的历程，一方面知道事情的艰巨，要步步为营，但也盼望能成就使教会回转到正统信仰的使命。他把自己视为像昔日带领以色列人过红海的摩西，也求神再次以火柱云柱来带领他前进。他寄住在一位表姐妹家中，借她给予的方便，在家中的院子设立聚会的地方，称之为"复活教会"(Church of the Anastasia)。如此命名，可能是盼望首都的众教会也能因此复兴回转的缘故。就在这里他宣读了著名的神学演讲，这译本记载的神学演讲录就是当时宣读的一部分，也是最重要的部分。

我们在理解他的这几篇神学演讲之前，必须从他在"复活教会"的演讲第一篇开始（《神学演讲录》总第二十篇），这里他列出了他的神学理论方法。首先，他认为信仰教义的研究与制定，应当是教会圣职人员的任务。他一针见血地道出神学争论的主要因素，认为离开教会的处境，做研究只是闭门造车，因为没有活泼信仰的根基，神学就会沦为空谈，成为没有生命的哲理。另外，他强调神学的论据必须"简明易懂"，不是在炫耀学问，而是深化信仰。格列高利也以身作则，没有故弄玄虚，虽然有一些非常难读的演讲，但这只是因为他的中心主题本来就是那么艰难的缘故（比如《神学演讲录》第五篇，总第三十一篇中的圣灵论）。他认为神学的精华所在，应像昔日摩西在西奈山上迎接神的启示一样，是亲身经历了神，使自己的思想不再受外界的影响，单单复述内在的经验与思想成果。这里我们不难看到教父时期普遍对神学研究的看法，这完全是一种信仰见证，而非单单理性思考。理性思考只是用作解释信仰的一种思维工具。

但是，格列高利也有他"调皮"的时候。他知道这些神学的辩论者运用的思考方法，就在他的这篇演讲中故意造出似是而非的循环论点：若圣父是无始的，也是开始的，圣子就是非无始的，而是一部分无始，又是一切的开始。只有圣父是无始的，也是开始的，但他开始的是圣子，因此圣子就与他类似，但也不完全相似，因此圣子有圣父作为起点。但圣父是无始的，从他所出的也不应有起点，因此圣子也算是无始的。若是这样，圣子即是无始的，也是有起点的，因此，圣子既是"与圣父类似"，又是"与圣父有别"，也是"与圣父同一"！他因此就指出神学辩论的无稽的一面。人在思想神的位格时，就好像抬眼看太阳一样,在强烈的光芒中,肉眼只能承受一刹那的光辉,再坚持下去就只能瞎了眼;人在思想宇宙的奥秘时,已经深深体会它的莫测高深,又如何能理解创造这个宇宙的主宰呢?只有用内在信仰的眼睛才能看见神自己的奥秘。

但他不能停留在一种盲目反神学的情绪中。他在接下来的讲章(《神学演讲录》总第二十二篇)中,提到神学讨论的正面作用。神学学说能使人走向极端的撒伯里乌主义(Sabellianism)或阿里乌主义,但我们也要靠着神学的思考把教会从神学纷争中转向合一的信仰。他主张尼西亚派的信仰是合理中庸之道,即,既接纳神的"一",也不排斥神的"三"。在拥护尼西亚派信仰的狄奥多西大帝君临城下的背景中,本是倾向于阿里乌派学说的首都君士坦丁堡,在格列高利的演讲中开始看到思想得以和解的可能性,因为他的神学论点不主张极端:"我们对正意的唯一定义是:只敬畏父、子、圣灵,唯一的权能,却是神性的三位,是不偏不倚的敬畏"(22.12)。我们这里记录了格列高利当时的处境(《神学演讲录》总第三十三篇),这是在380年的受难节期间,城中所发生的因神学争论而引起的骚乱,他也被招去审问。一次,他身体欠安,抱病在床。一位年轻人随从他人来探望格列高利,临走时在他床边抱头大哭起来。这是原来意欲谋杀他的,结果却内疚大哭。格列高利不只原谅了他,也与他同哭。此消息传开,格列高利成了君士坦丁堡极受欢迎的神学家,前来听他演讲的群众之多而拥挤了起来。在他的第三十三篇演讲中,他极力地维护自己的无辜,但并不是无知。他虽然是从乡下来,可不像那些充满欺压暴力行径的阿里乌派的城市人那样。而他却站在真理这一边,不会因为这些威胁而低头逃遁。

这期间,尼西亚派的教会也产生了内部的纷争,这是安提阿主教的继承人的争辩。因此，众人都要在格列高利身上找到支持自己论点的依据，他这时觉得自己犹如圣经中所记载的关于哥林多教会分党之争，有的说是属保罗，有的说是属亚波罗，有的说是属矶法 格列高利觉得自己被拉扯在三者之间，一方面要处理尼西亚派内部的纷争；一方面又要说服阿里乌派回归正统，另一方面又要面对袖手旁观的教外人的嘲弄。但他还是勇敢地细心讲解他的和平神学之道，认为任何神学讨论都是需要以神学家的信仰修养来说服人，而不是他的论调。因此，神学论说的另一个目的是，澄清彼此之间的思想分歧，以使达至教会合一的事实。而他也知道自己必须把正统神学的论点说得清楚透彻，才能把这四分五裂的局势挽回。务必使每一个派别都能满意，这当然是几乎不可能的，但他却在最出色的五篇演讲中完成了这个任务，留下了这些奠定基督教信仰的传世之作，难怪得到了"神学家"的称呼。

这是在380年夏秋间的演讲（《神学演讲录》总第二十七至三十一篇）。这不只是一系列的神学思考，更重要的是各地区的教会领袖都非常关注在君士坦丁堡的发展，这可能是基督教从此奠下神学基础的时机，也可能带来基督教瓦解的危机！罗马、亚历山大的教区屏着气，紧张地等候讨论的结果，众目专注在这位称得上是最合乎中道的神学家，连当时深具盛名的解经家哲罗姆（Jerome）也连夜赶到首都 后来他称格列高利为他的"解经导师"。格列高利当然也知道落在他身上的重任，但他可能意想不到，将要发表的神学演讲在基督教中竟然成为举足轻重的信仰宣告！

我们现在可以集中来讨论这里翻译的五篇演讲了（《神学演讲录》总第二十七至三十一篇）。从主题的角度来看，这是讨论神的位格论。第一篇讨论研究神学的态度；第二篇讨论神观；第三与第四篇讨论圣子与圣父的关系；第五篇讨论圣灵的位格。

演讲录第一篇（总第二十七篇）承接我们以上所述关于格列高利对研究神学的态度与研究者的身份：研究神学是接触了圣洁的意念，若仍未洁净又如何承受得了圣洁之物，就如睁着一双弱眼来注视强烈的阳光一样。这当然有其历史背景，格列高利认为欧诺米派在君士坦丁堡的神学哲理讨论只是哗众取宠而已，格列高利坚持认为神学既然是研究神的学问，无论如何也不是茶余饭后或是举杯寻乐的讨论话题，适当的神学讨论要有适当的敬虔祷告环境来默想个中的属灵意义。

第二篇（总第二十八篇）进入神观的讨论。从欧诺米主义的角度来看，因为神是"非受生"的，所以神是全然可知的，而且是非常纯一的。神若是父，就不会是子！父若是无始的，子是有开始的，那么，子由父而出，逻辑上就不可能与父同等，所以必不可能与父同质，当然，因为子由父而出，就有极密切的关系，但绝不能等同。但对格列高利的尼西亚派神学来说，我们作为被造物只能从"有限性"开始。父与子的关系不可能只是强以有限的逻辑来推理，神学既是神的学问，就有它的超越人的有限思维的范畴，因此是吊诡的。神的神性是既独特又是统一的，是独一又是各自独特的。① 犹如摩西在西奈山上只能见到神的背面一样，我们不可能像欧诺米主义所说，能推理简化理解神，而只是要从神那里所散发出来的荣耀才能体会一二。这好像在水面上反射的日光一样，我们只能觉察反射的日光，只有愚蠢的人才以为那就是真正的日光！但人若直视日光，只能变瞎。因此，格列高利精彩地驳斥了欧诺米主义。

他再把论点推前一步。我们可以用一些神学词语来描绘神，但这不能说就是全备的神学观念，因此欧诺米主义怎可以夸口说已经全然

---

① 《神学演讲录》第二十八篇第一节。

知晓神了呢？在人的理解中，总是认为神太不能理解，只能领会他是一位极高至美的神。人仍渴望寻到这位神，但一些人却跨越了自己自然的限制，很快就曲解了神的位格。我们今生可能要满足于或者能看到"从伟大光源的一点点流溢"①而已。即使圣经中提到一些圣贤看到了异象，但也是一丁点的亮光。像我们中国诗人屈原的"天问"一样，格列高利观看自然天象，发出了惊叹，问有谁能理解宇宙的奥秘？动植物世界的奇观？四季的变化万千？还有难以言喻的天使？只有懂得理性思考的人才会哑口无言，清楚知道理性思考的限制。若我们本身惊讶于这些创造物的奥秘性质（他称之为"次级性质"），更遑论拥有"首要性质"的神了！

第三篇（总第二十九篇）可说是五篇演讲中最复杂的一篇，谈论的是炙手可热的神学课题：圣父与圣子的关系。格列高利从各种不同的角度来诠释他对这个关系的理解。在阿里乌派得逞的首都中，要讲述尼西亚派的思想，犹如但以理在狮子坑里四处面敌，他也知道若不能在这时候说服群众回转至尼西亚正统思想，不仅在基督教的教义上将永远分开，基督教的教会也会四分五裂而瓦解。在这种极度的压力下，他以他毕生的修辞学问与深沉的信仰反省，道出了精彩的辩词。

阿里乌/欧诺米派强调圣父与圣子的非相似论（Anhomoian/Heterousiast）。格列高利延伸了阿塔那修的基督论，不只从父子的相互关系，更是从三位一体的神学来铺陈。神的位格是不可分割的，即使从"一"而发至"二"，在本质上仍然是"一"，虽然有数量上的分别，却没有本质上的分离。

格列高利把问题集中为三项，以驳倒阿里乌主义的学说。

---

① 《神学演讲录》第二十八篇第十七节。

1. 关于圣子的永恒本质。阿里乌派认为子既然是从父而出,就必须是次等的,而子既然是受造的,必有"变质"的可能。但格列高利强调子的确是从父而出,但这不表示是"后来"的,因为这是发生在无时间观念的领域中,不能用先后次序来理论。子的"受造"与宇宙的"受造"是截然不同的层次:"他的存有既是不同于我们的存有,他的生育也自然不同于我们",①子若不是有完全的神性,就不能说有任何神性了,因此子没有"变质"的可能。正如《约翰福音》所说,子(道)太初就有,这是在还未有时间范畴以先的观念,就不可能用时间的范畴来计算他的开始。

2. 关于圣父如何"生育"圣子。阿里乌派认为子的生育是发自父的意志,因此不能算是从父的本质而出,无论如何,受造者与创造者是两个个体。在这里,格列高利的论述并不高明,他认为生育必须牵涉到意志与本质,他极力要分开两个观念:父"生育者"身份与子"受生者"身份,与父"造物者"身份与宇宙"受造者"身份是不能同日而语的,但他无法以这个论点来驳倒阿里乌主义认为子"受造"的观点,因此只好站在"不可知"的立场说:我们连受造物如何产生都不完全知晓,又如何明白子的"生育"呢?

3. 关于父与子的关系。阿里乌派抓住《约翰福音》14:28的话:"因为父是比我大的",认为基督明显地是在父之下。但格列高利却给了这节经文两个解释,若仅从文字表面看,就会同意阿里乌派;但另一个解释更合乎其他圣经的教导,就是从效果来理解,子的确从父而出,当然在修辞上要用先后、大小来描述,无须牵涉神的本质大小来揣测,阿里乌派把神的本质与活动(Theologia/Economia)混淆了,不

---

① 《神学演讲录》第二十九篇第四节。

能因为称神为父，就不能称他为子，若称为子，就是不同质。对于格列高利来说，这是荒谬的。称父称子，不是本质上分离，而是肯定父子的紧密关系。他于是把圣经中听到父子关系的经文一一清楚解释，站在圣子"降卑虚己论"的立场，来分析子既是与父同质，又是与父不同的活动。他们不是相互排斥，而是相得益彰。他向听众道歉用了这样繁复的神学辩证法，这是不得已的。他认为只有信心才能成全理性的辩证。

第四篇（总第三十篇）延续讨论圣父与圣子的关系，这次格列高利集中谈论圣经对这方面的提示以及他在神学研究的成果来反驳阿里乌派的诠释。他先从引起双方争论的经节《箴言》8：22着手。经节中提到智慧的受造，阿里乌/欧诺米派强调这就是圣经对子受造的明证，但格列高利怀疑前人对这节经节的解释，认为这里指的智慧是创造之道，为了创造而设计的智慧，表达神在道成肉身的基督身上所蕴藏的智慧。从这篇演讲完全可以看到格列高利释经之严谨，不怕走出传统的解释，站在圣经启示的合理性与神学的统一性角度来思考，把父与子的关系表达得淋漓尽致，其中包含了他自己的属灵气质与想象力。

第五篇（总第三十一篇）讨论圣灵的教义。早在当年的5月，他在演讲中从新约圣经中提出圣子与圣灵的同等性（《神学演讲录》总第三十四篇）。《马太福音》12：25—32中提到亵渎圣灵的事，格列高利认为亵渎圣灵就是否定圣子的神性，因此圣子与圣灵是同等的，这样的言辞在他之前的神学讨论只是意会，较少明说（阿塔那修与巴西尔也提及）。他解释说：正如《诗篇》36：9提到"在你光中，我们必得见光"，圣子与圣灵同是光，因此在圣灵的恩赐中我们就能领会到圣子的神性。另外，他与阿塔那修一样，认为在教会的崇拜中已经高举了三一神的赞美，不可能有高低之分。因此，在另一篇同年6月圣灵降临节（或五旬节）的演讲中（《神学演讲录》总第四十一篇），他坚持圣灵的神性，在此之前，圣灵的位格通常是当作"最高的天使"来论说，而格列高利这次却大胆地提出圣子、圣灵的同等，谁若否定圣灵是神，就明明地指着圣灵说他是受造的，这就真的亵渎神的圣洁性了："只有在圣灵里圣父才能得以显示、圣子得以荣耀，也只有在圣父与圣子里我们才能认识圣灵！一切属于圣父的也属于圣子（除了非受生之外），同样地，一切属于圣子，也属于圣灵（除了受生之外）"（41.9）。这样，他最著名的演讲有了起点与背景，把三位一体的神学论点推至更高的境界，摆明立场说出了圣灵与父、子的同质论。

很明显地，格列高利对朋友巴西尔的《圣灵论》著作不是完全的满意，所以在这第五篇演讲中他开头先提一提好友的著作，认为是一部教导之作，不能是全面的讨论，但表示以下他所提供的资料已经超越了好友的思想，把圣灵论推高一层了。

他非常喜爱使用"光"来表达他的神学："神是光"是圣经的宣告，可以用此来描述三一神，都是光，又是同一道光。若圣灵不是神性的话，他存在于父与子中，就是神性受到非神性的毁坏，那么圣灵也是受造的，就无法使人圣洁成圣。他提议圣灵是完全神性的，认为不止阿里乌派拒绝了基督的神性，也拒绝了圣灵的神性，更甚者，尼西亚派的神学家也在这个教义上三心二意，拿不定主意，主要可能受到希腊哲学体系的影响，把神性分成三个等级。他认为圣灵是有位格的，不是前人所说是神性的力量，既有位格，就必须是与神同质。早期教会已经教导教会向圣灵祈求，即祈求，就是敬拜，因此不能说他不是神，否则就是成了多神教了。耶稣既然说圣灵是从父出来真理的灵（约翰福音15：26），就必具备完全的神性。所以，格列高利简单地再问："那怎样呢？圣灵是神吗？完全可以肯定。那好，他与神同一本

质吗？是的，他既是神，自然与神同一本质！"（31.10）

格列高利结束他的演讲，像一个见到光明远象的人一样，只有俯伏在神性的光彩下，享受光、暖与爱："直到末了，尽我所能，终我一生劝说众人敬拜圣父、圣子和圣灵，同一的神性和权能。一切荣耀、尊贵和能力都归于他，直到永远，阿们！"

格列高利可以说是把毕生的信仰反省与思想在以上的演讲中完全地铺陈出来。从这里收录的其他演讲其实就能看到他的神学思想基本上是相当一致的，他站在正统尼西亚神学的顶端，维护教会传统中的信仰共识，虽然在其他事上，他并不是行政能手，但一到以修辞学来铺陈神学的体系时，他确实能清楚地加以分析。

380年11月4日，拥护尼西亚正统的狄奥多西皇帝凯旋进入君士坦丁堡，阿里乌派的主教被流放，狄奥多西很自然地遴选了格列高利代替主教的位置。他从那年的圣诞开始，在演讲中集中谈论基督的诞生与洗礼（《神学演讲录》第三十八至四十篇）。他趁着圣诞佳节来再次反省圣子道成肉身的意义：是为了人的拯救，而不是来证实子与父的不同质（第三十八篇）。他也借着洗礼的仪式来讲解灵程（第三十九篇）：首先是远离魔鬼对他的诱惑，然后遵守神的诫命，洁净自己的灵魂，得到圣灵的光照，最后追随至善的神。主教奉父、子、圣灵的名施洗，神是三个位格，却是同质的，三道光却是同一个光源。接下来，格列高利又为了解释洗礼仪式作了颇长的演讲（第四十篇），首先答复会众对洗礼的普遍误解，认为在适当的悔改态度下，应该不要延迟洗礼。奉父、子、圣灵的名施洗再次肯定三位一体的教义："正如诸天的美和大是一，同样，三个的无限的彼此无限接连……我一想到一就同时被三位的光辉照亮……当我沉思三位的整体时，我只看到一个火把，不可能把不可分的光分开或匀出来进行度量"（40.41）。所以，格列高利几乎在教会的每一个礼仪上重新以尼西亚正统的三一神论来诠释，力挽狂澜，把原本深入民间的阿里乌派异端排斥在教会的教义之外。

但尼西亚正统的教义还是要经过热烈激昂的辩论之后才渐渐地成为基督教的主流思想。381年的君士坦丁堡大公会议中，本来是让格列高利主持，但他的权威性受到挑战，只好借着体弱的缘故，辞位归乡。回乡途中，神职人员克勒图尼乌（Cledonius）跟随他，以后也协助他处理纳西盎教区的工作。这时，纳西盎教区受到阿波利拿里异端分子的干扰，促使格列高利写了信给克勒图尼乌，要他提防异端。在这里我们也辑录了两篇书信。

《神学演讲录》总第四十三篇是格列高利归乡之后，为了纪念好友巴西尔而作的。这是格列高利留下的历史资料，使我们对他与巴西尔的关系有更进一步的了解。

389年格列高利离世，却留下了扎实的基督教正统的神学根基。

(本文作者是澳大利亚维省圣经学院高级讲师，

教父灵修学专家)

第一部分　神学演讲录

前　言 *

《基督徒传记词典》(*The Dictionary of Christian Biography*) 中论纳西盎的格列高利 (Gregory of Nazianzus) 一文的作者说:"人们一直认为,这些演讲一经翻译就会失去其最主要的魅力,这话一点不错……批评家对它们赞不绝口,溢美之辞一浪胜过一浪,但最高的赞美莫过于许多神学家的赞美,因为他们在这些演讲中发现了自己最杰出的思想。一位对格列高利没有任何偏心的批评家用寥寥数语也许说出了最真实的评价:'思想完整连贯,集中整合了分散在希拉利 (Hilary)、巴西尔 (Basil) 和阿塔那修 (Athanasius) 作品中的所有思想;语言平实质朴,又挥洒自如　生动流畅;既论证有力,不落俗套,又没有华而不实的修饰,这些特点使这五篇演讲成为这位杰出天才的不朽作品之一,虽然他有时也难免装腔作势,矫揉造作。格列高利只用了几页纸,在短短几个小时内,把延续了整整一个世纪的争论作了高度概括,并为之画上了句号。'"① 这些演讲是379年至381年间在君士坦丁堡的复活堂 (Anastasia, Constantinople)

---

* 英译本前言。本书译自英译本 Philip Schaff & Henry Wace (eds.), A Select Library of Nicene and Post-Nicene Fathers of the Christian Church (second series), Volume VII, T & T Clark, Reprinted, March 1989. 英文译者是 Charles Gordon Browne 和 James Edward Swallow。——中译者注

① De Broglie, "L'Eglise et l'Empire," v. 385.

教会宣讲的①，为作者赢得了神学家的称号。享有这美名的，唯有他与福音书作者圣约翰（S. John the Evangelist）。不过，我们应当注意，这里使用的这个词不是在宽泛的一般意义上说的，而是在比较狭窄的特定意义上说的，明确意指道（Logos）的神性之捍卫者。他的主要对手是欧诺米（Eunomius）和马其顿（Macedonius）的追随者，这些关于神学或者说关于道和圣灵的神性的演讲录，几乎都是为驳斥他们而写的。这位布道家（Preacher）的大部分公开演讲的主要目的是，维护尼西亚会议确立的三一神或三位一体神的信仰，也就是说，神性（Godhead）只有一个本体（Substance）或本质（Essence）②，因而神是绝对意义上的一。然而神并非只有一个位格，在这不可分的统一性（Unity）中有三个自主的主体（Subjects）或位格（Persons），即父、子和圣灵，他们各有自己的特性（Idiotetes）或个性，彼此有别。出于这样的目的，他与以上所说的异端展开论辩，这些异端不是否认子与父的同质

---

① 参看前言第171页。（本译文没有译出英译者写的前言。——中译者注）
② 唯有一个神圣的本质或本体；父、子、圣灵是同一本质，或同一本体的。他们彼此你中有我，我中有你，不可分离，也不可能单独领会。在这一点上，尼西亚教义完全是独一论的（monotheistic），或单一始基的（monarchian），而不是三神论，后者不过是异教多神论的一种新形式而已。
　　"在哲学的意义上，本质（ousia）和本性（physis）不是指某个个体，某种个体性，而是指属或种；不是 Unum in Numero，而是 Ens Unum in Multis。所有的人都属于同一本体，分有同样的人性；尽管作为个体的人，他们是各不相同的。'Homo-ousion' 这个词，从严格的语法上讲，不同于 Mono-ousion 或 Touto-ousion，也不同于 Hetero-ousion，表示的不是数的一致性，而是本质的同等性，或者几个存在者的共同本性。因而，卡尔西顿信经（Chalcedonian Symbol）用得非常清楚，其中说到基督'就神性（Godhead）来说，与父同质（Homo-ousios），就人性来说，与我们同质（但从个体性上讲仍然与我们有别）'。但在神圣的二位一体中，同质性不仅表明类的同一，也表明数上的合一；不仅 Unum in Specie，而且 Unum in Numero。三位格与神本质的关系不同于三个体与其种的关系，比如亚伯拉罕、以撒、雅各，或者彼得、约翰、保罗与人性的关系；他们都是独一的神。这神圣本体因其单一性，所以是绝对不可分的，因其无限性，所以是绝对不可延伸、不可转化的，而有形的本体是可分的，人性是可以借生育而增多的。若是三个本体，就会彼此限制和排斥，因而不可能是无限或绝对的。神这个不可分的独一本质连同它的全部属性都完整地存在于三位一体中的每一位格之中，只是每个位格以其自己的方式拥有这一者；在父，是作为最初原理拥有，在子，是借着永恒生育拥有，在圣灵则借永恒发出（eternal Procession）。教会教导的不是一本质和三位格，而是三位格中的一本质。父、子和灵不可能看作三个独立的个体，而是彼此你中有我，我中有你，并构成一个完整的统一体。"《教会历史：尼西亚和后尼西亚时期》（Schaff, History of the Church, Nic. & Post-Nic. Period）, Div. ii. p. 672。

性（Consubstantiality），就是否认圣灵的完全神性和个性。

欧诺米生于卡帕多西亚（Cappadocian），比格列高利稍大，乌尔曼（Ullmann）称之为4世纪最有趣的异端之一。欧诺米年轻时是埃提乌（Aëtius）的学生和文书，而正是后者把阿里乌（Arius）的异端邪说发展到极致。这个学生从来不畏师尊，常常把老师的前提推演到最后的逻辑结论，或者不加掩饰地陈述它们，在那些认为他所推导的前提就是可怕的渎神命题的人看来，他的结论无疑也是极其不敬的。事实上，他对老师的异端教义作了非常完全而系统的发展，以至于非相似论的阿里乌主义者（Anomoean Arians）后来就被称为欧诺米主义者，而不是埃提乌主义者。他们主张父与子的存有（Being）①是完全**不同的**（Unlikeness），神是绝对存有，不能用生育的概念表达，他是非受生的（Unbegotten），也不能生育，所以不可能从他生出什么，这是他们的前提；由此他们说，永恒的生育是不可思议的，神

---

① 希腊文系动词 Eimi（是）的中译（拉丁文是 sum、英文 be、德文 Sein；Eimi 的不定式是 Einai，分词的阳性和中性都是 on，阴性是 ousa，柏拉图和亚里士多德所用的 ousia 即来自于 ousa 的变化，英文相当于 substance），国内学者近来讨论得很多。在古代基督教的经典作家中，关于 Eimi/On 的用法主要以卡帕多西亚三大教父（巴西尔、尼撒的格列高利和本书的作者纳西盎的格列高利）和奥古斯丁最为典型。与希腊哲学包括现代逻辑学从系词的角度处理 Eimi/On 不同，基督教经典作家是从"历史"的角度来了解和把握"Eimi/On"（神）的。并且，与希腊哲学特别强调 Eimi/On 作为实体性本体不同，基督教经典作家，尤其是卡帕多西亚教父和奥古斯丁，都强调关系性本体，尽管他们讲的关系性在本体层次上相当不同。Eimi/On 的"关系性"既出于基督教信仰持守二位一体的特殊本体，区别于希腊哲学持守的非位格性的实体性本体，还在于前者要突出二位一体真神与人的关系，就是"历史中的神"的观念。因此，如果我们注意到亚里士多德哲学向4世纪基督教哲学的巨大转变，那么我认为在有关于基督教经典的翻译上不应该坚持把纯希腊的"是"的译法加在基督教关于 On 的运用上。

依据上面的考虑，本译文采用港台学者的译法，将 Eimi/On 译为"存有"。这也是考虑到和合本圣经的翻译，最典型的翻译有"我是自有永有的"（出埃及记3：13），把"万物"称为"万有"等等。当然，所有这些翻译都只是勉力为之罢了。关键在于我们是否真正理解了这个语词所植入的文本原貌，主要是要体会在纳西盎的格列高利的著作中，或者在基督教经典作家的著作中，他们使用这个语词来表述什么。在我看来，一个主体性的、历史性的、动力性的和位格性的神的观念与 On 之间的翻译关系，是有别于希腊哲学的实体性本体、静态性注视的神与 On 的关系的。——中译者注

生子必然有一个开端。因此，阿里乌主义就自然而然地推出结论说，有一个时间，子是不存在的（en pote ote ouk en），他的本质与非受生的父是完全不同的。本质的同等性和相似性也同样站不住脚，因为一个是非受生的，另一个是受生的，光这一点就足以驳倒相似论。他们说，子是神圣能力①的第一个造物，是神创造世界的工具，在这个意义上，作为创造权能的器具，可以说他是父之能力（Energy）所发出的形象和样式②。

因为他们认为圣灵只是分有神性，甚至只是在较低的层次上分有，只是独生子的最高贵产物，所以欧诺米在历史上第一次从异端意义上中断了圣洗礼中浸水三次的做法，他还破坏了这种圣礼的形式，抛弃使用圣父、圣子和圣灵的名，代之以"创造主的名"为人施洗，受洗后"归入基督的死"。因而，君士坦丁堡公会议规定，欧诺米主义者皈依后应当**受洗**，而其他派别的阿里乌主义者只要接受简单的按手礼就可返回到大公教会。借着埃提乌的追随者的影响，欧诺米于360年成为密细亚（Mysia）的西济库（Cyzicus）主教，但任职时间似乎不长。无论如何，当格列高利于379年来到君士坦丁堡的时候，他已经退休，住在卡尔西顿（Chalcedon）附近。所有派别都不约而同地把他看作造诣精湛的辩证法大师，但是正统学派宣称，他只是把神学变

---

① Divine Energy，在希腊文是 theias dynameos。这个语词很难翻译。在卡帕多西亚教父里面，尼撒的格列高利（Gregory of Nyssa）最常使用这个语词，它构成对于三位一体真神的极清晰的动力学描述。纳西盎的格列高利也使用这个语词，然而次数不多。依照和合本圣经，这个术语译为"神能"，例如"神的神能（theias dynameos）已将一切关乎生命和虔敬的事赐给我们，皆因我们认识那用自己荣耀和美德召我们的主。因此，他已将又宝贵又极大的应许赐给我们，叫我们既脱离世上从情欲来的败坏，就得与神的性情有分"（彼得后书 1: 3—4）。《彼得后书》在使用 theias dynameos 时，强调神圣本体那种主体的特性，可能讲的是神圣本性里面的动力性的特质，强调恩赐上的神圣的绝对主动性，显出卡帕多西亚教父三位一体神学的特殊性。我把它译为"神圣能力"，更多是出于现代汉语的运用。——中译者注

② 这是从圣经《希伯来书》1: 3 借用的两个术语，但要注意的是，这里有个重要分别——不是"本体的形象"，这是他们不可能接受的，而是神"能/能力"的形象，这是一个完全不同的概念。

成了一种技术。他这一派的最大特点就是辩证法的灵活诡异。正是他们把神学论辩的败坏之灵引入都市，格列高利这些著名演讲录的第一篇就是驳斥这一点。欧诺米完全不同于格列高利，不仅他所得出的结论不同，而且得出结论所使用的方法也不同；他遵循的是亚里士多德（Aristotle）体系，而不是柏拉图（Plato）体系，使用一种独特的理智方法，而格列高利把宗教看作是属于完整之人的一部分。他们之间的关键问题除了神性里三位格的内在关系之外，主要问题还在于是否可以完全理解神圣本性。欧诺米主义者主张可以完全理解，但是格列高利否认这一点。后者认为，我们诚然确定地相信神是存在的，但我们对他的本质不可能完全明白。不过，他并不是要禁止我们**完全**认识神的本性，只是把我们的认识能力限制在一定的范围——神愿意向我们显明到什么程度，我们对他就认识到什么程度。他说："在我看来，表述神是不可能的，理解神就更不可能，因为这厚重的肉身妨碍了我们去完全明白真理"（《演讲录》第二十四篇第四节）。同样，在这些神学演讲的第四篇（《演讲录》第二十篇第十七节）中，他说："神（the Deity）是不能用言语来表达的。这不仅从论证中可以看出，远古时代希伯来人中最富智慧的人也如此表明，因为他们给了我们猜想的理由。他们挑出某些特性来表示神的荣耀，甚至不允许比神低级的事物使用神所用的名字，因为在他们看来，即使在这方面，神也不应当和他的受造物有任何共同之处。既然如此，他们又怎么可能承认不可见、独立自存的本性可以用可分离的话语来描述呢？"

在格列高利看来，正统的圣三位一体教义是基督教的基本教条，这是基督教与其他所有宗教，也是与一切异端理论的不同之处。他在反驳阿里乌主义者的演讲中对听众说："要记住你们的悔改认信。你们受洗归入什么？圣父吗？不错，但那还是犹太人；圣子吗？不错，不再是犹太人了，但还不是完全的。圣灵吗？很好，这才是完全的。那么只是认信这些名呢，还是他们有一个共同的名？是的，有共同的名，就是神。"在同一篇演讲中，他称阿里乌主义是一种新的犹太教，因为它只承认父有完全的神性，他论到三个体的同一本性，他们是智慧的，完全的，自存的，在数上有分别，然而在神性上是同一的。乌尔曼说："在受造物中，几个个别事物可以包含在同一个概念中，然而它们只是在思想中彼此联系，实际上并非同一。比如，人性（Manhood）只是一种理智上的概念，现实中存在的全是人（Men）。但是在神性里面，三位格不只是在概念中同一，在实际上也是一；这种统一性不只是一种相对的，而且是绝对的统一性，因为三位格中的神圣存有（Divine Being）都是完全的，并且是完全同等的。格列高利和一切正统的三一论者都主张这个意义上的神的统一性。但是，在这统一性中，存在一种真实的三位一体，圣父、圣子和圣灵，是同一本性中诸位格的统一性。"格列高利说（《演讲录》第二十三篇第十六节），我们敬拜圣父、圣子和圣灵，三个体一本性。所以，如他在别处所说的，三位一体是真正的三位一体，不是对不同事物的一种计数，而是对同等事物的一种联合。每一位格都是完全意义上的神。圣子和圣灵存有的源头在于父，但是他们与父是完全同质的，谁的本质与他也没有任何不同。分别之处在于位格的属性，父是永生的，是神圣者的源泉；子永恒地源自于父的存有，他本身是一切受造物的源泉；圣灵永恒地从神发出，被差派到这个世界。

这些演讲共有五篇。在第一篇里，这位布道家决定全面清理根基，以适宜讨论他这伟大的主题。他努力设立原则，叫神学家以此为依据展开这样的讨论。他最讨厌那种不分场合，不分时间，也不分听众，对最深刻也最神圣的信仰真理和奥秘胡乱论说的习惯。唯有践行基督教美德的人，才有资格参与这种讨论，至于其他人，有许多其他话题可任他们施展辩才，不至于产生或引起什么伤害。

在第二篇演讲中，格列高利确立以上提到过的观点，即，就是最杰出的人的理性，也不可能完全把握神的本性 但神的存在（Existence）是显而易见、众所周知的。他说，我们只能用否定的语词来描述神。对人的这种无能为力，他提出了三条理由：第一，使我们在以后获得这种知识时能更加尊重它；第二，防止我们因过早获得这种知识变得像路西弗一样自高自大而有跌倒的危险；第三，由于确信在今世的磨难和困苦中的忠心事奉将会得到奖赏，即将会获得对神的完全知识，使我们在苦难中变得刚强。我们现在之所以无能为力，原因在于与我们的灵魂联合的身体，它目前的粗糙状况阻碍我们上升和完全领会无形不可见的神。神由于怜悯我们的软弱，在圣经里悦纳了指称他的许多物质性名称或伦理美德的名称，然而这些只是通向真理的阶石，而且还常常被曲解，成为多神论的根基。但是，神圣本质应当包藏在奥秘里，这是再自然不过的，受造的本质亦是如此。

在第三和第四篇演讲中，他讨论子的问题。他的观点可以概括如下：子完全与父同质，与父同有一切神性的属性。然而，他又是有分别的一位格，因为他是父所生的。不过，我们务必小心，不可以认为"受生"这个词表示他与受造物有什么类似之处。这是完全独立于时空和意识的。

为捍卫这一观点，他必须驳斥许多反对者的攻击，尤其是欧诺米主义者。这些异端分子认为，这一术语必然暗示子的本质有一个开端，他们要求正统教义告诉他们这开端是什么时候。格列高利回答说，神生育子是超越时间的，指出父的身份是神作为父的本质属性，因而与他的本质一样是永恒的，从来不曾有时候神不是父，所以他生育子也没有时间的开端。他承认，在某种意义上可以说，子和圣灵都不是非原初的（unoriginate），然而必须注意的是，不可以在开端的意义上，而应在原因的意义上使用原初（Origin）这个语词。他们永恒地从父获得存有，三位格同是永恒的。就原因而言，他们不是自生的，但是原因并不必然在时间上先于结果，正如太阳并非在时间上先于它自己的光。然而就**时间**而言，他们也可以说是非原初的，因为时间的源头不可能受限于时间。"如果父没有停止生育，那么他的生育必是不完全的；他若停止了，那他必曾有过开始，因为有终结就意味着有开端。""并非如此，"格列高利说，"除非你们准备承认没有终结就必然没有开端；否则，你们对天使和人的灵魂会怎么解释呢？他们都不会有终结，那么他们是否不曾有过开端？"他用一种**类似归谬法**的方法瓦解了欧诺米主义者的一切似是而非的诡辩，确立了教会的正统信仰。然后，在第三和第四篇演讲的其余部分中，他继而检查了对手所引用的圣经见证，通过一连串相反的经文表明，圣经权威的绝大部分显然是反对他们的。与此相关，他确立一条规则，在解释有关我们的主的经文时，一切带有谦卑或软弱意味的表述，都应当理解为指他因我们的缘故而披戴上的那个纯粹的人性，而一切论到威严和大能的话都是指他的神性。

第五篇讨论圣灵的教义。阿里乌这个异端一开始虽然只关注我们主的位格，但是对圣灵的位格也并非毫无涉及。尼西亚公会议就集中于第一个问题，然而它的信经以"我们相信圣灵"为总结。人们后来认为，这足以表明圣灵的神性，所以在这篇演讲中，格列高利指出："倘若他只是一个受造物，那叫我们如何能信靠他，如何能在他里面成为完全？因为信靠（believe in）一个事物与相信（believe about）一个事物是不一样的。一个属于神圣者，另一个可以指向任何事物"（第六节)。不过,这次伟大的会议之所以没有在这一点上做出界定,原因似乎是当时的争论还没有进展到术语本身(参见圣巴西尔,书信第六十八、二百八十七篇)。但是,50年之后,异端的发展使得教会信仰在这一问题上做出界定成为非常必要之事。圣阿塔那修一结束他的第四次流放期,就于363年在亚历山大城(Alexandria)召开了大主教会议,他在给约维安(Jovian)皇帝的会议书信中用明确的语言肯定了圣灵的神性,正如卡农·布赖特(Canon Bright)所说,这在一定意义上预先规定了君士坦丁堡信经的语言(《基督徒传记词典·阿塔那修卷》)。异端的新发展除了在色雷斯(Thrace)、小亚细亚(Asia Minor)以外,在君士坦丁堡也早已出现。马其顿,一个半阿里乌主义者,于341年当选为君士坦丁堡主教,尽管遭到激烈反对,仍然坚持自己的观点,直到360年被阿诺摩伊的阿里乌主义者罢黜,扫地出门。他退休之后就成为半阿里乌派的领袖。他接受子与父本质相似的说法,然而不承认圣灵也如此,宣称圣灵只是一个受造物〔狄奥多勒(Theodoret),《教会史》第二卷第六章〕,是子的仆人或执事,他的准确术语只能用于天使〔索宗曼(Sozomen),《教会史》第四卷第二十七章〕。他的跟随者就是众所周知的马其顿主义者,有时候也称为马拉托尼乌主义者(Marathonians)。这个马拉托尼乌(Marathonius)原是禁卫军(Preatorian Guards)的出纳员,当过君士坦丁堡的执事,在创建和维护该城的修道院(Monastic Houses)和仁爱院(Houses of Charity)中做了很多事,由马其顿授圣礼成为尼哥米底亚(Nicomedia)主教。他们还被称为"Pneumatomachi",这个名称源于其异端学说的性质。至此,关于圣灵的真正信仰的问题开始出现了争论。有那么一些人,把以下这个问题弄得疑惑重重,即圣灵是否有一个独立的位格,或者他不过是父和子的影响或活动。格列高利告诉我们,他一来到都城,就发现到处混乱一团。他说，有些人认为圣灵只是神的一种能力，有些人认为他是一个受造物，有些人相信他也是神，同时还有许多人出于对圣经的所谓尊敬，犹犹豫豫给予他神的名称。根据苏格拉底（Socrates）①的记载，被撤掉本都（Pontus）的塞巴斯蒂安（Sebasteia）主教职务的欧大悌（Eustathius）就属于这最后一类人，他拒不承认圣灵是神，然而又不敢断言他只是一个受造物。当格列高利开始宣讲圣灵的神性时，就有人指控他，说他引入了一个怪异的而非圣经的神祇，因为如他所承认的，圣经的文字论到圣灵的教义并没有关于圣子的教义那样清楚。但是他指出，人对圣经字句的尊敬可能会变成迷信，而这种迷信直接导致异端。他解释了新约在这个问题上的沉默，指出神对人的自我启示始终是循序渐进的，旧约清晰地显明了父，对子只有模糊的暗示；新约清晰地显明了子，对圣灵的神性却只有暗示。然而如今，他说，圣灵已经住在我们中间，我们就可以更清楚地认识他。须知，只要还没有承认父的神性，就无法要求宣称子的神性，同样，子的神性若是还没有被人所接受，又怎能加上另一副担子，要求人接受圣灵的神性？那是不可取的。他认识到神的自我启示中有一种神圣的经世性（Divine economy），因此不反对在对待软弱或接受错误教导的人时需要同样谨慎。然而，一旦真正需要，他就直言不讳地谈论这个话题，甚至遭到反对派对他的生命及身体的暴力威胁。他用最清晰的大公教规与他们的反对意见针锋相对。"圣灵是神吗？"他问。"是的。""他与神同质吗？""是的，如果他是神的话。"（《演讲录》第三十一篇第十节）他既诉求于圣经权威，也诉求于基督徒生活的经验。如果圣灵不配受到神一样的敬拜，那么他怎么能在我的洗礼中使我成圣呢？

---

① 这是教会史家苏格拉底。——中译者注

我们的重生从圣灵来，我们的新生命从重生来，我们对神的尊贵的知识从新生命来。然而，他对待这些异端分子比对严格的阿里乌主义者温和，因为——如人所说的——他们在子的问题上比较接近正统信念，也因为他们的生活非常敬虔，这表明他们的错误不是完全出于故意。他在这篇演讲中指出，虽然新约可能没有把神的名真正给予圣灵，但是一切神的属性也都归于他，因而，名称的使用只是一个合理推演的问题。在关于五旬节的演讲里，他继续谈论了这个话题。

关于发出（Procession）的教义，格列高利并没有给我们提供什么清晰的信息。关于子的发出，他没有论及。就他而言，圣灵不是受生的，而是发出的①，发出是他独特的属性，同时也包括他的位格性（Personality）和根本的神性（Essential Deity），这就足够了。

最后，在381年，地方教会会议和主教会议的工作由第二次普世大公会议的规范而得以完成和确立。没错，狄奥多西（Theodosius）召集在君士坦丁堡举行的这次公会议几乎不能说拥有普世权威性，然而6世纪之前的西方肯定不是这样认为的。无论如何，最终全体教会都把普世性的荣耀赋予它，因为它完成了一系列伟大的公会议，确立了关于圣灵的神性的教义，事实上，它表达了大公教会对马其顿主义者的争论的最后裁决。它的第一条教规绝罚了所谓的半阿里乌主义者（Semiarian）或敌圣灵主义者（Pneumatomachi），以及欧诺米主义者或阿诺摩伊的阿里乌主义者（参看 Dr. H. B. Swete，《基督徒传记词典·格列高利卷》）。

---

① 参看 SS. Lumina, c. 12。

第一篇 驳欧诺米主义者初论

1. 我要反驳的人向来以自己的口才自夸,所以我们不妨引用一句圣经经文作为演讲的开头:"你这狂傲的啊,我与你反对"①,不仅反对你们的教义,还要反对你们所听及所想的。因为据我所知,有一些人不仅耳朵发痒②,舌头发痒,就连双手也按捺不住,对我们的话大为恼怒,蠢蠢欲动。他们热衷于世俗的虚谈③,科学的反面,无谓的语词的论争。因而圣保罗,这位传讲并确立"他的话速速完结"④的人、渔夫的门徒和老师⑤,要求讨论中删去一切额外、多余的话。就我们所论及的那些人而言,其舌头已是如此健谈,在使用高贵的官方语言上巧舌如簧,然而,如果能够,但愿他们能对自己的行为也同样谨慎。倘若我可以对一个可笑的话题采用讥笑的笔调来

---

① 《耶利米书》50:31。
② 《提摩太后书》4:3。
③ 《提摩太后书》2:16。
④ 《罗马书》9:28。(参看和合本,此节经文译为:"叫他的话都成全,速速地完结。"——中译者注)
⑤ 圣保罗被称为"渔夫的门徒",在某种意义上是他们的跟随者(然而事实上,他从来没有做过哪个渔夫的门徒),也是他们的"老师",因为他教导使徒的继承者,如提摩太、提多。

谈论，那么也许不一会儿他们就会变得不那么诡辩，不再像杂技演员那样玩弄荒谬而怪异的言辞。

2. 但他们忽视公义的所有途径，只盯住这样一点，即递交给他们的命题中哪个可以捆绑，哪个可以放松（就像那些在戏院里公开表演角斗比赛的人，然而不是那些根据比赛规则得胜的人，而是那些欺骗对这类比赛不了解的人的眼睛，博得他们掌声的人）；每个市场必充满他们嘈杂的谈话声，每场宴会必因这种愚蠢而讨厌的谈话而闷得要命，每个节日必变得毫无喜庆，充满沮丧，每个悲哀的时刻得到的安慰竟是更大的灾难①——他们的问题——所有妇女的单纯头脑都因他们滔滔不绝的谈论而迷惑，失去了美好的节制……情形如此，这种恶是难以容忍，无法承受的，我们伟大的奥秘有变成一件微不足道之事的危险。那么请这些探子②务必容忍我们，能被我们父亲般的慈爱感染，如圣耶利米所说，我们的心都碎了③；希望他们对我们耐心一点，不要粗暴地对待我们在这个题目上的演讲；他们若是真的能够，就请他们约束一下自己的舌头，把耳朵借我们一用。你们那样做，绝不会有任何损失。因为我们所说的话或者是你们爱听的④，这样我们的话就能结出一些果子，即对你们有一定的益处（因为撒种之人把道撒在不同的心灵里，那良好、肥沃的心灵就结出果子），否则你们怎样鄙弃别人的演讲，也就怎样鄙弃我们的这篇演讲，从中找出更多的材料来驳斥、辱骂我们，自我取乐。

你们这些宣称知晓一切、教导一切的人，未免太冲动，太大

---

① 即陷入某种更严重的事件之中，相比较之下，对先前的事倒几乎不再感觉到什么忧愁。
② *kataskopoi quasi pseudepiskopoi.*
③ 《耶利米书》4:19。（参看和合本译为：我心疼痛。——中译者注）
④ 《便西拉智训》25章9节。

方……我不说无知、鲁莽的话，免得触痛你们；我若是采用一种你们不熟悉且与你们的习惯相反的语言来讲，你们不必吃惊。

3. 我得说，我的朋友们，并不是对每一个人都可以从哲学角度谈论神；这个题目没有那么粗俗、低级，以至任何人都适合聆听；我还要说，不可在每个听者面前谈论，这不是在任何时候，也不是就任何一点都可以谈论的话题，只能在适当的场合，对适当的人，在适当的范围内谈论。

不适合对所有人，因为只允许对那些已经过考查，掌握了冥想之法，灵魂和身体都得了洁净，或者至少正在洁净的人讲论。我们完全可以说，不洁者触摸洁净者是不安全的，就如让软弱的眼睛直视耀眼的阳光是不安全的一样。那么，什么场合是适当的呢？当我们摆脱一切外在的污秽或困扰之时，当我们里面的支配原理没有与令人苦恼的或错误的影像混合之时；就像人把好的作品与坏的作品混合，或者将污垢沾到油膏的甜美气味中。要知道唯有在真正闲暇之时，在一个合适的季节中，才能够分辨出那些神圣事物的真道。谁是适合听讲的人呢？就是对这个题目真正关心的人，而不是把它当作一种取乐闲聊话题的人，似乎它与其他事物一样，如同竞技比赛、在戏院看戏、在音乐厅听音乐、欢宴，甚至更低级的活动。对这样的人来说，闲散的玩笑，巧妙的争辩，都是他们取乐的组成部分。

4. 再者，我们可以就什么题目作哲学论说？可以讲论到什么程度？讨论我们力所能及的问题，讲论到我们的听众能够理解把握的程度。不可超过这个限度，免得声音太大，损及听力；食物太多，损害身体，或者可以说，担子太重，损伤负担的人；雨水太多，损及大地，硬是把观点灌输给他们——我若可以这样说——超过他们的理解能力，就会损害他们，甚至有损他们原本具备的力量。①

5. 当然，我不是说不必在任何时候都记念神……我绝不能让人有这样的误解，否则，就是让这些反应敏捷、伶牙俐齿的人又拿住了我的话柄。我们当时时想念神，甚至要比我们的呼吸还频繁；倘若可以这样说，我们应当只想念神，别的什么也不做。是的，我就是那些完全赞成道（Word）的人中的一个，道命令我们昼夜思想②，要晚上、早晨、晌午都诉说③，要时时称颂耶和华④；或者用摩西的话说，无论你坐在家里，行在路上，躺下，起来，都要谈论⑤——通过这样的回忆，我们就必成为洁净的。因而，我所要阻止的不是对神的时时思考、记念，只是对神的谈论；也不是说谈论本身是错误的，而是说不适宜的谈论是错误的；不是反对所有的教训，只是那些放肆无度的教训。就是蜜，吃得过饱，也要呕吐出来⑥；而且我想，恰如所罗门所说，凡事都有定期⑦，好事若不是以好的方式行，就不是好事；正如冬天开的花完全不合季节，男人不能装扮成女人，女人也不能穿得像男人；在悲叹中研究几何学是不合时宜的，在热闹的欢宴上痛哭流涕成何体统。那么我们怎能在这个问题上，一个应当敬守几乎所有合宜时节的问题上却无视时机？我的朋友和弟兄们（我仍然称你们为弟兄，尽管你们的行为举止已经不像弟兄了），这是断乎不可的。我们不可这样思想，也不可像那性情暴躁、难以驾驭的马，抛开我们驾驭者

---

① 即由于他们不能理解论点，这样的讨论不仅不能使他们获得力量，反而会变得更加软弱。坏的辩护损害好的案件。
② 《诗篇》1：2。
③ 《诗篇》55：17。
④ 《诗篇》34：1。
⑤ 《申命记》6：7。
⑥ 《箴言》25：16。
⑦ 《传道书》3：1。

的理性,离弃使我们保持适当界限的虔敬,远远地偏离转捩点①。相反,我们当在适当的范围内作理性推论,不可毫无自制地进入埃及,滑到亚述②,不可在陌生之地唱主的颂歌。所谓陌生之地,也就是在任何人面前,不论是外人还是族人,敌人还是朋友,友好的还是恶意的。心怀恶意的人何等热切地关注我们的所作所为,巴不得我们的一点错误像火星燃成一团大火,于是悄悄地点燃、煽动火星,拼命吹气,使它升腾至九霄,使它比焚尽周围一切的巴比伦大火升腾得更高。由于他们自己的教条没有力量,所以就在我们的弱点中寻找力量。他们致力于我们的——我是否可以说"不幸"或"失败"?——就像苍蝇围着伤口转。然而,我们至少不应再对自己一无所知,或者太少关注这些问题上的适当顺序。即使不可能根除现在的仇恨,我们也当至少同意以下这一点,即我们要低声讲述奥秘,要以神圣的方式谈论神圣的事,不可说的东西不可乱说,免得污秽耳朵,也不能显得我们还不如那些敬拜恶魔、崇尚可耻的谎言和行为之徒庄重,他们宁愿死,也不愿与新来者(与他们不是同伙的人)讨论某些教义。我们务必要知道,在服饰、饮食、嬉笑和行为举止上都有一定的规范,所以,在讲话和缄默上同样也有各自的讲究。因为在神如此众多的称呼和权能中间,我们把最高的荣耀归于道。所以,就是我们的争论也当保持在界限之内。

---

① 希腊马车比赛的赛程是围绕希波德若姆(Hippodrome)跑若干圈。为方便这种安排,在中间筑起一道共用墙,墙的两端立有一些柱子,称为"*nussai*",或者拉丁词"*Metae*",车子绕着它便转回去。马车驾驭者的目标就是尽可能地靠近这些柱子转,以节省路程。要很好地做到这一点,除了必须经过完备的训练,还必须十分娴熟地驾驭马匹,才可能在全速飞奔的情况下做到几乎以车为轴转一个半圈。马若是脱离了控制,撒野狂奔,绕一个大圈,那肯定会在距离上失利,这点失利就足以导致在比赛中败北。同时驾驭者还会因自己的技术拙劣受到嘲笑。
② 《但以理书》3;12。(和合本此节经文译为:"现在有几个犹大人,就是王所派管理巴比伦省事务的沙得拉……这些人不理你,不侍奉你,也不敬拜你所立的金像"。这与这里的上下文似乎没有关联。——中译者注)

6. 人若是敌视这些话，他有什么理由来听关于神的生育（Generation）、他自己的受造，或者神如何从原本不存在的事物中产生，如何从章节、分析和划分中产生这些题目？①我们为何让指控我们的人成为审判者？为何把刀剑放在仇敌之手？请你想一想，人若是赞同通奸，子女的败坏，敬拜情欲，不能思考任何高于身体的事……直到最后为自己立起神祇，包括那些以最邪恶的行为而闻名的神，这样的人怎能领会关于这些题目的讨论，即使接受了，又会把这些讨论变成怎样的东西？这种人的思想岂不是始于一种物质性的立足点，然后不知不觉地在他早已习以为常的意义上可耻地生长？他岂不会拿你的神学为他自己的神祇和情欲作辩护？如果我们自己漫不经心地滥用这些语词②，那要花多长时间才可能说服他们接受我们的哲学。如果他们自己本来就是恶事的制造者，一旦这些事冒犯了他们，他们岂有不抓住不放的道理？我们相互争论所得的就是这样的结果，那些为道而战，但超越了道所认可范围的人，也导致这样的结果。他们的行为就像疯子，焚烧自己的家，撕碎自己的子女，不认自己的父母，视他们如同路人。

7. 当我们抛开那些对谈话内容一无所知的人，把一大群③赶到无底坑，进入猪群后，接下来就要看看我们自己，把我们的神学的自我磨光打造得就像雕塑一样美。第一点要考虑的是——这位滔滔不绝、喋喋不休地说话的大敌人是谁？这种贪得无厌的新病是什么？我们为何束缚双手，武装舌头？我们不称赞热情友好、弟兄之爱、夫妻感

---

① 暗指阿里乌和欧诺米在任何场合、任何人面前、任何时间谈论最神圣的话题，以便扩大其异端的影响力。
② 例如生育以及诸如此类的语词，异教徒自然会从物质意义上去理解，从而可能在他们归信的路上无端地放置绊脚石。
③ 《路加福音》8：31。

情、童贞,也不敬佩对穷人的慷慨捐献,吟唱诗篇,彻夜警醒①,痛哭流涕。我们不以禁食攻克己身,也不借祷告亲近神;我们不使卑贱的服在高贵的之下——我的意思是尘土服在灵——就像对我们的复合本性形成恰当论断的人可能会做的那样;我们不使自己的生命成为死亡的预备,也不使自己成为情欲的主人,满有我们属天的高贵;我们不是驯服膨胀而爆发的愤怒,不是制止使人跌倒的骄傲,不合理的忧愁,不纯洁的快乐,不由衷的笑声,贪婪的眼睛,奢侈的耳朵,喋喋不休的话语,荒诞不经的思想,恶者从我们自己里面的源泉所得到的任何反对我们的机会;引死亡上来,进了我们的窗户②,如圣经所说,也就是进了我们的感官。不仅如此,我们做的恰恰相反,放任别人的情欲,如国王为纪念胜利放大假,条件只有一个,就是他们倾向于我们这边,使他们对神的攻击更加肆无忌惮,或更加不敬。我们因一件恶事给他们邪恶的回报,因他们的不敬,任凭他们放纵自己的舌头。

8. 然而,能言善辩的辩证法家(Dialectician)啊,我要问你一个小问题③,你可以指示我,就像耶和华回答约伯,借着旋风和云给他神圣的告诫。④你可曾听说神的家里有很多房子,或者只有一个?你当然会承认有很多,而不是只有一个。那么它们是否全都满了,或者只有一些满了,另一些空着,因而有些必是空闲的,不是为特定目的预备的?当然所有房子都满了,因为神所做的没有一样是枉然的。那么你能告诉我,你会认为这房子是怎样的吗?它是安息、荣耀之处,为有福之人留存的,还是别的什么地方?不,不是别的地方。既然我们

---

① 圣约翰·克里索斯托(S. John Chrysostom)于397年被祝圣为君士坦丁堡宗主教(Archbishop of Constantinople),由于坚持复兴晚祷(Night Hours of prayer),引起他的神职人员极大的反感。
② 《耶利米书》9:21。
③ 《约伯记》38:3。
④ 《约伯记》38:1。

在这点上有一致的看法，那就进而考察另一点。是否有什么事物追求这些房子，我认为是有的，或者你认为没有——当然是有的——那是什么？岂不是这样的：有各种各样的行为模式，各种各样的目标，不同的行为、目标引导不同的道路，有多少信心，就有多少道路，这些我们都称为道路？那么我们是否必须走过所有道路，或者只走其中一些道路……如果可能，同一个人沿着所有道路走；如果不可能，沿着尽可能多的道路走；或者只是走其中一些？如果这也不可能，至少在我看来，完全地走一条道路，那也不失是一件大事——"你的观点是正确的。"——那么当你听到只有一条道路，并且是小路①，这话在你看来表示什么意思？只有一条路，唯有这路是完美的。即使它被分成许多部分，也仍然是一。小是因为这条路上充满艰险，因为与对手的人数相比，与那些沿着邪恶之路行走的人相比，走这条路的人少之又少。"我也这样认为。"好，那么我良善的朋友，既然如此，你为何一头扎进那借着你所谓的论证和推演引导的路，似乎指责我们的教义肤浅贫乏，我做的事是无聊行径和江湖骗术？让保罗用那些辛辣的指责来责备你，他先是列举了神的各种恩赐，然后说，岂都是使徒吗？岂都是先知吗？如此等等。②

9. 就这样吧。你高高在上，甚至超越于高空，在云层之上，你若愿意，可以看见不可见之事，听见不可说之话；像以利亚升天，像摩西被认为配得见神之面，像保罗被接到天上。你为何一天之内就把你的其他同仁塑造成圣徒，任命他们为神学家，就如同把教导呼入他们心里，使他们传播这些愚昧的神谕？你为何要把那些软弱的人缠到你

---

① 《马太福音》7：14。
② 《哥林多前书》12：29。

的蜘蛛网里,似乎这是伟大而智慧的事?为何要惹动黄蜂的老巢来抵挡信仰?为何突然向我们喷出辩证法的洪水,就如古老的寓言中对待巨人那样?为何聚集人中所有轻浮、没有男子气概的人,如同一群乌合之众,形成一股潮流,用阿谀诌媚的话使他们更加软弱轻浮,形成一种新的工场,因他们缺乏理解力而巧妙地利用他们为自己收获成果?你不承认这是事实,其他没有提到的问题也是如此吗?你的舌头一定要支配一切,不惜代价吗?你不能控制你讲话开始时的混乱吗?你可以找到许多其他高贵的话题来讨论,转向那些话题对医治你的这种疾病有一定好处。抨击毕达哥拉斯(Pythagoras)的沉默①,神秘的豆,关于"老师说的"陈词滥调。抨击柏拉图的理念②,我们灵魂的轮回和过程,回忆说,灵魂对可爱身体的可厌之爱。抨击伊壁鸠鲁(Epicurus)的无神论③,他的原子论,他的非哲学的快乐,或者亚里士多德的可怜的神意(petty Providence),他的人为的体系,对灵魂必死性的讨论,以及他理论中的人类福祉至上论(humanitarianism)。抨击斯多葛学派(the Stoa)的目空一切④,犬儒学派(the Cynic)的贪婪和粗俗。⑤抨击"虚空和满盈"(真是废话),关于诸神、祭祀、偶像、鬼魔的一切细节,不论是善意的,还是恶意的,人们玩弄的占

---

① 毕达哥拉斯的弟子要保持绝对沉默达五年,才有资格开始学习他的奥秘。然后,他们被命令不得吃豆,因为据说这东西是人的灵魂在旅行过程中的一种容器,且要求他们证明其独特的理论,他们就争辩说,"autos etha",即"夫子如是说"。
② 柏拉图教导说,一切存在物都是某种客观原型之理念的摹本,是从神的心灵里流溢出来的,这心灵是神复制在世界中的。他还教导灵魂轮回的理论。
③ 伊壁鸠鲁,无神论哲学家,唯物主义类型的哲学家,认为神不存在,世界是由无数物质原子随机碰撞产生的,而这原子是自我存在的,他把最高的善放在快乐上,他的快乐就是没有痛苦。
④ 斯多葛学派,与伊壁鸠鲁主义者相反的哲学学派,名称源于雅典的某个柱廊(Colonnade),学派的创立者芝诺(Zeno)以前教学的地方。他们的最高善在于克制一切感情,因而说它的特点是居高临下的漠然并非不合实际。
⑤ 犬儒学派,因其像狗一样吠叫而得名,由安提斯泰尼(Antisthenes)创立。他们宣称鄙弃一切属人的东西。

卜、招神或招魂以及星辰的力量，这一切花招都要大力抨击。如果在你看来，这些事物太低级，也已经屡屡驳斥，不值得讨论，并且顺着自己的思路，寻找满足你在这个问题上的野心，那么这里我也会为你提供宽广的道路。从哲学上谈论世界或诸世界；谈论质料、灵魂，理性所赋之本性是善是恶；谈论复活、审判、报应、基督的受难。在这些题目上击中靶子绝不会无益，而偏离了也没有什么危险。但是，对于神，我们此生只能在很小的范围内谈论，要等到以后才可能在同一者（the Same）里面更加完全地谈论，这同一者就是我们的主耶稣基督。愿荣耀归与他，直到永远。阿们。

第二篇　论神存在的奥秘①

1. 在前一篇演讲中，我们就神学家作了清楚的规定，他应当具有怎样的特点，以及他可以以哲学的方式谈论什么样的题目，什么时候谈论，谈论到什么程度。我们发现，他应当尽可能纯洁，好叫光借着光得领会，他应当与严肃认真的人联合，免得他的话落在贫瘠的土里结不出果子；适当的时节就是当我们心灵平静，不受外界瞬息万变的事物影响的时候，这样我们就不至于像疯子②一样失去呼吸；可以达到的程度是我们自己所达到的程度，或者我们正在进展的程度。这些问题既是如此，我们就为自己开垦了神性之地③，不至把种子落在荆棘中④，我们拉平了地面⑤，被圣灵建造，也用圣灵来建造别人……现在我们要进而论到神学问题，以圣父、圣子和圣灵为起初；我们要论到他们，好叫圣父大大喜悦，叫圣子帮助我们，圣灵启示我们；或者毋宁说，同一种

---

① 原稿中无标题，为体例上的统一，译者根据此篇演讲内容而拟此标题。——中译者注
② 本尼迪克版（the Benedictines）作旁注译成"抽噎"或"颤动"，这应是更好的理解。
③ 《耶利米书》4：3。（和合本译为："要开垦你们的荒地。"——中译者注）
④ 《马太福音》13：7。
⑤ 《以赛亚书》28：25。

启示从一位神临到我们，他是多中的一，一中的多，是一大奇迹。

2. 当我急切地上山①——或者更真切地说，我既热切渴望，同时又担心害怕（一者出于我的盼望，另一者出于我的软弱）地进到密云里，与神交通，这是神所吩咐的；此时，若有人是亚伦，就请他与我一同上山，可以靠近，但若是必需，就让他留在密云的外面。若有人是拿大或亚比户，或者长老中的一位，他可以一起上山，但必须照着其洁净的价值，远远地站在一边。如果是百姓中的一个，不配上升到这种沉思的高度，又是完全没有洁净的，就不可靠近②，否则对他有危险；他若是至少暂时得了洁净，就留在下面，聆听声音和号角③，纯粹的敬虔话语，让他看见山上冒烟，闪电，对那些不能上山的人来说，见这些必既是惊恐，又觉神奇。但有人若是邪恶而野蛮的兽，完全不能接受沉思和神学的问题，就不得心怀恶意地潜伏在他林中的洞穴里害人，抓住某种教条或说法，突然蹿出来，曲解正统教义，把它撕成碎片，这样的人让他远远离开圣山，不可靠近，否则就要被石头打死，粉身碎骨，在他的邪恶里可悲地毁灭。对那些像野兽一样的人来说，真实而正统的讲论就是石头。他若是豹子，就让他与自己的斑点一同灭亡。④ 若是吼叫的狮子，遍地游行，寻找我们的灵魂或话语中可吞吃的东西⑤；或者野猪，践踏宝贵而透明的真理之珍珠⑥；或者阿拉伯的⑦野狼，或者甚至比这些更热衷于论证花招的

---

① 《出埃及记》24：1。
② 《出埃及记》19：14。
③ 《出埃及记》19：16—18。
④ 《耶利米书》13：23。
⑤ 《彼得前书》5：8。
⑥ 《马太福音》7：6。
⑦ 这是七十士译本（LXX.）的翻译，钦定本（A.V）《耶利米书》5：6 译成"夜晚的"，武加大本（Vulg.）译为"在晚上"，修订本（R.V.）给出另一种译法"荒野的"。

人；或者狐狸，灵魂阴险，没有信义，根据环境或需要改变自己的形状，以死亡或腐烂的尸体为食，或者在找不到大葡萄园的时候就以小葡萄园为生①；或者其他食肉动物，律法规定为不洁动物，不可吃，不可玩的东西。我们的讲论必须远离这些，而要刻在坚实的石版上，并且要刻在两边，因为律法部分是可见的，部分是隐藏的；部分属于留在下面的百姓，部分属于登上圣山的极少数人。

3. 朋友们，新入会的人，以及同爱真理的人啊，这发生在我身上的是什么事呢？我要奔跑着去抓住神，所以我上到山上，拨开云雾，剔除物质和物质性的东西，尽我所能潜入自我里面。然后一抬头仰望，几乎看见了神的背②；但因磐石，就是为我们成为肉身的道，而得庇护。当我稍稍凑近再看时，看见的不是最初、未混合的本性，那样的本性唯有其自身，也就是三位一体才能知道；不是在最初的幔子③里安居，由基路伯围起来的那位；而只是最后甚至要成为我们的那位。就我所能知道的来说，那就是大能者，或者如圣大卫所称呼的荣耀者④，彰显在它所造并治理的受造之物中间。这些就是神的背部，是他留在自己身后的，作为他自身的标志⑤，就如太阳反射在水面上的影子向我们软弱的眼睛表明太阳的存在，因为我们不能看见太阳本身，他纯粹的光太强烈，我们的眼睛无力承受。所以，你要这样谈论神，即使你是摩西，法老眼中的一个神⑥；即使你像保罗那样被提到三重天

---

① 七十士译本《所罗门之歌》(Cant.) 11：15 接受这个翻译，钦定本也是如此。
② 《出埃及记》33：23。
③ 这是《出埃及记》26：31 论到的施恩座（Mercy Seat）的幔子，在格列高利意义上表示那至高本性不可沉思。
④ 《诗篇》8：1。
⑤ 神的面表示他的本质和神性（Deity），这是先于一切世界的；他的背就是造物和神意安排，他借此显明自己。
⑥ 《出埃及记》4：2。

上①，听到了不可言说的话；即使你甚至超过他们两个，升到天使或天使长的处所和尊贵地位。因为，纵使一物全然属天，甚至高于天，本性上高出我们无数，也比我们更接近神；即使这样，它也还是远离神，更谈不上对神的洞悉，即使它被抬升，高于我们卑微的、下沉的肉性。

4. 因而我们必须再次这样开始。认识神是很难的，而要用语言来界定他是不可能的，就如某位教导神圣性（Divinity）的希腊老师②所教导的，在我看来，这绝不是笨拙的说法，其意在于让人认为他已经领会了神；因为他说，这是很难做到的事，言外之意是说他已经做到了，但由于要表达这种领会是不可能的，所以人们没有理由认为他无知。不过，在我看来，要描述神是不可能的，而要领会他更不可能。因为凡是可领会的，也可能用语言表达清楚，即使不能非常清楚，人只要没有完全丧失听力，或者理解力不是完全迟钝，至少可以有不完全的描述。然而，要领会如此伟大的主题的整体，则是完全不可能、不现实的。不仅对粗心大意、不学无术的人如此，就是对那些受到高度赞颂、爱神的人也如此，对一切受造之物也都如此；因为这个世界的黑暗，肉身之躯的厚实是完全理解真理的一大障碍。我不知道对更高的事物、更纯洁的理智是否也同样如此③，因为他们与神更接近，受到他全部的光照，即使不能看见全部，有可能看见部分，无论如何比我们所能看见的更完全、更清晰；有些可能看得更多一些，更清晰一些；有些可能稍逊一筹，按着他们各自的位次而各不相同。

---

① 《哥林多后书》12：2。
② 柏拉图《蒂迈欧篇》28E。
③ 本尼迪克版编辑说，毫无疑问，天使确实能看见神，但是当人上升到永恒的福祉时，也能看见神。圣托马斯（Summa，I. qu. xii. 4）指出，天使认识神的本质不是出于其本性，乃是出于恩典。不过（同上，qu. lvi. 3）他们的本性也能对神有一定认识，因为他们自己的本质所显现并反射（可以这么说）的就是神的本质，只是并非神的本质的真象。他还说（同上，qu. lxiv. 1），天使由于理智上的完全性，对神的认识比人要高，这种认识甚至保留在堕落天使身上。

5. 这一点已经说得够多了。至于关涉我们的，不仅是超越我们一切悟性和知识的神的平安①，不只是神为义人存在应许里的事，这些事除了极有限的范围，"是眼睛未曾看见，耳朵未曾听见，人心也未曾想到的"②，也不只是对造物的精确知识。即使是关于这些，我也希望你们知道，当你们听到这些话"我观看你指头所造的天，并你所陈设的月亮星宿"③，以及里面既定的秩序时，只得到一点影子；不是说他现在正在思考它们，而是说决定以后要这样去做。然而，它们之上的那一位远远高于它们，它们是从那里流溢出来的，那是不可理解、不可界定的——我所指的不是关于他的存有（His Being）的事实，而是关于他的存有的本性。我们的传讲不是空洞的，我们的信心也不是虚枉的④，我们所宣称的教义也不是这样。我们可不愿你们把我们坦率的话当作喋喋不休的否认神的起点，或者因我们承认自己无知而变得傲慢起来。因为相信一物存在是一回事，知道它是什么则完全是另一回事。

6. 我们自己的眼睛和自然律法教导我们，神是存在的，他是万物的动力因和维持因。说我们的眼睛教导我们，因为它们落在可见对象上，看见它们处在优美的稳定状态和不断的进步之中，永恒地运动并旋转，如果我可以这样说。说自然律法教导我们，是因为它从这些可见事物以及它们的秩序，可以追溯到它们的主。若不是神叫这宇宙形成，使它存在，它又如何能形成或存在呢？凡看到造型优美的鲁特琴（lute）的，都会想到把它巧妙构造出来的技艺，听到它奏出的旋

---

① 《腓立比书》4：7。
② 《以赛亚书》64：4；《哥林多前书》2：9。
③ 《诗篇》8：3。
④ 《哥林多前书》15：19。

律，就会想到造琴人或奏琴人，尽管没有见过，不认识，却能在心里想起这样的人。同样，那创造、推动并保存一切受造之物的，尽管我们不能靠理智来领会，但是他彰显在我们中间。人若是不愿意从以下的自然证据中推论出这一点，那是极其缺乏理智的，然而就是我们所设想或构造的这一点，或者理性为我们勾画的这一点，也不能证明神的存在。即便有人对这一点已然有一定的理解，神的存有（God's Being）又如何得以证明？谁曾到达这样智慧的极致？有谁被认为配得这样的大恩赐？谁曾开启他心灵之口，引入圣灵①，好叫他借着圣灵，就是参透万事，甚至参透神深奥的事的圣灵②，接受神？果真如此，他就不再需要进步，因为他已经拥有所求的最终对象，就是最优秀之人的全部社会生活和全部理智所追求的对象。

7. 你若是完全依赖于理性的推测，能把神想象成什么样子？或者最优秀的哲学家和最优秀的神学家，你们夸口对无限者如何了如指掌，但是理性能领你们认识什么？他是身体吗？那他如何是无限的，无穷的，无形的，不可理喻的，不能看见的？这些岂是身体的属性？这既不是身体的本性，可见你们是多么傲慢！或者你们会说他有身体，所以没有这些属性？多么愚蠢，神圣者拥有的竟不比我们更多！他若是受限制的，又怎能成为敬拜的对象？他如何能避开由元素构成，因而要再次分解为构成元素，甚至完全消失的命运？每种复合都是争战的开端，争战至于分裂，分裂至于分解。然而分解于神以及首要本性（First Nature）是格格不入的。因而，在神不可能有任何分离，也就不可能有分解；没有争战，就不可能有分裂；没有复合，也

---

① 《诗篇》119：21。（和合本此节经文译为："受咒诅，偏离你命令的骄傲人，你已经责备他们。"显然，这与此处意思相去甚远。——中译者注）
② 《哥林多前书》2：10。

就不可能有争战。同样，那儿也不可能有身体，也就不可能有复合，由此，从最末追溯到最先，就确立了论点。

8. 神若是部分包含，部分被包含，那我们如何保守神渗透万物，充满一切的真理，如经上所记的："耶和华说：'我岂不充满天地吗？'"①"耶和华的灵充满世界"②？他或者占据一个空虚的宇宙，从而万物都将为我们消失，随之我们必使他成为身体，使他失去他所造的一切事物，那就是冒犯了神。或者他将成为包含在其他身体里面的身体，这是不可能的。或者他被包裹在它们里面，或者与它们形成对比，如液体混合，彼此分割且被分割——这种观点荒谬、愚蠢至极，甚至超过了伊壁鸠鲁的原子论③，因而这种关于身体的观点必成为泡影，根本没有实质的内容，没有坚实的基础。我们倘若一定要认为他是非质料的（比如某些人④所想象的第五种元素），那么他就被带动作环状运动……就让我们假设他是非质料的，他是第五种元素。如果他们乐意也可以设想他还是无身体的，以便符合他们论点的独立主旨和安排。因为目前我不想在这一点上与他们分道扬镳，那么在哪一方面他将成为那些处于运动和焦躁不安的事物中的一个，且不说使造物主与造物一样顺服于运动，使带动一切的他（他们若是允许这样说）成为与他所带动的事物同一，这包含了多大的冒犯。再者，是什么力量推动你们的第五元素，什么力量推动万物，什么力量推动那推动万物的力量？照此类推，以至无穷。他若是顺服于运动，如何能不完全包含在空间里面？但是他们也可能认为他不是第五元素，而是另外的东

---

① 《耶利米书》23：24。
② 《所罗门智训》1章7节。
③ 伊壁鸠鲁教导说，质料是永恒的，由无穷的原子或不可分的单位构成，在空中游荡，彼此吸引和排斥；一切存在物都是由这些原子的偶然相聚和联合产生的。
④ 这是亚里士多德的一种推测，他设想了一种第五元素，由无形的质料构成。

西。假设他们把天使的本性归于他,他们又如何能说天使是有形体的,天使有什么样的形体?若是如此,天使所协助的神在多大程度上优于天使?他若是高于他们,又要引出一群非理性的身体,极端的胡言乱语,绝不可能有立足的依据。

9. 由此我们明白,神不是身体。没有哪个受圣灵感动的教师论断过或承认过这样的概念,我们自己的法庭裁判也不允许有这样的观念。所以,我们唯有认为他是非形体的(incorporeal)。但非形体这个词虽然得到公认,它在我们面前所显现的——或者说自身中所包含的——神的本质,也不过是非受生的(Unbegotten),非源起的(Unoriginate),不变的,不朽坏的,以及其他用来描述神或指称他的词,并不比这些更多一点。因为说他没有开端,不会变化,不受限制,这对他的存有或本体(Substance)①能产生什么作用呢?不仅如此,关于他的存有(Being)的整个问题仍然需要那真正具有神的思想、精于沉思的人作进一步的思考和阐释。正如说"它是一个身体","它是受生的"不足以清楚地表明这些描述所指向的各种各样的对象,你若是能在自己的思想里清晰而正确地呈现对象,就必须用这些语言来表达所涉及的题目(因为这些术语,形体的、受生的、必死的,可以用于人,也可以用于牛或马)。同样,人若是热切地追寻自有者(the Self-existent)的本性,就不可止步于说他"不是"什么,必须进而超越他所不是的,说出他"所是的";因为吸收某个单一观点比较容易,而要在无穷的细节中一点一点地超越就很难,但是唯有这样才能抛弃否定表达,引出肯定表达,最后达到对这个题目的理解和领会。

---

① 佩塔维乌(Petavius, De Trin. IV ii. 7)指出,这里的 "*hupostasis*" 似乎指三位一体中三位格的共同本质和本性。

人若只是说神不是什么，不打算说神是什么，就如同人被问及 5 乘以 2 是多少时只回答说："不是 2，不是 3，不是 4，不是 5，不是 20，不是 30，总之不是任何 10 以下的数，也不是 10 的倍数"，就是不回答"10"，也没有使提问者的思想安定在答案的坚实基础上。显然，从一事物的所是表明其所不是，这比通过剥离所不是显明其所是，要容易得多，简单得多。这一点显然是不证自明的。

10. 既然我们已经确定神是无形的，就当稍进一步再作考察。他是没有处所，还是有某个处所。若是无处所①，爱探究的人就会问，那么他如何能存在？如果非存在（non-existent）就是无处所，那么无所处的事物也可能就是非存在。然而，他若是有处所，就必然要么在宇宙之中，要么在宇宙之外。他若是在宇宙之中，就必然要么在某一部分中，要么在整个宇宙中。若是在某一部分中，那他就被那小于自己的部分所包围；若是在整个宇宙中，就被更远、更大的事物——也就是普遍的东西，包含个体事物的东西——所包围；倘若宇宙必然被宇宙所包含，那就没有哪个地方脱离包围。由此可以推出他是否被包含在宇宙之内。此外，宇宙未造之前，他在哪里，这绝不是一个容易的问题。他若是在宇宙之外，是否有什么把这宇宙之外与宇宙分开，所谓的宇宙之外又位于何处？倘若这超越者与被超越者之间没有界限可以区分和界定，那如何在思想里将它们分别出来？难道没有必要用某种方式把宇宙与超越于宇宙的外面标识开来？除了我们已经拒斥的空间位置之外，这还能是什么呢？我还没有提出这样的观点，即神若是在思想上是可理解的，就是完全被界定的，因为理解就是界定的一种

---

① 这里的无处所是在模糊的意义上使用的。就神而言，它的意思是他的存有绝不受处所限制，而不是说他在处所上没有存在，因为神是无处不在的，而且超越一切处所。他在未创造宇宙世界之前就存在 是他创造了处所，因而处所不可能是他的存有之所在。

形式。

11. 也许这一切对大多数人来说都太过琐碎，难以为听，却是当前时尚的讨论方式，即鄙视高贵的简洁，引入一种迂回曲折的复杂风格。①那么我为何要论到这些呢？凡树木看果子，就可以认出它来。②我的意思是说，只要看看其论证的模糊性，就可知道这样的教训中起作用的黑暗是什么。我这样做的目的不是为自己邀功，让人以为我能说惊人的话，或有极高的智慧，把人弄糊涂，然后解决难题（这是但以理具备的令人惊奇的大恩赐③），而是为了把我一开始就提出的观点表达清楚。这观点是什么呢？就是神性（Divine Nature）不能靠人的理性来领会，我们甚至不能用语言表述它的伟大之处。这不是出于嫉妒，嫉妒绝不可能出于神性，神性是没有情欲的，唯有善，是一切之主④；尤其是他的造物中最高贵者的嫉妒。除了理性能言说的造物之外，道还能更喜欢哪个呢？就是他们的存在，也证明了他至高无上的善。这种不可理解性也不是为了他自己的荣耀和尊贵之故，他原本就是完满的⑤，他所拥有的自己的荣耀和尊严不需要依赖于人接近他的不可能性。因为在别人面前设立一道障碍，以求自己的荣耀，这是完全没有道理的，我不说与神的本性格格不入，就是一般的善人，对自己有正确认识的人，也不会这么做。

12. 不论是否还有其他原因，他们都当明白谁更接近神，谁是他何其难测之判断⑥的见证者和猜想者；是否有人在德性上非常杰出，

---

① 尤其暗指埃提乌及其跟随者欧诺米并其他人的铺张辩证法和冗长论证。
② 《路加福音》6：44。
③ 参看《但以理书》5：12。
④ 柏拉图《蒂迈欧篇》10。
⑤ 《以赛亚书》1：11。（参看和合本的译文："我已经够了。"——中译者注）
⑥ 《罗马书》11：33。

并行在无限者的路上,如谚语所说的。然而,就我们所达到的层次来说,我们是以渺小的尺度去衡量难以理解的事物,也许原因之一是为了防止我们因为太容易获得,所以也太轻易地扔掉所拥有的东西。人对费尽九牛二虎之力获得的事物,总是紧紧抓住,至于轻而易举获得的东西,则随意地扔掉,因为可以轻易复得。所以,这最终成为一种福分,至少对明智的人来说如此,这种福分并非唾手可得的。也许是为了不让我们遭遇像路西弗(Lucifer)那样跌倒的命运,免得我们获得充盈的光之后,颈项变得刚硬,反抗主的大能,从已经到达的高度跌落下来,这是最可悲的事了。也许是为了将来要给那些在今生已经得了洁净、在他们所渴望的事上经过了长期忍耐的人的勤劳而荣耀的生命更大的奖赏。

因而要把这身体的黑暗放在我们与神之间,就像埃及人与希伯来人之间的古代云柱①;这可能就是"他以黑暗为藏身之处"②所指的意思,也就是我们的愚钝。由于愚钝,几乎没有人能看见,哪怕一点点。不过,关于这一点,让那些专门以此为业的人去讨论吧,希望他们尽可能深入地考察这个问题。我们是"世上被囚的"③(如耶利米所说),披着厚实的属体本性,无论如何都当知道,正如人不论怎样迅速移动,都不可能跨过自己的影子(因为影子总是与人跨越的速度一样快),正如眼睛离开了空气和光的中介就不可能看清可见对象,鱼离开了水不可能游弋,同样,受缚于身体的人要完全撇开属体的对象,深入了解纯粹思想的对象,这是极其不现实的。就是在心灵完全独立于可见之物,集中力量致力于与它同类的不可见之物时,也会有某种来

---

① 《出埃及记》14:20。
② 《诗篇》18:11。
③ 《耶利米哀歌》3:34。

自我们自己环境的东西悄悄潜入。

13. 这一点你会清楚地知道：圣灵、火、光、爱、智慧、公义、心灵、理性，以及诸如此类，岂不都是首要本性的名称？然后呢？没有运动和流溢，你能设想圣灵吗？没有燃料和向上的活动，以及特有的颜色和形式，你能设想火吗？不与空气混合，离开那可以说它的父亲和源头的，能设想光吗？它岂不是内在于某个人之内，而并非它自己，岂不是非它自己运动的思想，或者无声，或者有声？还有理性……你若不认为它是我们自己里面默然无声或者喷薄而出的东西，那还能认为它是什么？你若设想智慧，它是什么，不就是你所知道的心灵习惯，致力于属神或属人沉思的习惯？公义和爱，它们岂不是可称颂的品质，一个与不公义相反，另一个与恨恶相对，有时加强自己，有时放松自己，有时附着我们，有时离弃我们，总而言之，使我们成为我们的所是，并不断改变我们，就像颜色改变身体一样？或者我们是否应当抛开所有这些东西，去直接凝视神（Deity），尽我们所能，从它的各种形象收集关于它的零星认识？这微妙的事物，既出于这些东西，又不是这些东西，它是什么呢？或者说，那统一性（Unity）既在自身本性中是非复合的，不可比拟的，如何又能成为所有这些，并且完全是它们中的每一个？由此，我们的心灵没有勇气超越形体之物，只要它以自己固有的软弱去看超越于它能力的事物，不脱去一切属形体的观念，就不可能与无形之物交往。每一个理性造物都渴望神，渴望第一因，但是出于我所提到的这些原因，就是无法把握他。于是，渴望慢慢变淡，并且可以说，对这种无能感到厌烦不耐，所以开始尝试第二条道路，或者去注意可见之物，并从其中的某些事物造出神……（真是一种拙劣的发明创造，试想，那可见的东西在哪一点、在何种程度上比看者更高，更像神，使这看者对它顶礼膜拜？）或者借着可见之物的美和秩序获得那不可见之物，但是并不因可见事物的壮观而失去神。

14. 因此，有些人发明了太阳神，有些人发明了月亮神，有些人敬拜星辰，还有些人把天空以及天上的一切当作神，认为它们根据自己运动的质量和数量引导着宇宙。还有些人把各元素，土、气、水、火造为神，因为它们很有用，没有它们，人的生命就不可能存在。还有些人敬拜任何偶然的可见对象，把所见的事物中最美的立为他们的神。有些人敬拜画像和影像，起先确实是他们自己祖先的画像——至少情感比较丰富，比较感性的人是这样的——并纪念死去的先人；后来，与他们相隔久远，与他们没有什么关系的一代人，仍然这么敬拜，那就是拜外人了，这是出于对首要本性的无知，随从传统做法，视之为法律和必然。习惯做法一旦在时间中得到确认，就被认为是法律了。我想，有些掌握裁决权的人崇尚身体力量，敬慕美，把他们所尊敬的人造为时代的神，也许是利用某种寓言传说来辅助他们的欺世盗名。

15. 那些完全顺服于情欲的，就把他们的情欲神化，或者敬之为诸神之一；愤怒与嗜血，贪婪与醉酒，每一种类似的邪恶都可以成为神，从中为自己的罪找出不公义的卑鄙借口。他们有些留在地上，有些藏到地下（这是他们智慧的唯一体现），有些则升至天上。①多么可笑的基业分配！然后，他们根据自己错误的权威和私人判断，给每个概念某个神或半神的名字，立起塑像，其高昂代价就是罗网，想用血和祭祀之气纪念它们，有时甚至做出极其可耻的行为，比如发疯和杀人。这样的纪念方式正好符合这样的神祇。此前，人们崇拜飞禽、走

---

① 指神话中的宇宙部分，天归于宙斯（Zeus），海归于波塞冬（Poseidon），阴间归于埃多纽斯（Aidoneus）。

兽、昆虫①及其可恶而荒唐的东西，将神的荣耀献给这些偶像，以此侮辱自己，因而，要决定我们是应当鄙视这种崇拜，还是鄙视他们所崇拜的对象，并不是很容易的事。很可能崇拜者是更可鄙的，因为他们虽然有理性，从神领受了恩典，却把恶的立为善的。这就是恶者（Evil One，即魔鬼）的伎俩，为恶的目的滥用善，就如他的大多数恶行一样。他抓住这些人追寻神的渴望，扭曲这种力量，为自己所用②；他偷走他们的渴望，用手引导它的方向，就像瞎子问路一样；他用力投掷，把一些投向这个方向，另一些投向另一方向，把它们都投入死亡和毁灭的深渊。

16. 这就是他们的经历。但是，理性接受我们，在于我们渴望神，在于我们知道不可能没有引导者和向导，于是使我们致力于可见之物，获得一开始就存在的事物，然而它并没有停留在这里。因为如我们观察所知的，允许同一等级的事物有主权，这算不上是智慧。它借着这些引向超越于这些的事物，所有这一切无不是借着那超越者才获得存在。无论是天上的事物，地上的事物，穿越空气的事物，生活在水里的事物，或者毋宁说，在它们之前的事物，即天、地、气、水，规定它们的是什么？是谁将它们混合，又分开？彼此共同的东西，相互依赖且认同的东西是什么？我称颂这人，他虽然是异教徒，却说：是什么把运动给予这些事物，推动它们无休无止、毫无阻拦地运动？岂不是它们的创造者（the Artificer）把理性根植在它们里面，根据这理性来推动并控制宇宙？岂不是他创造了它们，并使它们存在？无论如何，我们不可能把这样的力量归于偶性。假设它的存在是偶然的，你让

---

① 《罗马书》1：23。
② 这是早期教会非常普遍的一种信念，认为异教徒所崇拜的诸神事实上是邪灵。这种信念肯定得到圣保罗《哥林多前书》10：19—21里关于"eidogothuton"的观点的支持。

我们把它的秩序归于什么？你若是非要说它是偶然的，我们也可以同意你这一点，但是请你告诉我们，它为何能保存并保护它最初造物的条件？这是出于偶性，还是出于别的什么东西？肯定不是偶性。那么这别的东西能是什么呢，不就是神吗？因而，从神发出来的理性，从一开始就充满在一切里面，是我们里面的首要法则，它把万物联结起来，引导我们借着可见之物走向神。让我们再次从头开始，将这一点推论出来。

17. 神的本性和本质是什么，从来没有人发现过，也不可能发现。将来是否能够发现，是一个愿意的人可以考察和论断的问题。在我看来，当我们里面像神一样神圣的东西，即我们的心灵和理性，与它的模型融合，当形象上升到原型——如今它还只是渴望如此——的时候，就可以发现。我想，这就是对那个恼人的难题"到那时就全知道，如同主知道我一样"①的回答。但是在我们现在的生活中，临到我们的一切都只是微小的流溢，可以说是从伟大光源的一点点流溢。所以，若说有人认识了神，或者已有圣经见证他关于神的知识，我们必须明白，这样的人只是拥有了一定知识，使他表面上看来比别的没有同样启示的人得到了较完全的启示。这种相对的优越被说成是绝对的知识，不是因为它真是如此，而是因为它与别人的能力相比较而言更优越。

18. 因而以挪士"盼望求告耶和华的名"。②因这样的盼望他是可称颂的，不是盼望"知道"神，而是盼望"求告"神。以诺被神取了去③，然而不清楚这是因为他已经领会了神性，还是为了使他能领会神性。挪亚④的荣耀是他蒙神悦纳，神交托他把整个世界从大水中拯救

---

① 《哥林多前书》13：12。
② 《创世记》4：26。（和合本经文译为："那时候，人才求告耶和华的名。"——中译者注）
③ 《创世记》5：24，《便西拉智训》49章14节。
④ 《创世记》6：8。

出来，或者准确一点说，救出世界的种子，在小小的方舟里躲避洪水。亚伯拉罕虽是伟大的先祖，但也是因信称义①，献上奇异的祭品②，这是大祭献的预表。然而他不是把神看作神，而是把他看作人，给他食物。③他受到称赞是因为他按自己的领会敬拜。④雅各梦见了高耸入云的梯子，天使立在梯上，便给石柱浇油⑤——可能预示为我们受膏的磐石——给那个地方取名为神的家⑥，以纪念他所看见的那人；与化身为人的神较力，不论神与人的这种较力可能意味着什么……它可能表示拿人的美德与神比较；他身体上留下了摔跤的记号，表明受造者的失败；神改了他的名字，以奖赏他的敬虔，不再叫雅各，要叫以色列——那个伟大而可敬的名字。然而，不论是他，还是十二支派中他的子孙，直到今天没有一个能夸口说他理解了神的整个本性或者神的原型。

19. 对以利亚来说，约略显示神的面的，不是强风，不是火，不是地震，如你从故事里所看到的⑦，是一阵微风，而且所显示的甚至还不是他的本性。这个以利亚是谁呢？就是被带火的马车接到天上去，以表彰其作为义人的卓绝美德的人。你难道对昔日的士师玛挪亚及后来的门徒彼得就不感到惊异吗？一个无法忍受看见神的使者，虽然这使者只是神的代表，对妻子说："我们必要死，因为看见了神"⑧，似

---

① 《创世记》18：18。
② 《创世记》28：2。(此处经文出处有误，应是《创世记》22：2。——中译者注)
③ 《创世记》18：2。埃利亚斯·克来坦塞斯（Elias Cretensis）认为这事是道成肉身的预像，还与许多其他人一起认为这是三位一体的显现，因为亚伯拉罕看见了三，并与一交通。
④ 《创世记》32：28。(和合本此节经文为 "那人说：'你的名不要再叫雅各，要叫以色列，因为你与神与人较力，都得了胜。'" 此处经文可能是《创世记》18：18。——中译者注)
⑤ 《创世记》32：28。(此处经文出处有误，应是《创世记》28：18。——中译者注)
⑥ 第1节"神的样式"，可能指以下所引的情形。这译本从语法上看更容易理解，因为按要求得有一个客格。但是那样，我们就会认为应当先提到与天使的较力，因为雅各是在较力那晚之后的第二天给那地方起名叫毗努伊勒（Penuel），并改称自己的名字为以色列的。本尼迪克版虽然在文本中保留了"家"，但认为"样式"更好，因为讨论的题目是见神之面。
⑦ 《列王纪上》19：11、12。
⑧ 《士师记》13：22。

乎人甚至不可能领会神的显现,更不要说神的本性了。而另一个则无法承受基督出现在他的船上,请求他离开①,须知,彼得比其他人更渴望认识基督,并因此得了祝福②,得托以最大的恩赐。他纵然如此,更何况别人呢?对以赛亚和以西结,你会说什么呢?他们都是那些大奥秘和其他预言的见证人,一个看见了万军之耶和华(Lord of Sabaoth)坐在荣耀的宝座上③,有六翅膀的撒拉弗(Seraphim)环绕、赞美和遮掩,他自己得到活炭的洁净,使他胜任说预言的职责。另一个描述了神的基路伯马车④,他们头上的宝座,宝座上的火光,以及在火光、声音、力量和活动⑤中显现出来的神。这是唯有圣徒才能看见的白日里的显像,还是千真万确的夜晚景象,或者是心里的一个印象,与将来交谈,似乎就是现在,或者是另一种无法言喻的预言形式,我说不上来。但众先知的神知道,受圣灵启示的人也知道。然而无论是我所论到的这些人,还是他们的同仁,没有哪个曾立在神的"*Council*"⑥和本质面前,如经上所写的,或者看见或者宣称神的本性。

20. 倘若保罗可以说出三重天⑦上有什么,因为他自己前行或上升

---

① 《路加福音》5:8。
② 《马太福音》16:16、17。
③ 《以赛亚书》6:1。
④ 《以西结书》1:4—28。
⑤ 顺序,即天使的顺序。
⑥ 这是引自七十士译本《耶利米书》23:18。那里的"*upostemati*",阿奎拉(Aquila)代之以"*aporreto*",西马库斯(Symmachus)代之以"*omilia*"(根据托若米乌[Trommius])。"*upostemati*"很可能是指军队的基地,在七十士译本中,另两个出现这个词的地方也指这个意思,即《撒母耳记下》23:14 和《历代志上》11:16。这段出现的希伯来词是个常用词,意思是"a Council",或者由此引申出的一个意义"熟悉的交谈"(Familiar Intercourse)。《约伯记》15:8(钦定本)把这个词译为"神的秘密",七十士译本里为"*suntagma*"。武加大译本的两个地方都是"*Concilium Dei*",但本尼迪克版(the Benedictines)把它译本"本体"(Substance)。钦定本译成"*Counsel*",加旁注"Secret";修订本译成"*Council*",没有旁注。
⑦ 《哥林多后书》12:2。

或被接到了那里,也许我们就能对神的本性有多一些的了解,如果这是狂喜的奥秘的话。然而由于那些情景无法言喻,我们也只能以沉默表示敬意。因此纵使我们能多多地听到保罗谈论这事,我们所知道的有限,先知所讲的也有限。①这话以及诸如此类的话都是那位知识不粗俗的使徒②说的,这位伟大的教师和真理的捍卫者,他扬言要证明在他里面说话的基督。由此他认定地上的一切知识都只是仿佛对着镜子观看,模糊不清③,因为站立在真理的小小形象上。其实,若不是我觉得在人看来太过认真,太急于考察这个问题,那么它不是别的,就是这样的,即道自己宣告,有些事人如今担当不了,要等到将来才能担当和明白④,这些事,道和真理的伟大声音的先驱约翰说,若是一一地都写出来,就是整个世界也容不下了。⑤

21. 这样说来,真理和整个道充满了困难和模糊。可以说,我们用小小的工具从事着巨大的工程,仅靠着人的智慧,去探求关于自有者的知识,当然还有感觉相伴,或者说离不开感觉,这是我们与生俱来的,把我们引入错误,我们致力于探索那些唯有靠心灵才能把握的事,我们不可能通过纯粹事实与纯粹理智的汇合更贴近真理,靠它的概念塑造心灵。

而神的题目更难以企及⑥,因为它比其他任何题目都更完全,更容易遭到异议,对异议的解决也更艰难。每一种反对意见,不论如何小,都会妨碍甚至终止我们的讨论过程,使它无法前进和深入,正如

---

① 《哥林多前书》13:9。
② 《哥林多后书》11:6。
③ 《哥林多前书》13:12。
④ 《约翰福音》16:12。
⑤ 《约翰福音》21:25。这里,圣格列高利由于一个奇怪的口误,把福音书作者约翰的话归到施洗者约翰身上。
⑥ 参看佩塔维乌,《论神》第3卷第7章。

人突然勒住全速前进的马的缰绳，一下子使它们来个大转向。因而，所罗门这位所有人中最富智慧的人①，无论是在他之前的，还是与他同时代的，没有一个能像他一样智慧，神赐给他宽阔的胸襟，深厚的思想，比沙子还多的智慧，就是这样的人，越是进入深奥之处，就越感到迷茫，于是宣称最大的智慧就是发现智慧离他是多么遥远。②保罗也想方设法认识——我不说认识神的本性，因为他知道这是完全不可能的，而只想认识神的判断；然而他发现没有出路，上升中没有中止之处，而且，他心灵对知识的最热切追寻最终也没有任何明确的结论，因为某个到达不了的点始终把他排斥在外（多奇妙啊，我也有过同样的经验），于是他以惊异结束自己的讲论，称之为神的丰富③和深奥，承认神的判断何其难测。大卫也几乎说过同样的话，称神的判断是伟大的深奥，任何尺度或感觉都不可能探及其根基④；在另一处又说，神对他以及他本人的结构的知识多么奇妙，是他不能测的；至高，是他不能及的。⑤

22. 他说，我若是把其他的一切放在一边，只思考我自己以及人的整个本性和结构，我们是怎样复合而成的，我们的运动是什么，必死的如何与不死的结合在一起，我向下流，怎么又是天生向上的，灵魂如何被包围⑥；它如何给予生命，分有感觉；心灵如何既是有限的，又是无限的⑦，住在我们里面，又以迅速的流动穿越整个宇宙；

---

① 《列王纪上》3：12。
② 《传道书》7：23。
③ 《罗马书》11：23。（出处可能有误，似应为11：33。——中译者注）
④ 《诗篇》36：7。（和合本此节经文译为："神啊，你的慈爱何其宝贵，世人投靠在你翅膀的荫下。"这似乎与此处出入很大。——中译者注）
⑤ 《诗篇》139：6。
⑥ 异文（第1节）。灵魂如何被携带绕转。
⑦ 异文（第1节）。不可见的。

如何能借着道（Word）接受它并传授它，经过空气，进入万物；它如何分有感觉，又将自己包起来，远离感觉。即使在这些问题之前——我们在自然工厂里的最初形状和结构是什么，最后形成和完全的又是什么？对营养的渴求和给予是什么，谁使我们自发地趋向那些最初的源泉和生命的源头？身体如何滋养身体，理性如何滋养灵魂？本性的吸引是什么，父母与子女的相互关系是什么，爱这种符咒可以把他们联结在一起？种如何是恒久的，在特性上各不相同，又如何之多，每种个体的标记无法描述？同一动物为何既是必死的，又是不死的①，必死就是腐烂，不死就是形成？一个离去，另一个取而代之，正如江河之水，从不停止，永恒流动。你可以就人的肢体和部分讨论很多问题，它们彼此接纳，既为实用，又为美，有些联结，有些分离，有些比较优秀，有些不那么美观，有些联合，有些独立，有些包含，有些被包含，全是照着大自然（Nature）的法律和理性安排的。关于声音和耳朵也完全可以说很多。声音如何由听觉器官携带，耳朵接受，两者借着空气中介的击打和回响联合在一起？眼睛有很多可说，它与可见对象有一种难以描述的结合，唯有意志能推动它，与心灵一起受影响，心灵受到怎样影响，它也受到怎样影响。心灵以什么速度与思想的对象联合，眼睛便以什么速度与视觉对象结合。关于其他感官也有很多可说，然而不是理性探索的对象。关于我们睡梦中的休息，梦境的碎片，记忆和回忆有很多可说；关于算计、愤怒和欲望有很多可说。总而言之，支配这个称为人的小小世界的一切东西，都可以大写特写。

---

① 这里，格列高利不是在说个体灵魂的不死，而是说类的灵魂的不死，这是人与其他动物所共同的，通过不间断的连续性起作用。

23. 你若愿意，我可以为你列举出其他动物与我们的不同，以及它们彼此之间的不同——本性上的、生产上的、营养的、处所的、脾性的，以及所谓的群体生活的。为何有些群居，有些独居，有些食草，有些食肉，有些凶猛，有些驯服，有些喜欢人和家养，有些难以驯服，喜欢自由自在？有些我们完全可以说在理性的边缘，几乎有学习能力，而另一些完全缺乏理性，根本不可能受教。有些感官比较健全，有些比较欠缺；有些不能动，有些能行走；有些非常敏捷，有些极其缓慢；有些体形庞大，美轮美奂，或者在其中一方面特别突出；有些则体形纤细，丑陋无比，或者两者必居其一；有些强壮，有些羸弱；有些善于自我防卫，有些胆怯却机智①，还有些却毫无防范能力；有些勤劳而节俭，有些懒惰而挥霍无度。我们还没有讲到这样的一些问题，为何有的在地上爬行，有的直立行走；有的喜爱定居一地，有的则水陆两栖；有些以美为乐，有些毫无装饰；有些有配偶，有些守独身；有些守纪律，有些很放任；有些繁衍众多，有些不会生育；有些寿命很长，有些转瞬即逝？要详尽讨论这些问题，未免冗长乏味。

24. 再看看在水里游来游去的鱼类，可以说穿过液体元素在飞行，呼吸自己的空气，但是一接触我们的空气就有危险，就如同我们进到水里就难以呼吸一样；看看它们的习惯和习性，它们的交媾和繁殖，它们的形体和美，它们对居所的喜爱，它们的漫游，聚合与离散，它们与那些栖居在陆上的动物之特性如此相近；在名称和形状上，有时候统一，有时候相对。想想鸟类，它们丰富多彩的形状和颜色，不发

---

① 在这里，本尼迪克版插入"有些保护得很好"，然而这是他们自己的猜测，原稿中并没有这样的话。

声的和爱歌唱的,都是如此。它们为何能唱出各自的旋律,这声音是从哪里来的?谁赋予蚱蜢诗琴般的胸膛,让它在树枝上歌唱和唧唧鸣响。当它们被太阳感动时,便奏出午间音乐,在草丛中歌唱,以其歌声陪伴客旅者同行?当天鹅在微风中展翅时,是谁为它编织了歌曲,把扇动翅膀的籁籁声谱成乐章?我不会说人为的声音以及一切通过技艺创造出来的违背真实的声音。孔雀,那爱炫耀的米提亚(Media)鸟,为何爱美丽,爱称赞(它完全知道自己的美),一看到有人走近,或者如它们所说,当它想要在母孔雀面前炫耀一番时,就昂首挺胸,把尾翅展开成扇形,像黄金一样耀眼,星辰一样闪烁,昂首阔步,使它的美成为爱人的景观?须知,圣经甚至赞美妇人在编织中的异禀,说,是谁赐给了妇人编织技艺和刺绣艺术的禀赋?①这属于有理性的、智慧卓绝的,甚至能探及天上之事的活物。

25. 但我想,就是对非理性造物的自然知识,你也必定会感到吃惊,如果你能,请解释这种知识的原因。鸟类为何在岩石上、树上和屋檐下做窝,把窝造得既安全又美观,为它们喂哺小鸟提供舒适处所?为何蜜蜂和蜘蛛喜欢忙忙碌碌,前者筹划自己的蜂巢,用六角形且质量相同的管子把巢搭起来,用角的一部分并双角交替画直线建出底座;而这一切事实上是在非常幽暗的洞穴里,没有光线的巢里成就的。后者用如此轻盈几乎像空气一样的丝,以各种方式伸出来编织它们错综复杂的网,这种活动几乎看不见从哪里开始,一下子就出现了一个宝贵的居所,对软弱的小虫子来说则是一个陷阱,让这稳坐中军帐的将军享受美味佳肴?欧几里德(Euclid)在以根本不可能真实存在的路子探寻哲学问题,又疲于证明时,为何要仿效这些行为?帕拉米

---

① 《约伯记》38:36(七十士译本)。

德（Palamedes）从哪里找到策略，如人们所说的，想出鹳鹤的运动和形态，它们排成队列的运动体系和复杂的飞行秩序？谁是它们的斐迪阿（Phidiea）和芝乌克西德（Zeuxides），谁是帕拉西（Parrhasii）和阿戈拉弗（Aglaophons），知道怎样勾画和塑造美不胜收的事物？底达鲁斯（Deadalus）和谐的合唱队是什么，使少女①达到美的极致？克里特迷宫（Cretan Labyrinth）是什么，难以穿越，难以匹配，如诗人们所说，不断靠它精妙的结构跨过自己？我不说蚂蚁的仓库和管家，它们积蓄大量木头（食物？）以备各个时节之需，还有关于它们的婚配、蚁皇以及工作中的良好秩序，我们知道许多其他细节。

26. 如果这种知识你原本就已具备，你对这些科学领域非常熟悉，那么请再看一下植物的不同，直到叶子的优美形状，这不仅最大程度地悦人眼目，也对果子有巨大的益处。再看看果子的丰富多彩，大多数都美不胜收，也是必不可少的。想想根、汁、花和气味的力量，不仅如此甜美，还可以用作药物；想想色彩的魅力和性质；还有宝石的高价，光彩夺目，晶莹剔透。自然陈列在你面前的一切事物，犹如丰盛的宴会，每个人都可随意选取，不论是生活必需品，还是奢侈品，这样，即使不说别的，至少叫你从神的恩惠来认识他，借你自己对需要的意识来使你变得更加聪明。然后，我恳请你，穿过大地这万物之母的长宽，海湾与海湾连在一起，海湾与大陆毗邻，美丽的森林，江河与泉源，汩汩长流，终年不断。不仅水是冷的，可以饮用，在地球表面流淌，而且也在地下、在洞穴里奔涌。然后有强力压迫它们，使

---

① 暗示底达鲁斯为阿里亚德（Ariadne）塑造的一组群像，表现少男少女组成的一个合唱队，看起来似乎在音乐旋律中翩翩起舞。

它们喷射出来,又退回去。继而这种冲突和击退的强力使它充满热量,只要一有机会,就会一点一点地喷射。由此地上的许多地方就有了温泉供我们使用,又有冷泉供我们治病,所有这些无需花费,是自动流出的。告诉我这些事是怎么形成,如何发生的?这人工不可能织成的大网是什么?这些事无论是分开来一个个思考,还是合起来思考它们的相互关系,都不免令人惊异不已。

大地为何坚实不动?它支撑在什么之上?把它立起来的是什么,那支撑物又基于什么?事实上,就是理性也不能支撑什么,唯有依靠神的旨意。为何有的部分升到山顶,有的落在平原,而且以各不相同的方式形成?因为从单个看,这种变化极其微小,所以既可以更加自由地满足我们的需要,又以其多样性越发显得美丽。有些成为有人居住的区域,有些则成为无人区,也就是一切崇山峻岭,它的海岸线有各种各样裂缝从它分离出去。这岂不极其清楚地证明了神的非凡之工吗?

27. 就大海而言,纵然我不惊异于它的浩渺,也该对它的温柔感到不可思议,因为它虽然任意奔腾,却不越出自己的边界;若不惊异于它的温柔,必定惊异于它的浩渺。但是我对二者都深感惊异,因而要赞美包含在二者中的大能。什么力量聚集了它,又是什么界定了它?它如何起风又复归平静,似乎尊敬毗邻的陆地?而且,它如何借着它那惊人的广袤,如果可以这样说的话,接纳万川,却仍然保持不变?它虽如此宏伟,但为何它的边界却只是沙子?你们那些自然哲学家的琐碎无用的知识能告诉我们什么呢?——我指的是那些确实想要用酒杯量海,用他们自己的观念来猜测如此伟大之工的人。或者我是否可以根据圣经对此做出真正科学的解释,给出简明但比最冗长的论证更令人满意也更符合真理的说明?"他一声令下就在水面的周围划出界限。"①这就是流体之链。他如何只用一阵微风,就把住在干地上的瑙提鲁斯(Nautilus)(即人)引到水上,呆在一个小小的器具里,(你对这样的景象不吃惊吗?心里不惊异吗?)出于需要和商业活动,陆地与海可以联结起来,本性上如此大相径庭的事物因而为人联合成一?泉源的最初根基是什么?人啊,你若能追踪、找出这些事物的缘由,就去寻求吧。把平原与山脉分开,显出江河,赋予其毫无阻挡的航道的是谁呢?另一方面的奇迹又是怎样出现的,即海水永不满溢,江河永不断流?有滋养作用的水的能力是什么,其中有什么分别,因为我们看到,有些事物从上面得浇灌,有些从根部得滋养。既然论到神丰富的恩赐,也许我也可以尽情享受一下我的语言。

28. 现在,离开地面,撇开地上的事物,乘着思想的翅膀升到空中,叫我们的讨论循序前进。由此,我要带你看看天上的事物,天本身,以及高于天的事物,至于那超然在外的,我的演讲涉及不到,但它仍然尽其所能升到高处。谁洒出空气,这伟大而丰沛的财富,不照人的地位或运气来衡量,不受边界限制,不按人的年龄划分,不像吗哪的分配②,可以多多获得,以其绝对平等的分配而显宝贵;有翼造物的马车,风的座位;季节的调整者;生命之物的加速者,或者身体里自然生命的保存者;它们的存有在哪些身体里,我们借什么说话;光在哪里,可以放射出来,通过它看见事物?你若愿意,请说明随之而来的是什么。我不能把一切被认为是属于空气的整个帝国都给予空

---

① 《约伯记》26:10(七十士译本)。(和合本此节经文为:"在水面的周围划出界限,直到光明、黑暗的交界。"——中译者注)
② 《出埃及记》16:18。

气。风的仓库是什么？①雪的宝藏是什么？谁——如圣经所说的——孕育了露珠？冰出自谁的肚腹？谁把水连在云里面，部分固定在云里，虽然云的本性是流动，却用他的道让云托住水，再把其他的部分浇灌在整个大地上，分散在适当的季节，均匀分配，既不会雨水太多，无法控制（挪亚时代的净化已经足够了。神既不可能说谎，自然不会忘记自己的约）……也不会完全受控，我们不需要又一位以利亚②来使干旱结束。经上说，神若要关闭天庭，谁能打开它？神若打开洪水之门，谁又能关上？③谁能使足够的雨水再有增添或者撤回？除非他以自己的尺度和平衡治理宇宙。你们这些光在地上打雷，却连一点真理的火花也闪现不出来的人，请问，你能就雷电定下什么科学法则？你也许会认为云是由地上的什么蒸汽而产生，或者是因为空气变得稠密，或极其稀薄的云受到挤压或撞击而形成，所以你以为压力就是产生闪电的原因，撞击就是形成打雷的缘故？然而没有出口的风，如何才能解释你所谓的空气压缩产生电，空气爆炸产生雷？

现在，你若是在思想里越过了空气，以及空气中的一切事物，那就与我一起上升到天以及天上的事物。让信心而不是理性来引导我们前行，因为你至少已经知道理性在与你切近的问题上是无能为力的，并且由于对超越理性之物有了一定了解，也知道了理性为何软弱的原因，否则，你若是对自己的无知也一无所知，那就完全还在地上，或者是完全属地的。

29. 谁在我们周围铺展天空，使星辰井然有序？或者毋宁说，就你

---

① 《约伯记》37：9、10。（和合本经文译为："暴风出于南宫，寒冷出于北方。神嘘气成冰，宽阔之水也都凝结。"——中译者注）
② 《列王纪上》18：44。
③ 《约伯记》12：14。（和合本此节经文译为："他拆毁的，就不能再建造；他捆住人，便不得开释。"参看15节译文："他把水留住，水便枯干；他再发出水来，水就翻地。"——中译者注）

自己对天上之事的认识，首先，你能告诉我什么是天空和星辰吗？你们这些就是自己脚下的东西也不知道，甚至连同自己也不能度量的人，必是忙忙碌碌地探求超越于你们本性的事物，却只能目瞪口呆地盯着不可界定的对象，能告诉我吗？就算你明白轨道和时区，月圆月缺，潮涨潮落，一些度量，以及其他使你对自己的惊人知识沾沾自喜的事物，你还是没有达到对事实本身的领会，只是观察了某种运动。这种观察，只要长期坚持，得到确认，对大量个体的观察得出一般性的结论，引出一个定律，就可以获得科学之名（正如月球的运动已经成为我们普遍认识的现象），作为这种知识的基础。但是你若真的在这个话题上有非常精确的了解，又配受人尊敬，那就请告诉我这种顺序和运动的原因是什么。太阳如何成为整个世界的灯塔，在所有人看来就像某个合唱队的领袖，以它明亮的光显现出所有其他星辰，比其中有些更加完全地照亮其他星辰。证据就是，它们反射它，然而它的光线超过它们，甚至不让人觉察出它们是与它一同升起的；它犹如新郎出洞房，又如勇士欢然奔路①——我不会让对它的赞美出于别的地方，而不是出于我们自己的圣经——它的力量如此之大，从世界的这极到那极，它的热量包围万物，没有哪个事物感受不到，每一双眼睛都能看到它的光，每一个造物都能获得它的热；温暖而不灼热，因为它的脾气柔和，它的运动有序，它向一切显现，对万物一视同仁。

30. 你是否想过以下这一事实的重要性，即一位异教作家②说太阳在质料性事物中的位置如同神在思想对象中的位置？一者赐给眼睛光，如同另一者赐给心灵光；太阳是所能见事物中最美的，正如神是

---

① 《诗篇》19：5。
② 即柏拉图。

一切思想对象中最美的。但是谁给它最初的运动？推动它作环形运动的是什么？就它的本性来说，是稳定而不可推动的，真正地永不疲倦，是生命的给予者和维持者，以及诗人歌颂它的其他种种名称，它在自己的行程中永不停息，给人的益处永不停止。它如何在地球之上就成为白昼的创造主，在地球之下就产生黑夜？或者沉思太阳时所能想到的任何正确的表述？白昼和黑夜的相互进退，以及它们有规律的不规则活动——使用一个有点奇怪的表述——是怎么回事？它如何成为季节的创造者和划分者，使各个季节依次轮换，彼此之间交织成一种舞蹈，或者一方面借爱之律分开，另一方面又按着顺序，一点一点地混合，一点一点地挤走相邻的季节，就如白昼和黑夜的交替一样，免得突如其来给我们造成痛苦。关于太阳就说到这儿。

你可知道月亮的本性和变化，月光的盈亏和度量；太阳如何管理白昼，月亮如何主宰黑夜；她如何给野兽信心，他如何催促人起来工作，升起或落下，显得非常勤劳？你可知道昴星（Pleiades）的结，参星（Orion）的带[①]，如神数点星宿的数目，一一称扬它们的名[②]？你若知道各自荣光的分别，各自运动的顺序，当你借它们编织人类焦虑之网，用造物反对造物主时，也好让我相信你。

31. 你怎么说？我们是否在这里暂停，只讨论到物质和有形之物为止，或者由于道知道摩西的会幕（Tabernacle）就是整个造物的比喻——我的意思是指可见和不可见之物的整个体系——我们是否略过最初的幔子，越过感觉领域，是否可以进入圣所（Holy Place），看见属理智的、属天的造物？就是这个，虽然是无形的，被称为——或者

[①] 《约伯记》38：31。
[②] 《诗篇》147：4。

说就是——火和灵,我们也不可能以无形的方式看见。经上说他使自己的天使成为灵,使自己的执事成为火焰①……也许这里的"使成为"意指借着道保存,它们原本就是借着道形成的。因而,天使被称为灵和火,说是灵,因为是理智领域的造物;说是火,因为是本性得了洁净的造物;我知道同样的名称也属于那首要本性。然而,至少相对来说,我们必须认为天使的本性是无形的,或者无论如何几乎就是这样的。你看,我们在这个题目上真的是迷途重重,无法前进一步,最多只能到达这一步,即我们知道有天使和天使长,有宝座、主权、王国、权能、荣光、上升、理智力(Intelligent Powers)或人格化的智力(Intelligencies),有纯粹、未混合、不向恶或几乎不向恶的本性;常常成队地围绕第一因,(否则我们凭什么要对他们唱赞歌?)从那里获得最纯粹的光照,或者按照各自的本性和位置获得不同程度的光照……于是他们都符合美的标准,成为第二层的光,借着第一层的光的丰富和宏大照亮他者。神的旨意的执行者,无论是天生的力量还是获得的力量,都非常大,穿越整个空间,出于对传道的热情和本性的机敏,在任何地方都可以对一切显现出来……不同的个体占据世界的不同部分,或者被指派到宇宙的不同区域,神知道这一切,因为是他安排、分配这一切的。把万物联合成一,唯一的目的就是为了与万物的造主和谐一致;用圣诗赞美伟大的神性(Godhead),永远地沉思永恒的荣耀,不是为了使神得到更多的荣耀,因为他既是完满的,不可能再给他增加什么,相反,他为自身之外的一切提供善;而是为了使赐予效法神的这些首要本性的恩福永不止息。如果我们对这些事的讨论是它们配得的,那是借着三位一体的恩典,三位格中同一神性的恩

---

① 《诗篇》104:4。

典,如果没有我们所希望的那样完全,即便如此,我们的演讲也达到了预期目标。因为我们不辞辛苦所要表明的是,即使是次级本性(secondary natures)也超越于我们的理智能力,更不要说那首要(我只是怕论说在一切之上的那位)且唯一的本性了。

第三篇　论圣子

1. 我们的对手好辩善争，但是草率鲁莽，结果在一切问题上，尤其是在那些与神有关的讨论上，都没有可信性。以上所述，想必可以堵住他们的口了。但是不管怎样，要驳斥别人是毫无困难、易如反掌的事，每个人只要想做就能做，不过，要以自己的信念取代他们的信念，则唯有敬虔并富有智慧的人才能胜任。我们要信靠圣灵，在他们中间受到羞辱，在我们中间备受尊敬的圣灵，阐明我们关于神性（Godhead）的思想，无论这些思想的内容是什么，都应当像是某种高贵而合乎时宜的生产。倒不是说我在其他时候一直保持沉默，唯有在这个话题上充满蓬勃的力量和无畏的勇气，只是面对目前的这种境况，我确实要更加勇敢地宣告真理，免得（引用圣经里的话）畏缩退后，神心里就不喜欢我。① 由于每一种演讲都具有两重性，一方面确立自己的观点，另一方面驳倒对手的观点，所以我们首先陈述我们自己的观点，然后力图驳斥我们对手的观点，两方面都要尽可能地简

---

① 参看《希伯来书》2:4；10:38。（和合本的两处经文分别为："神又按自己的旨意，用神迹奇事和百般的异能，并圣灵的恩赐，同他们作见证"；"他若退后，我心里就不喜欢他。"——中译者注）

练，好叫我们的论证一目了然（就像他们编撰出来欺骗单纯或愚蠢的人的那些初级论著），免得我们的思想因冗长的论述而支离破碎，就像水没有限制在沟渠里，而在空旷的大地上四处流淌，消失殆尽。

2. 最古老的三种神观是无神论（Anarchia）、多神论（Polyarchia）以及一神论（Monarchia）。前两者是赫拉斯（Hellas）的子孙嘲笑的对象，并且可能一直如此。因为无神就意味着无秩序，而多神统治容易引起宗派分立，因而也趋向于无秩序，容易变得混乱。可见这两者都倾向于同一件事，即无序。而这必然导致消解，无序就是通向消解的第一步。

而一神论则是我们所尊敬的。然而，正是一神论才不局限于一位格，因为统一性（Unity）可能是彼此相异的东西合成多元的一①，这种统一性包含本性上的同等、心灵上的联合、动向上的一致，以及各元素向着整体的会聚——这对受造物来说是不可能的——所以，虽然有数量上的分别，却没有本质上的分离。因而，统一性②从永恒出发，经过二元论的运动趋向，最后在三位一体中找到安身立命之处。这就是我们所说的圣父、圣子和圣灵的含义。圣父是生育者和发出者③，当然这种生育没有痛苦，也不涉及时间，更不是以形体的方式。圣子是受生者（the Begotten），

---

① 这里比利乌（Billius）和其他人都理解为权威（Authority），但最好的抄本（MSS.）或者上下文并不支持这种理解。
② 埃利亚斯（Elias）认为这里的意思是说，古人只知道神性（Godhead）的一位格。直到道成肉身之后，人们才开始有充分的认识。从那之后他们承认第二个位格，并借着他认识到第三个位格，即圣灵。但是这种解释远远没有领会格列高利的意思，他的意思显然是说，神永恒的自我意识运动产生子的出生，而圣灵的发出是必然之事。这一切都在神里面客观存在。参看佩塔维乌《论神》第2卷8：16；纳西盎的格列高利，《演讲录》第二十三篇第五章。
③ Probolens-probole 原是诺斯替主义（Gnostics）用来描述"流溢"（Emanations）的一个术语，在他们看来，有限者与无限者之间的距离就靠这"流溢"来跨越。因此这个词是可疑的，阿里乌和阿塔那修都抵制它。德尔图良（Tertullian）使用这个词时附带一个解释，这一解释就子的"probole"来说是令人满意的，但当他将它用于圣灵的发出（Procession）时作了一番说明，这一说明几乎受到格列高利逐字逐句的驳斥（比较 Prax., 7, 8. See Swete. p. 56）。奥利金（Origen）没有接受它。后来当这一危险过去之后，这个词又开始被人使用，等同于"ekporensis"，一开始还在文本中有所保留和解释，但后来就成为公认的一个术语。见 Swete, "On The Doctrine Of The Holy Spirit"（《论圣灵的教义》），p. 36。

圣灵是发出者（the Emission）。这样表述是出于无奈，因为假若完全不借用可见之物的术语，我不知道还能怎样描述。我们不会贸然谈论"善的一种流溢"，如某位希腊哲学家放胆所说的，似乎善是充盈的一个杯，他在论第一因和第二因的著作里清楚地论到这一点。①我们不可以为这种生育是自发的，就像某种自然流溢，难以控制，这种观念与我们关于神的观念是完全不相吻合的。因而，我们要将自己限制在界限之内，然后再谈论非受生者（Unbegotten）、受生者以及从父发出来的那位，如道神（God the Word）本身在某处所说的。

3. 这些是何时形成的？他们在一切"时候"之上。我要是斗胆说个时间，那么就是在圣父成就他们的时候。是父成为父的时候成就他们的，而父从来没有什么时候不曾是父。关于圣子和圣灵也同样如此。若再问我一次，我还会照样回答你：圣子是什么时候受生的？在父未受生之时。圣灵什么时候发出的？当子受生但没有发出之时——在时间之外，也在理性的把握之外。我们若是不想使用表示时间观念的词汇，就不可能描述超越于时间之外的东西。诸如"何时"、"之前"、"之后"以及"开始"这些词汇，无论我们如何牵强使用，都不是非时间性的，除非我们真的采纳伊涌（Aeon），与永恒之物一样久长的一个长度，不受任何运动的划分和衡量，规定时间的太阳公转也不能影响它。

既然他们都是同为永恒的，怎么可能不同样都是非源起的呢？因为他们都是从父而出，但不在他之后。凡非源起的必是永恒的，然而凡永恒的并不必然就是非源起的，因为它可能以父作为源头。因此就原因来说，他们不是非源起的；而且显然，这原因并不必然先于结

---

① 这个表述出自柏拉图。

果，就如太阳并不先于太阳光一样。然而，在某种意义上他们又是非源起的，也就是从时间角度来说是非源起的，就算你们的诡辩可以唬住头脑简单的人，但是，无论如何时间的源头是不可能从属于时间的。

4. 至于这种生育为何是没有痛苦的，那是因为它是非形体的。若说形体的生育必然包含痛苦，那么非形体的生育就必然没有痛苦。我可以反过来问问你们，神若是受造的，他如何能是神？因为凡受造的就不是神。我强忍住自己，不至于要提醒你们，我们若是在属体的意义上理解创造，那也有痛苦，就如时间、欲望、想象、思想、盼望、疼痛、冒险、失败、成功，所有这一切以及其他种种，都能在造物中找到一席之地，这是显而易见的。不仅如此，令我吃惊的是，你们迄今为止竟一直不敢想到婚姻、怀孕的次数、失败的危险，似乎父若不这样生育，就根本不可能有生育之事。或者你们也没有数算鸟类、兽类、鱼类的生殖类型，把神圣而不可言喻的生育归入其中一类，甚至在你们新的假说中抹杀子的地位。你们甚至看不到这一点，就是他属肉身的生育也不同于任何一种类型，（你们可知道人类中间有谁是从童女生的？）更何况他的属灵的生育；或者毋宁说，他的存在（Existence）既是不同于我们的存在，他的生育也自然不同于我们。

5. 那么那位从来不曾有开端的父是谁呢？就是他的存在不曾有任何开端的那位。因为凡存在有开端的，就必有一个开始成为父的过程。而他不是开始成为所是之后成为父的，因为他的所是没有开端。所以他是绝对意义上的父，并不同时是子；正如子也是绝对意义上的子，并不也是父。在绝对意义上说，这些名称都不属于我们，因为我们既是父又是子，一个不多，一样不少，我们出于两者，并不只是出于一个，因而我们是分裂的，在不同层次上成为人，甚至可能不是人，比如我们绝非所愿地离去、被弃，结果唯有关系留存，实体（underlying facts）已经飘然而去。①

但是，反对者说，"他生了"、"他受生了"，这些表述使人产生生育的开端观念。然而，我们若不用这些表述，只说："他起初早已受生"，就能避开你们那些牵强附会且耗费时间的异议吗？你们能引用圣经来驳斥我们，就好像我们编造了违背圣经、违背真理的东西吗？没错，大家都知道，在实际谈到时间时，我们常常会看到时态的相互交替，这尤其是圣经的习惯，不仅过去时态，现在时态如此，就是将来时态也如此，比如异教徒其实不曾发怒，却有"他们为什么发怒"的话，还有"他们应该步行过河"，意思是指他们确实过了河。学生们都注意到了这些表述，然而要把它们一一罗列出来，恐怕要耗费不少时日。

6. 这点就谈到这里。他们下一个反对意见是什么呢？简直是信口雌黄，充满矛盾。他们说，父生子要是不出于自愿，就是出于非自愿。然后，照他们想来，他们就用绳索把我们捆绑在两方面。然而，这绳索并不牢固，其实非常脆弱。他们说，如果是出于非自愿的，那么他必受制于他者，那么这支配者是谁呢？他既受制于他者，又怎能是神呢？倘若出于自愿，子就是出于意志的子，子既出于意志，怎么能说他是出于父呢？于是他们就炮制出一个新型的母亲给他，就是意志，以取代父。他们的这种论证可夸口的唯一一点好处就是，他们抛弃了情欲，找到意志作为避难所，因为意志不是情欲。

其次，我们来看一下他们的论证是否有力。这些人，一开始就与他们面对面交锋是最好的办法。你们如此草率鲁莽，信口雌黄，想到什么就说什么，那么你们自己是你们的父亲自愿生的，还是非自愿生的呢？若是非自愿的，那么他就受制于某个暴君，（多可怕的暴力啊！）

---

① 埃利亚斯解释说，这是指孩子离开父母以及父母离开孩子的事实，或者是指一方的死亡。

谁是那暴君呢？你们很难说是自然，因为自然容许贞洁（chastity）。若是自愿的，那么一句话就可以把你们的父亲一笔勾销，因为这说明你们是意志的儿子，而不是父亲的儿子。现在我要转而讨论神与受造物之间的关系，不过，我会拿你们自己的问题来问你们。神造万物是出于自愿还是非自愿的？若是被迫的，那还是有个暴君，就还得有谁来担当这个角色；若是自愿的，那造物就会失去它们的神，而你们，编造这样的论证和逻辑花招的造物，就更是首当其冲。因为你们在造主与造物之间竖起了一道意志的屏障。然而，我认为立志者不同于立志的行为；生育者不同于生育的行为；言说者不同于言说，否则我们全是愚蠢透顶。一方面，我们有推动者，另一方面，可以说有运动。因而，出于意志的并不就是意志之子，因为它并非总是意志活动的结果；受生的也并不就是生成之物，被听到的也不是言语的产物，而是立志者或生育者或言说者的孩子。然而，属神的事物超越所有这一切，因为在他，生育的意志可能就是生育本身，两者之间没有行为中介（假若我们能完全接受这一点，而不是相反，认为生育行为高于意志）。

7. 你们既然如此放肆，我也不免放大胆子，让我来稍稍利用一下父这个词，如何？父是神不是出于自愿，就是出于非自愿，那么你们如何避免你们自己的过分机敏可能导致的困境？若是自愿的，他是何时开始立愿的？这不可能先于他的存在，因为没有任何事物在他之前。或者他的一部分是意志，另一部分是意志的对象？果真如此，那他就是可分的。于是就出现了问题，这是你们的论证必然导致的结果：他本身是否并非意志之子。他若不是出于自愿的，那是什么强迫他存在，而且他既是被迫的，又怎能是神？我的对手说，那他是如何受生的？如果按你们所说，他是受造的，他又是如何受造的？这是同一个难题的一部分。也许你们会说，通过意志和道。你们并没有解决整个难题,因为你们仍然得说明,意志和道是如何获得行动的权能的。因为人可不是这样受造的。

8. 那么他是如何受生的呢?倘若你们能真正领会,这种生育就不会是什么了不得的事,但你们甚至对自己的生育都并不真正了解,或者至少知之不多,你们自己也羞于谈论这种无知,那么你们岂能自以为知道一切?你们必须经过极其艰辛的努力,然后才可能发现构造、形成、显现的规律,将灵魂与身体——心灵与灵魂、理性与心灵——联合起来的纽带,运动、生长、食物的吸收,感觉、记忆、回忆,以及构成你们的所有其他部分;哪些是灵魂与身体共有的,哪些是各自分别有的,哪些是彼此接受的。有些部分一形成就接受了自己的法则,但是要到后来才趋向成熟。请告诉我这些法则是什么?就是到了这时,也不可放胆猜测神的生育,那必是很危险的。就算你们对自己已经了如指掌,也绝不可能了解神。何况你们连自己都不甚明了,怎么可能去了解神呢?神如何比人更难以探索,属天的生育就如何比你们自己的生育更难领会。倘若你们坚持说,因为你们无法理解,所以他不可能是受生的,那么总有一天你们要把你们所无法理解的许多存在之物一笔勾销,首先就要取消神本身。因为你们说不出他究竟是什么,即使你们非常鲁莽,而且对自己的智力也极其自负,也无法理解神的本质。你们首先要抛弃关于流溢、分割和部分的观念,以及从质料性的出生方式看待非质料性事物的观点,然后才可能有资格来思考这种神圣生育。他是如何受生的?——我愤愤不平地重提这个问题。神的生育行为必须用沉默来荣耀。对你们来说,知道他是受生的,这是一件大事。至于他的生育方式,我们不得不承认,就是天使也不知道,更何况你们。关于如何生育,我能告诉你们什么呢?这种生育方式唯有生育的父和受生的子知道。除此之外的一切都隐蔽在云层里,你们的模糊视线岂能看得见。

9. 试问，父生了子，这子要么存在，要么不存在①，这岂不荒唐透顶！这个问题也适合问你或我，因为一方面，你我原本就是存在的，如利未已在亚伯拉罕的腰里②；另一方面则是形成的。因此，在一定意义上，我们部分属于原本就存在的，部分则属于非存在。但就原初的事物来说，则相反，它是从原本不存在的东西创造出来的，尽管有人假称它是永生的。但是在这里，就是从起初"受生"（to be begotten）也是与"形成"（to be）一致的。那么你们这强词夺理的问题建立在什么基础上呢？倘若我们可以把子的先在存在或非在看作是起初的事物，那么还有比起初的事物更古老的吗？无论哪种情形，我们都损害了它成为开端的权利。我们若是问你们，父是出于存在的本体，还是非存在的本体，或许你们会说，他是双重的，即部分是先在存在的，部分是存在的；或者说，他的情形与子是一样的，也就是说，他是从非存在的质料中受造的，因为你们可笑的问题和你们建在沙滩上的房子一样经受不起最轻微的波动。

这两种回答我都不能接受，而且我认为你们的问题很荒谬，却并不难以回答。按照你们这种论辩假设，你们若是认为无论如何这两种答案必是非此即彼，那么让我来问你们一个小问题：时间在时间里面，还是不在时间里面？若是包含在时间里面，那么在什么样的时间里面，除了那个时间之外，还有什么时间，它又是如何把时间包含在里面的？时间若不包含在时间里面，那么有哪种杰出的智慧能想象出一个无时间性的时间？再就以下这个命题来说，"我现在正在说谎"，

---

① 这是阿里乌的难题："子在受生之前是否存在？"
② 《希伯来书》7：10。

要么是真的，要么是假的，二者必居其一，不可能有所保留（因为我们不可能说它既是真的，又是假的）。然而情形并非如此，他要么真的是在说谎，所以他是在说实话，要么其实说的是实话，所以这句话是在说谎。既然在这个例子中，相反的命题都可以是真的，那么在那个例子里，二者都是虚假的，因而你们自以为机智的问题最终只表明你们的愚蠢而已，这有什么可稀奇的呢？请帮我解决另一个谜团。你在自己出生时在场吗？你现在在自己面前吗？或者两种情形都是否定的？如果你当时在，现在也在，那么当时你是谁，现在又是与谁同在？你单纯的自我是如何既成为主体又成为客体？当然，如果上述两个问题都是否定的，那么你是怎样与自己分离的，是何种原因导致这种分离？你必会说，对一个单纯的个体是否在自己面前这个问题大惊小怪，这是愚蠢的，因为这样的话只用于别人，而不用于自己，那么你就应当知道，讨论那起初受造的事物在其出生前是否存在的问题，岂不是更愚蠢，因为这样的问题只针对被时间分割的质料才提出来。

10. 但是他们说，非受生者与受生者是不一样的。这个命题若是成立，那么子与父也是不一样的。显然，尽管没有明说，但这种论证方式其实是要把子或者父排除在神性之外。倘若成为非受生的是神的本质，成为受生的就不是神的本质；倘若相反，就把非受生者排除在神的本质之外。怎样才能驳斥这种论调呢？你们这善于杜撰新神学的发明家，如果真的那么急不可耐，不惜一切代价要奉行一种渎神行为，那就随你们喜欢选择哪种渎神方式吧。其次，你们在什么意义上说非受生者与受生者不一样？你们的意思若是说，非受造的与受造的不一样，那我没有意见，因为显然非源起的与受造的不是出于同一本性。然而你们若说那生育者与那被生育者不相同，那这话就不准确了。因为事实上，他们必然是相同的。父亲与孩子的关系实质上就是这样的，即子女是出于父母的同一本性。由此我们可以进一步讨论。你们所说的非受生与受生是什么意思，如果只是指一个不是受生的，一个是受生的，那么二者当然是不同的；然而如果是指这些术语所指向的实际对象，那么他们怎会不同呢？比如，智慧与愚蠢本身是不同的，但是它们都是人的属性，而人是同一个人；它们并不表示本质上的不同，只表示外在的区别。不朽、清洁、不变也是神的本质吗？若此，神就有多个本质，而不是一个本质；或者神（Deity）是由这些东西构成的复合体。因为它们若都是本质，那没有联合，他是不可能成为这一切的。

11. 然而，他们并没有这样论断，因为其他存在者也有这些性质。而神的本质须是神独有的，唯有他才有的属性。但是他们认为质料和形式是永生的，所以不会承认永生性是神独有的属性（我们甚至必须进一步抛弃摩尼教徒的黑暗①）。不过，暂且假设这是神独有的属性。那亚当怎样呢？不是唯有他是神亲手所造吗？是的，你会说。那么难道唯有他是人吗？当然不是。为什么呢？岂不是因为人性就包含在这直接的创造之中？所以，受生的也是人。同样，并非唯有非受生的才是神，尽管唯有他是父。假设那受生的是神，其实他是**属于神**的，这一点你们必会认可，尽管你们只信靠你们的非受生者。那么你们如何描述神的本质？不可能宣称他是什么，只能说他不是什么。你们的词表明他不是受生的，但是这并没有向你们显明那没有经历受生过程的事物的真正本性或状况是什么。那么神的本质究竟**是**什么呢？你们醉心于界定这个问题，也对他的生育非常关注。然而在我们看来，若能知道这个问题的答案，即使在将来，当我们剔除了这种黑暗和愚钝之后，如不可能说谎的神所应许我们的，那必是非常伟大的事。这可能

---

① 摩尼教徒信奉善与恶、光明与黑暗两种永恒原理，认为黑暗也是永生的。

就是那些鉴于此而洁净自己的人的思想和盼望。因而我们站在自己的立场上,应当大胆地说,若说对父来说成为非受生的是件大事,那么对子来说,受生于如斯之父也是毫不逊色的一件大事。他不仅因为出于那非受生者,因而分有非受生者的荣耀,而且还有因他的出生而带来的额外的荣耀,人只要不完全卑躬屈膝,媚于世俗,就会把这种出生看作是伟大而庄严的事。

12. 但是他们说,如果子与父在本质上是一样的,那么父既是非受生的,子也必同样是非受生的。倘若神的本质在于非受生性,那么的确如此;于是,他就成为一个怪异的混合体,既是受生的,又是非受生的。然而,如果这种分别在本质之外,你们怎能如此肯定地说这样的话?你们难道还是自己父亲的父亲吗?难道这样才能在任何方面都不逊色于你们父亲,才能与他本质相同?如果我们探究神的本质属性,那么这种探究必不会触及位格性(Personality),这岂不是明显的吗?至于非受生性并非神的同名词这一点可以证明如下。假如非受生者就是神,那么情形必定会是这样,神是个关系词,因而非受生者也当如此;或者由于非受生者是个绝对词,因而神也必同样如此……神不是任何人的神。因为完全相同的词用法也当一样,但非受生的这个词不是在关系意义上使用的。不然,它相对于什么呢?那么神是相对于什么的神呢?是的,神是万物的神。这样说来,神与非受生者怎么能说是完全同一的术语呢?再者,既然受生与非受生是相互矛盾的,就像拥有与丧失一样,那就会得出这样的推论,相互矛盾的本质同时存在,然而这是不可能的。①或者说,根据你们的假设,由于拥有先于丧失,后者是前者的毁灭,所以,子的本质不仅必然先于父的本质,而且必然被父所毁灭。

---

① 因为"子"包含"受生",但"永生"是神的同义词。

13. 这样,他们所谓的无法驳倒的论证还剩下什么呢? 也许他们最后求靠的一招是这样的。如果神从未停止生育,那么生育就是不完全的;他何时能停止呢? 如果他停止了,那就必然有个开始。由此可见,这些属体的心灵只能提出属体的论证。他是否永恒地生育,我不作论断,除非对以下这话"小山未有之先,他已将我生出"①做出了更加精确的考察。但是我看不出他们的结论有什么必然性。倘若如他们所说,凡是走向终结的事物都有一个开端,那么可以肯定,那无终结者就必无开始。那么关于灵魂或天使的本性,他们会如何定论呢? 如果有开始,就必然有终结,若没有终结,按他们的说法,就必然没有开端。然而事实上,它有开始,却永远不会有终结。所以,他们的命题:凡有终结的必已有过开始,是假的。我们的观点是,就马、牛、人来说,同一个定义适用于同一类中的所有个体,凡分有同一定义的就配得这名称。同样,神只有一个本质,一个本性,一个名称;尽管我们根据思想中的某种区别使用不同的名称,凡是适用于这名称的就是真正的神;他的本性是什么,就被真正地称为什么——倘若我们至少认为真理不是关乎名称,而是关乎实在(realities)的话。然而我们的对手似乎千方百计想要颠覆真理,诚然迫于论证和论据,不得不承认子是神,但他们只是在极其模糊的意义上说他是神,说他只分有神的名称。

14. 我们若是这样反问他们:"你们究竟想要说什么呢?难道说子不是真正的神,就如一幅动物的画像不是真正的动物那样?既然不是真正的神,又在何种意义上说他是神呢?"他们会回答说,这些词为什么不能是多义的,在两种情形中都有专门的意义?而且他们还会给我们举出诸如土狗与狗鲨的例子,在这里,狗这个词是多义的,但是在

---

① 《箴言》8:25。(和合本译为:"小山未有之先,我已生出。"——中译者注)

两个复合词中的使用都是恰当的，因为在多义词中有这样一个类。或者他们会举出其他例子，说明同一个名称可以用于不同本性的两个事物。但是，我的老兄，当你们在这里把两种本性归入同一名称时，并没有说哪个比哪个更好，或者哪个在先，哪个在后，或者一个在较大的程度上，一个在较小的程度上指称它们二者，因为没有一种相关联的联结将这种必然性强加于它们。一个是狗，另一个也是狗，一点不多，一点不少；狗鲨不比土狗更有狗性，土狗也不比狗鲨更有狗性。它们凭什么有分别，据于什么原理呢？这里的同名是价值相等但本性不同的事物之间的同名。然而就我们所讨论的情形来说，你们将神的名比拟为可敬的君王，使它超越于一切本质和本性（神独有的一种属性），然后又把这个名称归与父，但是不让子享有它，认为子顺服于父，只给子次位的尊严和敬拜；尽管你们在语言上赋予他同一个名称，但在实质上却剥夺他的神圣性，不是将同一名称用于完全等同的事物，而是恶意地将它用于相关却并不等同的事物。因此，在你们嘴里，画像与真人之间的关系比我所举的两种狗之间的关系更能说明神（Deity）之间的关系。要不然，你们就得承认，这两者除了名称相同外，其本性也具有同等的尊严——尽管你们把它们作为不同的本性引入你们的讨论，由此你们就取消了杜撰出来说明不相同的狗的类比。因为既然你们做出分别的事物在尊严上是不等同的，那这种多义性的例子又有什么说服力呢？你们用狗的例子要证明的不是同等性，而是不同性。谁能像你们这样明确地既反对自己的论证，又反对神？

15. 我们承认，就原因来说，父比子更大，但他们若是承认父从本性上说是原因这个前提，然后得出结论说，他在本性上也比子大，那么很难说他们误导的主要是他们自己，还是与他们讨论的人。因为对一个类别的描述并不必然完全适用于这个类别所包含的所有个体的情形，不同的个体可能有不同的特点。我若是承认同样的前提，即父在本性上比子大，然后再补充另一个前提，但是本性上并非任何一方面都大，也不是任何一方面都是父，那么能有什么妨碍我得出这样的结论：因而，大者并非任何方面都是大的，父也并不是任何方面都是父？当然，你们若是愿意，我们也可以这样说：神是一个本质；但是本质并非任何情况下都是神；你可以自己得出这样的结论：因此，神并非任何情况下都是神。我想这里的错误在于——用逻辑学家的专业术语来说——对限制性的术语作无限制性的使用。因为当我们用更大这个词来描述作为原因的父的本性时，他们却认为它是父作为自身的本性。这就好比说，当我们说这个人是死人时，他们只能推出他是一个人。

16. 以下这个观点同样令人吃惊，我们怎能忽略不顾呢？他们说，父或者是关于某种本质的名称，或者是关于某种行为的名称，企图将我们捆绑在非此即彼的困境之中。我们若是说，它是本质的名称，他们就会说我们与他们一样，承认子有另外的本质，因为神的本质唯有一个，根据他们的说法，这个本质已被父据为己有。另一方面，我们若说它是某种行为的名称，他们就会认为我们完全承认子是受造的，而不是受生的。因为凡有动因的，就必有结果。他们会说他们不知道受造的如何与那创造的同一。倘若我们必须接受二者之一，而不是把它们都弃之一旁，同时阐述第三种也是正确的说法，即父既不是某种本质的名称，也不是某种行为的名称，那么聪明的先生们，我自己倒应为你们的这种界定惊吓不已呢。事实上，这是关涉父之于子以及子之于父的关系名称。这些名称使我们知道一种真正亲密的关系，同样，就我们面前的这一例子来说，它们表示的是受生者与生育者之间的本性同一。不过我们不妨同意你们的说法，父是关于本质的名称，但是这将仍然引出子的观念，并且从这两个名称的共同观念和力量来看，也不可能使子成为另一种本性的名称。就算承认父是某种行为的名称，如果这样说你们就高兴，你们也不可能在这一点上打败我们。"本质同一"（Homoousion）的确是这种行为的结果，否则，你们所讨论的关于某种行为的概念就是荒谬的。于是，你们就该明白，即使你们企图通过不正当的手段争战，我们也能一一驳斥你们的诡辩。现在，我们既然已经弄清楚你们所谓的战无不胜的论证和诡辩是什么，就让我们来看看你们在神谕上有什么说服力——万一你们决定用神谕来说服我们的话。

17. 我们已经从圣经那些伟大而崇高的话语里学会相信并教导子的神性（Deity）。这些话是怎么说的呢？就是：神——道——这道太初即有，与太初同在，就是太初。"太初有道，道与神同在，道就是神"①，"太初与你同在"②，"那从历代称她为起初的"③。子是独生的："只有在父怀里的独生子将他表明出来"④；是道路、真理、生命和光。"我就是道路、真理和生命"；"我是世上的光。"⑤是智慧和能力，"基督总为神的能力，神的智慧"⑥。是光辉、真象和肖像，"他是神荣耀所发的光辉，是神本体的真象"⑦，"神善性的肖像"⑧，"他是父神所印证的"⑨。是主、王、自有永有者、全能者。"耶和华从天上耶和华那里降下火"⑩，"你的王权是公义的王权"⑪，"昔在、今在、

---

① 《约翰福音》1：1。
② 《诗篇》113：3。（和合本经文参考《诗篇》90：2。——中译者注）
③ 《以赛亚书》41：4。（和合本经文译为："谁……从起初宣召历代呢？"——中译者注）
④ 《约翰福音》1：18。
⑤ 《约翰福音》9：5；14：6。
⑥ 《哥林多前书》1：24。
⑦ 《希伯来书》1：3。
⑧ 《所罗门智训》7章26节。
⑨ 《约翰福音》6：27。
⑩ 《创世记》19：24。（参看和合本，完整的经文是："耶和华将硫磺与火，从天上耶和华那里，降与所多玛和蛾摩拉。"——中译者注）
⑪ 《诗篇》45：6。（参看和合本的译文："你的国权是正直的。"——中译者注）

以后永在的全能者"①——所有这些显然都是在说子,还有其他诸如此类的段落,没有一个是事后的想法,或者后来添加给子和圣灵的,也不是事后添加给父本身的。因为他们的完全是不受任何添加之影响的。没有任何时候他曾不是道,或者不是父,或者不是真理、智慧,没有大能,缺乏生命,没有光辉和圣善。

18. 但是你们为反对这一切,替我收集了一些显示出你们的无知和傲慢的话,诸如"我的神和你们的神"②,或者更大的,受造的,所立的,分别成圣的③;你们若是愿意,还可以加上奴仆④、顺服⑤、赐(权柄)⑥、学了⑦、被吩咐⑧、被差⑨;凭着自己不能做什么、不能说什么、论断什么、赐给什么、或者立意什么;⑩还有——他的不知道⑪、服从⑫、祷告⑬、要求⑭、增长⑮、得以完全⑯。你们若是喜欢比这些更卑微的,还可以论到他的睡觉⑰、饥饿⑱、伤害⑲和害怕⑳,或者甚至可能会认为他的十字架和死是可指责的事。至于他的复活和

---

① 《启示录》1:8。
② 《约翰福音》20:17,28。
③ 《箴言》8:22;《约翰福音》10:36;《使徒行传》2:36。
④ 《腓立比书》2:7。
⑤ 《腓立比书》2:8。
⑥ 《约翰福音》1:12。
⑦ 《希伯来书》5:8。
⑧ 《约翰福音》10:18;14:31。
⑨ 《约翰福音》4:34;5:23以下。
⑩ 《约翰福音》5:19,30。
⑪ 《马可福音》13:32。
⑫ 《哥林多前书》15:28。
⑬ 《路加福音》6:12。
⑭ 《约翰福音》14:16。
⑮ 《路加福音》2:52。
⑯ 《希伯来书》5:9等。
⑰ 《马太福音》8:24;《马可福音》4:38。
⑱ 《马太福音》4:2;《路加福音》4:2。
⑲ 《路加福音》22:44。
⑳ 《希伯来书》5:7。

升天,我想你们会留给我,因为在这些事上可以找到支持我们观点的东西。你们若是想要拼凑你们那个立不住脚、强加于人的神——我们的神是真正的神,与父等同——很可能还会进一步收集大量其他记载。因为所有这些观点,只要我们一一考察,每一个都完全可以在极其可敬的意义上向你们解释明白,字句上的绊脚石可以很轻松地搬走——当然,那要看你们之被绊倒是否因为真诚,而不是出于恶意。总而言之,我们可以这样向你们解释。你们将高尚的品性归于神性,归于他里面高于苦难的非形体的本性,而把一切卑微的品质归于他的复合状态①,他是为了你们的缘故才降卑自己,道成肉身——没错,没有比这更卑下的事了——成为人,尽管后来也被高举。结果必然是,你们抛弃这些属体的、卑下的教义,学习如何成为高尚的,上升到他的神性,这样,你们必不会永远滞留在可见事物中间,而要与他一同上升到思想的世界,进而知道哪些段落指他的本性,哪些指他所披戴的人性。②

19. 你们如今轻看他,然而他原本是在你们之上的。他如今成了人,但他原本是非复合的。他原来的所是一如既往,而原本所不是的,他亲自取了穿上。③太初他就存在,没有原因,神还会有什么原因呢?然而后来出于某个原因他出生了。那原因就是为了使你们得救,

---

① 格列高利常常把人性称为"我们的复合物"(our composite being)。这里他专门意指神圣的人性,完全没有聂斯脱利主义(Nestorianism)或欧迪奇主义(Eutychianism)的影子。
② "*oikonomia*"这个词主要在四种意义上使用:(1)教牧福音的职分,参看《以弗所书》3:2,《歌罗西书》1:25等。圣西里尔 黑洛斯(Cyril Hieros)有"奥秘之安排"(Economy of the Mystery)的表述(Cat. xxv.)。圣克里索斯托(Chrysostom)和其他人也在绝对意义上使用。(2)神意(Providence of God),如伊比芬尼(Epiphanius)、尼撒的格列高利,以及其他人所用的。(3)道成肉身,如文中所用,没有修饰词,这种用法的反义词是"*e theotes*"。不过,有时候也加上修饰词。(4)整个救赎奥秘,包括受难在内。
③ 参看 S. Leo, Serm. xxi., De Nativ. Dei, c. ii. "他保留原来的所是,穿上原来的不是,把奴仆的真实形式与那使他等同于父神的形式结合起来,把两种本性极其紧密地联合为一,使低级本性没有因接受荣耀而毁灭,高级本性也没有因纳入卑微之物而有所减损。"

尽管你们侮辱他，轻看他的神性，正是为了救你们这样的人，他才亲自取了你们愚钝的本性，借着心灵（Mind）①与肉身交流。他的低级本性，即人性，成了神，因为这本性与神联合，并且成了一位格②，因为他的高级本性占据主导地位……好叫我因他成为人而得以成为神。③于是他出生了——但是他早已是受生的；他从一位妇人出生——然而这妇人是位童女。首先是人，其次是神（Divine）。就他的人性来说，他没有父，同样，就他的神性来说，他没有母。④这两种情形⑤都属于神性（Godhead）。他住在母腹里——然而他还在母腹里，

---

① "Mediante anima."参看 Orat. xxxviii. 13. S. T. Aq., Summa, III., vi. Jungmann de Verbo Incarn., c. 68. Forbes, On Nicene Creed, p. 188. Petav. de Incarn., IV., xiii. 2.

② *Genomenos anthropos o kato theos.* 这是非常难的句子之 。埃利亚斯 克来坦塞斯把它翻译如下："成为人，低级神，因为人性"等等。但佩塔维乌认为这种翻译是不可能的（*de Incarn.*, IV., ix., 2.3）。(1) 从语法上看是可能的，因为可以说，*o kato* 是对 *onthropos* 的定性。(2) 但是 *kai genomenos. theos* 可以理解为一个主格独立结构，假若 *anthropos* 与 *omilesas* 并不是同一位格，那么这主格应当用所有格来表述。

③ 就如原本是神的，道成肉身之后成了完全的人，同样，人也成了完全的神，并且两种本性保留各自的性质。或者这话的意思可以这样理解，神成肉身就是在身体、灵魂和理智（心灵）上成为人，也就是在所有方面都成为人。而他所披戴的人性也在所有这些方面被神圣化。因而，凡与他同类，效仿他的，就在那些方面分有这种成圣（埃利亚斯）。在给克勒图尼乌（Cledonius）祭司的第一封驳斥阿波利拿里（Apollinarius）的书信里，也即整个演讲录中的第五十一篇演讲里，格列高利说："神性（Godhead）和人性是两种本性，正如灵魂与身体是两种本性一样。但是不存在两位儿子或两位神，尽管保罗确实有里面的人和外面的人之说。简而言之，构成我们救主的两本性是不同的，因为不可见的不同于可见的，非时间的不同于时间性的；但他并不是两个位格，神绝不允许，因为二者联合为一，神成了人，人也成了神，或者你愿意怎样表述都可以。"关于这一点，圣托马斯 阿奎那（Thomas Aquinas）指出，你若是把人只是理解为人的本性，那确实如此；在这意义上，可以说人成了神，或者换言之，人的本性成了神子的本性。(Summa, III. xvi., 7)

④ "若是有人不承认马利亚是神之母（*Theotokon*），他就从神那里被剪除。若有人说神只是把童女当作一个管道通过，并没有同时以神的方式和人的方式在她里面形成（以神的方式，因为没有男人的交配；以人的方式，因为符合妊娠规律），那么这人也同样是不敬神的。若是有人主张人性是形成的，后来才被赋予神性，这人亦当被咒诅。果真如此，那就不是神的生育，而是对生育责任的逃避。"(S. G. N. ad Cled., Ep. i.) 托马斯 阿奎那这样解释这一称呼的恰当性：要否认圣洁的童女是神之母，唯有两种情形下才有可能，或者他的人性早在那人成为神子之前就已经形成并出生，这是福提努（Photinus）所主张的观点，或者人性不曾纳入到神子位格（或 *Hypostasis*）的统一性中，这是聂斯脱利的观点。这两种观点都是错误的。因而否认圣洁童女是神之母就是异端（Summa, III. xxxv. 4）。在文中，格列高利只是表明，我们主的神性（Godhead）并不是源自他的圣母，正如他的人性不是源自哪个男人一样。但是，正如本注释开头的引文所表明的，格列高利可能是采用聂斯脱利概念的最后一人，后来这一概念在以弗所公会议上受到咒诅。

⑤ 即没有父的情形与没有母的情形，二者都唯神性（Godhead）才具有。

在道面前跳跃时（为了道的缘故他才形成为人），先知①就已经认出了他。他被包裹在婴儿的襁褓里②——但是他因复活摆脱了坟墓的束缚。他被放在马槽里——但是有天使来荣耀他，有星辰来宣告他，有东方博士来敬拜他。你们为何对显现在眼前的事物生气？因为你们不会去看那显现在你们心里的事物。他被迫流亡埃及——但是他赶走了埃及的偶像。③他在犹太人眼里没有佳形美容④——但在大卫看来，他比世人更美。⑤在圣山上，他洁白如光，比日头更亮⑥，使我们初步了解将来的奥秘。

20. 他以人的身份受洗——然而以神的身份赦罪⑦——不是因为他自己需要洁净的仪式，乃是叫水这种元素变得圣洁。他作为人受到试探，但是作为神得胜；而且，他叫我们欢欣雀跃，因为他已胜了世界。⑧他有饥饿——却能叫五千人吃饱⑨；而且他就是赋予生命的食粮，就是天上的粮。他也干渴——却高声说："人若渴了，可以到我这里来喝。"⑩他还应许从信他的人中必流出活水的泉源。他很劳苦，却使劳苦担重担的人得安息。⑪他沉睡了，却能轻松地过海。⑫他斥责风浪，在彼得将要沉下去的时候伸手拉住他，使他镇静。⑬他交纳丁税，

---

① 圣施洗约翰（《路加福音》1章）。
② 《路加福音》2：41。
③ 可能是指传说的基督一进入埃及，地上所有的偶像都倒下破碎的事。
④ 《以赛亚书》53：2。
⑤ 《诗篇》45：2。
⑥ 《马太福音》17：2。
⑦ 《马太福音》3：13，9：6。
⑧ 《约翰福音》16：33。
⑨ 《约翰福音》6：10。
⑩ 《约翰福音》7：37。
⑪ 《马太福音》11：28。
⑫ 《马太福音》8：24。
⑬ 《马太福音》14：25、30。

但是这税却出于一条鱼①；而且他就是那些税吏的王。②

　　犹太人说他是撒玛利亚人，并且是被鬼附的③——他却救了从耶路撒冷来落在强盗手里的人④；群鬼都承认他，他把群鬼赶了出去，并把污鬼投入湖里⑤，看见群鬼之王像闪电一样坠落。⑥他受到石击，但是没有被夺去生命。他祷告，然而垂听祷告。他哭泣，却使眼泪停止。他询问拉撒路安放在哪里，因为他是人；他又使拉撒路复活，因为他是神。⑦他被出卖，而且非常便宜，仅值30块钱⑧，但是他救赎了世界，而且是以重价，这价就是他自己的宝血。⑨他像羊羔被牵到宰杀之地⑩，他又是以色列人的牧人，如今也是全世界的牧人。他像羊一样无声无息，却又是道，有旷野呐喊者的声音向人宣告。⑪他被压伤、受痛苦，却医治每一种疾病和苦痛。⑫他被举起来钉在树上，却借这生命之树叫我们得更新；他甚至使与他同钉十字架的强盗也得救⑬；还把这可见的世界包裹在黑暗里面。人给他喝掺着胆汁的醋，而他却将水变成了酒⑭，他毁灭苦味，他就是甜美，是全心渴望的对象。⑮他舍了自己的命，又有权柄再取回来⑯；幔子裂为两半，因为天国的神

---

① 《马太福音》17：27。
② 《约翰福音》19：19。
③ 《约翰福音》8：48。
④ 《路加福音》10：30 等。
⑤ 《路加福音》8：28—33。
⑥ 《路加福音》10：18。
⑦ 《约翰福音》11：43。
⑧ 《马太福音》26：15。
⑨ 《彼得前书》1：19。
⑩ 《以赛亚书》53：7。
⑪ 《约翰福音》1：23。
⑫ 《以赛亚书》53：23。(经文出处有误，似应为53：5。——中译者注)
⑬ 《路加福音》23：43。
⑭ 《约翰福音》2：1—11。
⑮ 《所罗门之歌》5：16。
⑯ 《约翰福音》10：18。

秘之门已经打开；磐石崩裂，死人起来。①他死了，却给人生命，并借他的死来毁灭死。他埋葬了，然而又复活；他下到阴间，又提升了灵魂；他升到天上，又要再来审判活人和死人，检验诸如你们所说的这些话。如果某一点使你们开始犯错，那就让其他方面终结这种错误。

21. 这就是我们对那些想要难住我们的人的回答，诚然不是出于乐意，有点勉为其难（因为轻率的谈话和矛盾的言语与信主的人是不相适应的，何况一个撒旦就够我们受的了），但为了我们对手的缘故却是必不可少的（因为有疾病，才会有药物），好叫他们明白，他们并非全然聪明，战无不胜，他们提出的那些使福音落空的论证其实是何等肤浅。一旦我们不再凭着信心，只想用纯粹论证的力量来保护自己，否认圣灵对我们信心的作用，我们的论证就会显得不够充分有力，不能与话题的重要性相吻合（事实必然如此，因为对它作出思考的是像你们的心智这样软弱无力的官能）。那结果是什么呢？论证的软弱显然属于奥秘，因而，高雅的言语倒使十字架落了空，正如保罗所认为的。②信心乃是使我们的论证得以成就的东西。但愿那宣讲联合（unions），释放那些被捆绑之人，将解开他们悖逆教义之症结放在我们心中的那一位，如若可能，愿他改变这些人，让他们成为信主的人，而不是修辞学家，成为基督徒，而不是现在被冠以的名称。我们这样恳求、祈祷，实在是为了基督的缘故。但愿你们与神和好③，不要消灭圣灵的感动④；或者毋宁说，愿基督与你们和好，愿圣灵启示你们，尽管为时已晚。不过，即使你们沉溺于自己的论证，无论如何我们都要坚守

---

① 《马太福音》27：51。
② 《哥林多前书》1：17。
③ 《哥林多后书》5：20。
④ 《帖撒罗尼迦前书》5：19。

三位一体，借着这三位一体我们才能得救，保持纯洁，没有瑕疵，直到我们所渴望的对象更完全地显明出来，他就是我们的主基督，愿荣耀永远归于他。

阿们。

第四篇　再论圣子

1. 借着圣灵的大能，我已充分揭示了那些论证中的细微和复杂之处，也已大体驳斥了这些渎神者引用圣经提出的反对观点和意见——他们窃取圣经话语，曲解经文精义，骗得许多人站到他们那边，混淆了真理之道。而且我相信，一切真诚的人都会说，我的阐释不可谓不清楚。我把更高、更神圣的表述归与神（Deity），而把较低、更人性的表述归于主，他为我们人的缘故成为第二亚当，他原本是神，却成为人忍受苦难，争战罪恶。然而我们的论述还是比较匆促，还没有对这些段落作深入细致的分析。只是你要求我们对他们的论述作尽可能简洁的解释，免得被他们似是而非的论证所迷惑，因而我们就作扼要概述，把它们分为几个部分，以便更容易记住。

2. 在他们看来，以下这话太唾手可得了："在耶和华造化的起头，在太初创造万物之先，就造了我。"①对此我们该如何应对呢？我

---

① 《箴言》8：22。（此节英文与和合本有些出入，但是意思基本一致，因此我采用和合本的翻译。——中译者注）钦定本此处用的是"Possessed"，这具有非常高的权威性，但是这个词的希伯来文几乎都是指"Acquire"的意思。华兹华斯主教（Bp. Wordsworth）说，这个词在旧约里使用了约八十次，只有五处译为"Possess"，其中两处（《创世记》14：10、22 和《诗篇》89：13）很可能有"Creating"的意思，另两处（《耶利米书》32：15 和《撒迦利亚书》11：5）有"Getting"的意思。有些古本（七十士译本和叙利亚文本）将它译为"Create"。圣哲罗姆在 Ep. ad Cypr. ii. 697 里说，这个词这里可以理解为"possession"，但在 Comm. On Ephes. ii. p. 342 里又采纳了"Create"的译法，用来指道成肉身，圣阿塔那修在好几个地方也是这样处理的。但华兹华斯认为最好将这些词用于"Eternal Generation"，如圣希拉利所解释的："quia Filius Dei non corporalis parturitionis est genitus exemplo, sed ex perfecto Deo perfectus Deus natus；et ideo ait creatam se esse Sapientia；omnem in generatione sua notionem passionis corporalis excludens."

们能因为所罗门晚年的堕落就指控他，或者抛弃他先前所说的话吗？我们能说这些话就是智慧自身的话，就如同知识和造物主——道——万物借他而造——的话吗？圣经常常将许多甚至没有生命的物体拟人化，比如"大海说"①如此如此，"深渊说，'不在我内'"②，"诸天述说神的荣耀"③，对刀剑发出命令④，询问大山踊跃、小山跳舞的缘由⑤。我们并不引用这些话，尽管我们的一些前辈拿它们作有力的证据。不过，我们不妨假设这些表述用来描述我们的救主本人，真正的智慧。那么我们一起来思考一个小问题。在一切存在的事物中，哪个是非源起的？神。因为没有谁能说出神的起源，否则，那源头就是比神更早的存在。那么神为了我们的缘故所穿上的人性（Manhood）的原因是什么？当然就是我们的得救。此外还能是什么呢？既然我们在这里清楚地看到了既是被造的又是受生的"我"，论证就简单了。凡是看到与原因相关的，我们就必须认为是指人性，而凡是绝对的、非源起的，就必须认为是对他神性（Godhead）的阐述。那么这个"造了（被造）"是否与原因相关呢？经上这样说，在耶和华造化的起头，在太初创造万物之先，就造了我。须知，他手所行的，是诚实公平⑥；为了人的缘故，他受神性油膏⑦，因为这油膏乃是属于人性的。但是"他生了我"则与原因无关，否则你得找出那位助手。那么，什么样的论证能反驳以下观点：智慧被称为受造物，与低级生育相关，但

---

① 《以赛亚书》23：4。
② 《约伯记》28：14。
③ 《诗篇》19：1。
④ 《撒迦利亚书》13：7。
⑤ 《诗篇》114：4。
⑥ 《诗篇》111：7。
⑦ 《诗篇》45：7。（和合本经文为："……你的神，用喜乐油膏你……"这与此处英文相去甚远。——中译者注）

是就他的首要的、更不可测度的本性来说，是受生的？

3. 其次，他被称为仆人①，尽心事奉许多人，而且被称为神子，这对他来说是件大事。事实上，他为了使我们得释放，为了所有那些原本在罪的捆绑中因他而得救的人，屈从于肉身，经历出生，体验我们生命的境况。卑微的人竟然能与神联合，并借着这种联合得与神的性情有分②，能临到人头上的，还有比这更大的命运吗？好叫清晨的日光从高天临到我们身上③，甚至那出生的圣者（Holy thing）也得称为至高者之子④，得赐那超乎万名之上的名。除了神，还会有谁能这样——万民都要向他屈膝，他为我们降卑到极点，他结合了神的样式和奴仆的形象，以色列全家都当知道神已经立他做主和基督⑤？所有这一切都是借着那受生者的行为成就的，借着生育他的父的真正喜乐成就的。

4. 那么，第二个伟大、无可辩驳的段落是什么呢？"他必做王"⑥，直到如此这般时候……"天必留他，等到万物复兴的时候"⑦，"坐在右边，等到他仇敌毁灭的时候"。⑧这之后呢？他不得再做王，或者要从天上撵走？请问，谁会叫他不再做王，什么原因要把他撵走？你们实在是胆大妄为、无法无天的解释者，然而你们已听过这样的话，他的国**没有穷尽**。⑨你们的错误在于没有弄明白，"直到什

---

① 《以赛亚书》49：6；53：11。
② 《彼得后书》1：4。
③ 《路加福音》1：78。
④ 《腓立比书》2：9。
⑤ 《使徒行传》2：36。
⑥ 《哥林多前书》15：35。（和合本经文译为："或有人问：'死人怎样复活，带着什么身体来呢？'"显然与此处英文相去甚远。——中译者注）
⑦ 《使徒行传》3：21。
⑧ 《诗篇》110：1。（和合本经文译为："耶和华对我主说：'你坐在我的右边，等我使你仇敌作你的脚凳。'"——中译者注）
⑨ 《路加福音》1：33；参看尼西亚信经。

么时候"并不总是把那时以后到来的事物排除在外,而是指一直持续到那个时候,丝毫不否认在那个时候之后到来的事物。举一个例子——你们怎么理解"我就常与你们同在,直到世界的末了"①?这意思难道是说世界的末了之后他就不再与你们同在了?出于什么原因呢?不过,这不只是你们犯错的原因,你们还分辨不清有比喻意义的事物。在一个意义上说他作为全能的王,统治一切情愿归服与不情愿归服的,但是在另一个意义上说他引导我们顺服,将我们置于他的王权之下,使我们欣然接受他的统治。关于他的国,就前一种意义来说,应当没有穷尽。但是就第二种意义来说,会有什么样的终结呢?我们一进入得救状态,他就把我们当作他的仆人。既然我们已经顺服,还需要在我们里面做什么叫我们顺服的工呢?此后,他起来审判全地,分别得救者与迷失者。再后,他就要作为神站在诸神中间②,也就是说,立于得救者中间,分辨并判断各人应得怎样的荣耀,进怎样的房间。

5. 接下来看看你们所说的子对父的顺服。你们说,他若不是顺服的,那是怎样的?他若是神,神怎么必须顺服于神③?你们所设计的论证,似乎是在讨论某个强盗,或者某个敌对的神(hostile deity)。但是,请从这样的角度来看看:因为他为了我的缘故受了咒诅,从而使我脱离了咒诅④,替我成为罪⑤,好洗净这世界的罪;成了新的亚当⑥,取代旧的,所以,他作为整个身体的头,使我的悖逆成为他自己的悖

---

① 《马太福音》28:20。
② 《诗篇》82:1。
③ 这里,格列高利可能要表明,基督的顺服,也就是圣保罗在所引的段落里所论到的顺服,就是教会的头的顺服,教会代表他身体的各肢体。
④ 《加拉太书》3:13。
⑤ 《哥林多后书》5:21。
⑥ 《哥林多前书》15:45。

逆。只要我还悖逆和不顺服,不论是否认神,还是情绪抵触,基督就因我的缘故被称为悖逆的。然而等到万物都顺服于他,一方面认识他,另一方面得到更新,到那时他自身也将成全他的顺服,将我这个他所救的人领到神的面前。在我看来,这就是基督的顺服,也就是成全父的旨意。但是,正如子完全顺服于父,同样,父也完全顺服于子,一个是借着他所行的,另一个是借着真正的喜乐,如我们已经说过的。因此,他出于顺服,使我们的境况成为他自己的境况,叫我们顺服,将顺服的我们呈献给神。在我看来,以下这话也是同样的意思:"我的神,我的神,为什么离弃我?"①并非如有些人想的,是他自己被父抛弃,或者被他自己的神性抛弃,似乎他害怕受苦,因而从他的苦难中退缩回来(有谁强迫他出生来到地上,或者被人挂到十字架上?);如我所说的,他仍是以自己的位格代表我们。我们原先曾是被离弃、受鄙视的,如今借着不可能受苦的他所受的苦难,我们已经升高、得救。同样,他使我们的愚拙和悖逆成为他自己的,诉说《诗篇》所记载的话,因为显而易见,《诗篇》21 篇②写的就是基督。

6. 同样的考虑也适用于另一段落,"他因所受的苦难学了顺从"③,适用于他的"痛哭和眼泪"④,他的"哀求",他的"被聆听"和"尊严",所以这些都由他精彩演出,就好像一出戏剧,情节都是为我们设计的。因为就他作为道的性质来说,他既不是顺服的,也不是不顺服的。这样的术语属于奴仆、位卑者、一个描述他们中比较良善的人,另一个描述那些该受惩罚的人。然而,他取了奴仆的样

---

① 《诗篇》22:1。
② 即《诗篇》22 篇(钦定本)。
③ 《希伯来书》5:8 等。
④ 《路加福音》19:41;《约翰福音》11:35 等。——中译者注

式，屈尊来到他的奴仆同伴的中间，不，来到他的奴仆中间，取了一种奇异的样式，亲自担当我以及我的一切，好叫他在自身里毁灭败坏的，就如火熔化蜡，太阳驱散地上的迷雾；好叫我与他联合，分有他的本性。因此，他以自己的行为荣耀顺服，以自己的受难具体说明了顺服。因为光有意图是不够的，我们若不通过行为将意图表明出来，仅有意图本身是不够的，行为就是对意图的显明。

也许我们还可以这样设想，并不算错误，即他用自己对人的爱这种艺术①为我们的顺服提供标准，把一切拿来与他自己的苦难比较，从他自己的亲身经历了解我们的境况，知道该怎样吩咐我们，知道我们有多顺服，在考虑我们的环境的同时，也不忘我们的软弱。倘若光是穿过帕子②照向黑暗，即照向此生，从而受到另一种黑暗（我的意思是指邪恶者和试探者）的压迫，那么黑暗岂不是要受到更大的压迫？因为它比光要软弱。他虽然完全消失了，我们却已经被取代，至少部分如此，这是怎样的奇迹呢？因为他遭追捕比我们被掳走更令人惊奇，至少在一切恰当分析这个主题的人来说是如此。我会对那些我所提及的人再补充一段经文，因为我想它显然具有同样的意义。我指的段落是"他自己既然被试探而受苦，就能搭救被试探的人"③。到了更新的时候，神在一切之上，为一切之王；不是说唯有父如此，而子则完全融入了他里面，就像火把融入大火堆，这火把只是被拿离火堆一段距离，然后又放回去［我甚至不希望撒伯里乌主义者（Sabellians）因这样的表述而不安］；而是整个神性如此……到那时，我们不再是分离的（如今我们被各种运动和苦难分离），不再是毫无神的样式，或

---

① Leuvenclavius 译为"这种煞费苦心之爱的艺术"（the art of this loving kindness）等等。
② 本尼迪克版译为"在黑暗里，也即在此生中，因为身体的帕子"。
③ 《希伯来书》2: 18。

者只有非常可怜的一点点相似，而是完全与神相像。

7. 你们的第三点提到"更大的"①这个词，第四点提到"见我的神，也是你们的神"②。诚然，如果他被称为更大的，而且还不曾出现等同这个语词，那么这一点很可能对他们有益。但我们若是发现两个语词都清清楚楚地出现，那这些先生们还有什么可说的？这怎能加强他们的论证？他们将如何解决这不可解决的矛盾？因为同一个事物既大于又等同于另一个事物，这是不可能的。显然，合理的解释是这样的，更大的是指原初（origination），等同则指本性。我们怀着完全的善意接受这一点。然而，说不定另有人会支持我们对你们的论证所作的驳斥，指出那出于这样的原因的，并不低于那完全没有原因的，因为它既是出于非源起的，就必分有非源起者的荣耀。此外，还有生育，对所有人来说，这都是一件非常奇异而充满威严的事。说他比作为人的子大，这诚然是事实，却毫无伟大可言，因为说神比人大，这算什么奇迹呢？关于他们所说的"更大"，这样的回答应该是足够了。

8. 至于其他段落，"我的神"可能是指可见的道（Visible Word），而不是道。不然，怎么可能有一位他的神，他自己不就是神吗？同样，他是父也不是指可见的父，而是指道，因为我们的主包含两种本性，所以一个表述是实际意义上使用的，另一个表述不是在实际意义上使用，两个例子都是如此，只是与它们用于我们身上的方式刚好相反。就我们来说，神完全是我们的神，然而并非我们实际上的父。这就是导致异端错误的原因，也就是把两个名称混为一谈，由于两种本性的联合，它们原是相互交换的。从以下的事实可以看出这一

---

① 《约翰福音》14：28。
② 《约翰福音》20：17。

点，只要我们的思想里把这两种本性相互区分，这两个名称也就彼此区分了，就如你们听到保罗所说的："我们主耶稣基督的神，荣耀的父。"①基督的神，荣耀的父，虽然这两个术语表述的是同一位，但这不是出于一种本性上的同一，而是两种本性的合一。还有比这更清楚的吗？

9. 第五，你们可以说，他领受生命②、审判的权柄③、外邦人的基业④、胜过一切属血气之人的权柄⑤、荣耀、门徒，任何其他提到的事物，这些话都是指他而言的，但是这些属于他的人性，你们若是要把它归于神性，也不会显得荒谬。因为你们这样做时不可能把它看作是刚刚获得的，而是看作从起初时本来就有的，不是出于一种喜好的行为。

10. 第六，确实可以说，经上明明写着，子凭着自己不能做什么，唯有看见父所做的，子才能做。⑥这个问题的解决方法如下：能和不能这些词不是只有一个意思，而是有多种意思的。一方面，它们有时用来表示力量的缺乏，有时候则表示时间，有时候相对于某个目标而言；比如，一个孩子不能是运动员，刚生下来的狗崽不能看见，不能打架，等等。也许有一天孩子会成为运动员，狗崽能看见，能与别的狗打架。另一方面，它们可以用来表示普遍正确的事物。比如，坐落在山上的城市不可能隐藏⑦；但是完全可能被另一座与它并列、比

---

① 《以弗所书》1：17。
② 《约翰福音》8：54。（和合本此节译为："我若荣耀自己，我的荣耀就算不得什么；荣耀我的乃是我的父……"显然与此处英文相去甚远。——中译者注）
③ 《约翰福音》5：22。
④ 《诗篇》2：8。
⑤ 《约翰福音》17：2。
⑥ 《约翰福音》5：19。
⑦ 《马太福音》5：14。

它更高的山隐藏。还可以在另一种意义上用来表示不合理的事，比如，当新郎和陪伴之人同在的时候，陪伴之人岂能禁食呢①？不论把新郎看作可见的身体形式（因为他逗留在我们中间的时间是喜乐的，而不是忧愁的），还是看作道。他们既因这道已经干净了②，为何还要守身体上的禁食呢？再者，它们可用于与意志相悖的事物，比如，因为他们——就是那些应当接受异能的人——不信，他不能在他们那里行异能。③因为要得医治，必须具备两个条件，一是患者的信心，一是医治者的大能④，只要其中一个条件不具备，另一个就不可能成立。不过，这个意义也可能指不合乎理性行事的人，因为就那些以后将因不信而受伤的人来说，医治是不合理的。"世人不能恨你们"⑤这话与"你们既是恶人，怎能说出好话来呢？"⑥出于同一人。在什么意义上说二者不可能呢？不就是说它与意志相悖吗？有些话说按本性不能的事，只要神愿意，在他就能⑦，这也多少有类似的意思。比如，人不能再进母腹重生一次⑧，骆驼不能穿过针眼⑨。然而，神若是愿意，谁能阻止这样的事发生呢？

11. 除了这些之外，还有绝对意义上的不能和不接受，我们现在就要来考察这一点。我们认为，神是不可能成为恶的，或者不可能不存在——否则就表明神是软弱的，而不是大能的——非存在不能存在，

---

① 《马可福音》2：19。
② 《约翰福音》15：3。
③ 《马可福音》6：5。
④ 请注意，格列高利这里只是就我们的主说的，他不是通常意义上的医生，因此他用的是单数形式。
⑤ 《约翰福音》7：7。
⑥ 《马太福音》12：34。
⑦ 《马太福音》19：26。
⑧ 《约翰福音》3：4。
⑨ 《马太福音》19：24。

2乘以2不能既得4又是10，同样，凡父所不做的，子也不能做①，否则就是不可思议的。因为凡是父所有，都是子的②，反过来也一样，凡属于子的，也是属于父的。也就是说，没有什么是独有的，一切都是共有的。他们的存有（Being）本身就是共同而平等的，尽管子是从父来的。正是在这一点上，经上说"我因父活着"③；不是说他的生命和存有是因父得保守的，而是因为他从父得存有是超越一切时间，没有任何原因的。然而，他是怎样看见父所做的，然后照着做呢？是不是类似于那些复制相片和书信的人，因为他们若不看到原型，由它牵着鼻子走，就不能获得真相？但是智慧怎么可能需要老师，没人教她就不能行动呢？在什么意义上父现在或过去"做"呢？他是否在造这个世界之前造了另一个世界，或者除了这个之外还要造一个来世？子是否看见了那个，于是造出这个？或者他看着另一个，造出一个与它一样的？按照这种说法，必定有四个世界，两个是父造的，两个是子造的。这真是荒谬透顶！他洁净麻风病人，赶走人里面的邪灵，医治疾病，使死人复活，在海上行走，行了诸如此类的其他事。但是父在什么情形下，或者在什么时候先于他做了这些事？其实是父留下了关于这些行为的观念，道则使它们发生，但不是以盲从或拙劣的方式，而是具备完全的知识，以巧妙高超的方式，或者更准确一点说，像父一样将这些事行出来，这不是很清楚吗？我对"凡父所做的，子也照样做"这话正是在这个意义上理解的，也就是说，不是因为成就之事的样式，而在于父的权威。论到"我父做事直到如今，我也做事"④的

---

① 《约翰福音》5：19。
② 《约翰福音》16：15。
③ 《约翰福音》6：57。
④ 《约翰福音》5：17。

经文很可能也是这个意思；不仅如此，它还指他所造的事物的治理和保守，如另外一些段落所表明的，这些经文论到他使自己的天使成为圣灵①，使地立在根基上（但这些事物是一次性地形成并确立的），使雷坚固，使风产生。②所有这些事，道都是一次性给出，然而行为一直持续至今。

12. 让他们引用第七处经文，子从天上降下来，不是要按自己的意思行，乃是要按那差他来者的意思行。③倘若这话不是从天上降下来的子亲口说的，我们可以说，这话所描述的是出于他的人性，而不是他作为救主所拥有的特性，因为他作为人的意志不能与神相反，这意志原本就完全与神相融；也就是被认为只是如我们的本性，因为我们人的意志不能完全顺从神的意志，很大程度上还与它争战，抗拒它。我们在同样的意义上理解以下这话，"我父啊，倘若可行，求你叫这杯离开我；然而，不要照我的意思，只要照你的意思。"④因为他不可能不知道这是否可能，也不可能以自己的意志对抗父的意志。然而由于这是取了我们的本性的子所说的话（从天上降下来的正是他），而不是他所取的本性说的，所以我们必须这样回复反对意见：这段话不是说除了父的意思之外，子有自己特有的意思，而是说他没有自己的意思。所以这话的意思应该是："不要照我自己的意思，因为没有一个意思是我单独有的，凡有的，都是你与我共同有的，正如我们只有一个神性，同样，我们也只有一个意思。"⑤有许多诸如此类的话用来描述

---

① 《诗篇》104：4、5（七十士译本）。
② 参看《阿摩司书》4：13。（和合本译为："他创山、造风。"——中译者注）
③ 《约翰福音》6：38。
④ 《马太福音》26：39。
⑤ 请注意格列高利这话只局限于我们的主的神性，不是否认他有人的意志。事实上，在前一句里他明确认为子有人的意志。整个段落极其猛烈地抨击阿波利拿里异端，因为这异端采纳了阿里乌主义的教义，认为在我们的主里面，神圣逻各斯为人的灵魂提供了处所。

这种共同关系，并且不是以肯定形式，而是以否定形式表示的。比如，神赐圣灵给他，是没有限量的①，因为事实上，他并没有"赐"圣灵给子，也没有"限量"它，神是不会由神来限量的。再如，这不是为我的过犯，也不是为我的罪愆。②使用这些词不是因为他有这些事，而是因为他没有这些事。再如，不是因为我们所行的义③，因为我们不曾行任何义。这个意思在以下句子中也很明显。他说，我父的意思是什么呢？就是叫一切见子而信的人都得救，并且在末日叫他复活。④那么他传讲福音，接受人的信心，岂是违背父的意思的？谁能这样认为呢？此外，论到所听见的道不是子的，乃是父的道⑤的段落也有同样的功效。无论我怎样苦苦思索，都弄不明白，那二者共有的，怎么能说是一者独有的，我想任何人都不能想明白这一点。所以，你们若是在这"意思"问题上坚持这样的观点，我想你们必是正确的，你们的观点必是可敬的，任何有正常理智的人都会这么认为。

13. 第八段经文是，好叫他们"认识你独一的真神，并且认识你所差来的耶稣基督"⑥，"除了神一位之外，再没有良善的"⑦。在我看来，要解决这个问题非常简单。你若是认为这只属于父，那你将这真理置于何处？你若是这样理解经上所说的"归与那独一的智慧之神"⑧，或那独一不死、住在人不能靠近的光里的⑨，或那不能朽坏、

---

① 《约翰福音》3：34。
② 《诗篇》59：3。
③ 《但以理书》9：18。
④ 《约翰福音》6：40。
⑤ 《约翰福音》14：24。
⑥ 《约翰福音》17：3。
⑦ 《路加福音》18：19。
⑧ 《提摩太前书》1：17。
⑨ 《提摩太前书》6：16。

不能看见、永世的君王、独一的神①,那么子就会在死亡或黑暗的审判下消失,或者至少被定为既不是智慧的,也不是君王,不是不能看见的,把所有这些概括起来,就是他根本不是神。而且你如何阻止他的圣善——唯独属于神的良善——不随着这些东西一起消失呢？在我看来,叫他们"认识你独一的真神"这话是要推翻那些被人错误地称为神的诸神（Gods）,因为这"独一的真神"若是与他相比照,他就不会再加上"你所差来的耶稣基督",这话就不是基于共同的神性说的。"再没有良善的"这是针对试探的文士说的,他们想要试探他作为人的良善。所以他说,即使有人被称为完善的,但完备的善,唯有神才有。比如,善人从他心里所存的善就发出善来②,我将这国赐予比你更好的人。③……这是神对扫罗所说的关于大卫的话。再如,主啊,求你善待那些良善之人 ④……以及其他诸如此类的话,都论到我们中那些可称颂的人,有一种善从至高的善流溢到他们身上,使他们获得次级之善。我们若是能在这点上说服你们,那再好不过了；如若不能,那么我们提出另一个建议,你们不妨假设子被称为独一的神,怎么样？那在哪一段经文呢？哦,就在这里：这是你们的神,谁也不敢跟他相比；稍后又说,从那以后,他将自己显明在世上,与人交通。⑤这后一句清楚地表明,这些话不是指父,乃是指子,因为正是他取了肉身与我们同住,并且就住在这个低级世界里。我们若是固执地认为这些话是相对于父说的,而不是针对想象出来的诸神说的,那么这些贬损子的术语就会使我们失去父。这样的胜利无异于灭顶之灾！

---

① 《提摩太前书》1：17。
② 《马太福音》12：35。
③ 《撒母耳记上》15：28。
④ 《诗篇》125：4。
⑤ 《巴录书》3 章 35、37 节。(此两节系中译者根据英文直译。——中译者注)

14. 他们提出的第九点是:"因为他是长久活着,替他们祈求。"①多么美丽、神秘而仁慈啊。祈求并不意味着寻求报复,求报复乃是大部分人的方式(否则就会有一种羞辱),乃是借着他的中保为我们祈求,正如经上所说的圣灵替我们祷告。②"因为只有一位神,在神和人中间,只有一位中保,乃是降世为人的基督耶稣。"③就是现在,他也仍然作为人为我的得救祈求,因为他仍然穿戴着所取的身体,直到借着他道成肉身的大能使我成为神,虽然他不再凭着肉身为人认识④——我的意思是说他肉身所受的苦难与我们的一样,然而他没有罪。因此,我们有一位中保,耶稣基督,他并没有为我们俯伏在父面前,卑躬屈膝地倒在他面前……断不可有如此卑下、与圣灵不配的疑惑!父不会要求如此,子也不可能顺服于此,就是这样设想神也是不当的。我想他作为中保的意思应该是,他借着作为人所忍受的一切,以道和谋士的身份劝说他要忍耐。

15. 他们提出异议的第十段经文是"那日子、那时辰,没有人知道,连……子也不知道,唯有父知道"⑤,认为这是说明子的无知。然而,智慧怎么可能有所不知呢?也就是说,是他创造了诸世界,使它们完全,又重塑它们,他是一切被造者的界限,知道神的事,就如人里头的灵知道人的事一样⑥,这样的智慧怎么可能有所不知呢?还有比这种知识更完全的东西吗?他既完全知道那时辰之前的一切事,知道关于末了将要发生的一切事,那么你们又怎说他不知道那日子本身

---

① 《希伯来书》7:25。
② 《罗马书》8:26。
③ 《提摩太前书》2:5。
④ 《哥林多后书》5:16。
⑤ 《马可福音》13:32。
⑥ 《哥林多前书》2:11。

呢？这样的事就如同是一个谜，好像有人说，他准确地知道墙前面的一切，却不知道那墙本身；或者说，知道白天的尽头，却不知道黑夜的开端——事实上，知道一个就必然推导出另一个。因而每个人都必须明白，子作为神，知道一切，但是作为人，有所不知——如果我们能把肉眼所见的与只能用思想分辨的事物区分开来。因为在这段经文里，"子"这个名称是在绝对意义上使用的，没有条件，也没有说谁的儿子，所以我们就产生这样的想法，即我们必须在极其敬虔的意义上理解无知，把它归于子的人性，而不是神性。

16. 如果这样的论证足以说明问题，那我们就到此为止，不再深究。如若不然，我们提出第二个论证如下：正如我们在其他地方所做的，出于对父的尊敬，我们应当把他对最伟大事件的知识归于那原因（Cause）。我想，任何人，即使没有像我们自己的一名学生①那样解读，也会很快意识到，就是子，也唯有像父那样才能知道那日子或时辰。我们能从中得出什么结论呢？这结论就是，既然父知道，子也就知道，因为很显然，若不是借着首要本性，就不可能知道或领会这日子。我们还需要解释的段落是论到他领受父之命令②，谨守他的诫命，常常行那些蒙他悦纳之事的话；再论到他得以完全③，升为至高④，因所受的苦难学会忍耐；还有他的大祭司职分，他的圣体，被出卖，向能救他脱离死的父祈求，他的伤痛、如血点的汗珠和祷告⑤，以及诸如此类的事；若说这样的话并非对每个人来说都意思显明，那是因为人

---

① 埃利亚斯认为，这里所指的是伟大的圣巴西尔。佩塔维乌认为16节的第一个论证有点勉强，不能令人满意。
② 《约翰福音》12：49。
③ 《希伯来书》5：7，等等。（似应为5：9。——中译者注）
④ 《腓立比书》2：9。
⑤ 《路加福音》12：44。（似应为22：44。——中译者注）

没有那不可能变化、不可能受苦的本性，只有易受苦难的人性。这就是关于这些异议的论证，可以作为一种基础和备忘录，以供那些能更好地探究、寻找更完全答案的人所用。不过，我们还是应当把子实际所有的种种称号一一列出来，分别说明各个称号的神秘含义，而不是对它们忽略不顾，这也是与我们前面所说的话相一致的。

17. 我们将这样开始。神（Deity）是不能用言语来表达的。这不仅从论证中可以看出，远古时代希伯来人中最富智慧的人也如此表明，因为他们给了我们猜想的理由。他们挑出某些特性来表示神的荣耀，甚至不允许比神低级的事物使用神所用的名字，因为在他们看来，让神接受他的受造物分有他自己的东西是完全不适合的。既然如此，他们又怎么可能承认不可见、独立自存的本性可以用可分离的话语来描述呢？没有人呼吸过全部空气，也没有心灵有过完全的领会，没有言语能完全囊括神的存有（Being of God）。我们只是从他的属性来勾勒他的图画，于是获得某种苍白无力、片面不全的概念。我们最优秀的神学家也就是这样的人，他诚然没有认识整体，因为我们目前的锁链使我们不可能看见整体，但能比别人多一点认识神，在自身中体现的真理的样式或端倪（不论我们怎么称呼）比别人更多一点。

18. 这样，我们所能说的只能是，自有永有者（He Who Is）和神（God）是符合他本质的特定名字。尤其是自有永有者，不仅因为当他在山上向摩西说话时，摩西问他的名字是什么，他就以自有永有者这个名字自称，吩咐他要对百姓说"那自有的打发我到你们这里来"①，而且因为我们发现这个名字更恰当、更贴切。"*Theos*"（God）

---

① 《出埃及记》3：14。

这个词，即使如那些精于这些问题的人所说，是源于"*Theein*"① （奔跑）或者"*Aithein*"（发光），源于持续运动，因为他毁灭事物的邪恶状况（由此他也被称为毁灭的烈火②），也仍然是个关系性的相对名称，而不是一个绝对名称。"耶和华"（Lord）③也是对神的一种称呼，但这个词也同样如此。他说，我是耶和华，这是我的名④，耶和华是他的名。⑤然而我们要探讨的是一个具有绝对存有（Being）的本性，而不是与其他事物混合的存有。严格地说，存有是神所特有的，完全属于他，不受制于任何"前"、"后"，因为在他，根本就没有什么过去或将来。

19. 至于其他名称，有的显然是指他的权威，有的指他对世界的治理，这是从两个不同的角度看的，一个是道成肉身之前，一个是在道成肉身之中。比如，全能者，荣耀之王，永世之王，权能之王，至爱之王，万王之王；再如，撒巴奥斯（Sabaoth）之主，即万军之主，权能之主，众主之主，这些显然是意指他的权威的名称。另一方面，神也是救赎的神，复仇的神，平安的神，公义的神，亚伯拉罕、以撒、雅各，以及一切看见神的属灵的以色列人的神，所有这些都意指他的治理的名称。由于我们受制于三样东西，对惩罚的畏惧，对得救与荣耀的盼望，以及为获得盼望之物所践行的美德，而复仇之神的名称管

---

① "*Theos*" 从 "*Theein*"（奔跑）衍生，出于柏拉图（Crat., 397c）。源于 "*Aithein*"（发光）的说法也可见于大马士革的约翰（John Damascene, De Fide Orth. I., 12），不过，他可能是从圣格列高利那里转引的，或者与后者使用的是同一个出处。阿塔那修也采用这种观点（De Defin., 11）。根据苏伊舍（Suicer）的看法，其他定义有：（1）"*Theasthai*"（看见），见尼撒的格列高利（Cant. Hom., V）；（2）"*Theorein*"（沉思），阿塔那修（Quaest Misc., Qu. XI.）；（3）"*Tithenai*"（放置），克莱门（Clement, Al. Strom., I. S. fin.）。
② 《申命记》4：24。
③ "耶和华"（*Kurios*）只是七十士译本对希伯来文里表示无法表达之名字的一个语词的翻译。因此，所引用的段落若是最初的语言，就会看到四个字母构成的名字。
④ 《以赛亚书》42：8。
⑤ 《阿摩司书》9：6。

理畏惧，救赎之神管理我们的盼望，美德之神管理我们的行为，所以，无论是谁，只要实现其中一件事，就如同将神接纳在自身里面，都会努力争取更大的完全，获得那出自于美德的亲和力。这些名称是神性共有的，然而非源起者（Unoriginate）之名是父所独有的，非源起地受生（unoriginately Begotten）则是子所独有的，非受生地发出（unbegottenly Proceeding）或流溢是圣灵独有的。接下来，我们就进而解释子的名称。这原本是我们这部分论证的起点。

20. 在我看来，他之所以称为子，是因为他与父本质同一；不仅出于这个原因，还因为他是从父出来的。他被称为独生的，不仅因为他是唯一的子，父只生了他一个，他是父唯一的子，而且因为他作为子的方式是唯有他特有的，是任何物体所没有的。他之被称为道，是因为他与父的关系就是道与心灵（Mind）的关系；不只是因为他的出生是毫无痛苦的，而且因为他与父的合一，他所显明的职责。这种关系或许可以比作定义与被定义之物之间的关系①，这种关系也被称为"逻各斯"②。因为经上说，人心里感受到子（这就是"看见了"的意思）就感受到了父③；子就是对父的本性的简明扼要的显现和阐明。凡受生的，都是生它之主的寂静之道（silent word）。若有人说，子之所以有这个名字是因为他存在于一切现实的事物之中，这话不会有错。因为事物除了由道构成，还能由什么构成呢？他还被称为智慧，关于属神以及属人之事的知识。因为他既创造了万物，怎么可能不知道自己所造之物的原因呢？被称为权能，是一切被造之物的维系

---

① 出于"论圣诞节的演讲"，子被称为"*o ton patros oros kai logos*"，见那里的注释。
② Ratio（关系，有时候指理性）、*Sermo*（讲论）和 *Verbum*（道）都是对"Logos（逻各斯）"的翻译。
③ 《约翰福音》14：9。

者，给它们提供力量，使它得以存在。被称为真理，本性上是一，不是多（因为真理是一，虚假是多），是父纯洁的印记，没有丝毫偏离的印象。被称为与父同质的形象，因为他是父的形象，而非父是他的形象。形象的本性就是原型的复制，与原型同一名称，只是这里形象的意义更丰富。一般而言，形象是对活的原型的静止再现，然而在这里，子是永生之父的活的再现，比塞特与亚当①，或者任何子与父更相似。单一存在者（simple Existences）的本性就是如此，不能说它们在某一点上相似，在另一点上不相似，只能说它们是完全相似的，更确切地说，它们不是相似，而是同一的。此外，他还被称为光，是借着道和生命得了洁净的灵魂的亮光。若说无知和罪是黑暗，那知识和敬虔的生命无疑就是光……他是生命，因为他是光，是建造和创造一切合乎理性之灵魂的权能。因为我们生活、动作、存留都在乎他②，依凭那吹入我们里面的双重力量；我们都是因他的气成为有灵的活人，我们许多人也能吹气，打开我们的心灵之口，与神的圣灵一起呼吸。他是公义，因为他按我们各自的作为给予奖赏，既是那些律法之下的人，也是那些恩典之下的人的公义法官，是灵魂和身体的公义法官，因此，前者是支配的，后者是顺服的，在上者对在下者有主权，免得恶者起来反对善者。他洁净、圣化，叫人借他的洁净保守圣洁。他是救赎，因为他释放为罪所辖制的我们，为我们献出自己作为赎价，献出自己，救赎世界。他是复活，因为我们死在罪中，他叫我们活过来，带给我们新的生命。

21. 不过，这些名称仍然是在我们之上的那位与为了我们的缘故来

---

① 《创世记》5：3。
② 《使徒行传》17：28。

到我们中间的那位共有的。还有些是专属于我们自己的,从而也属于他所穿戴的本性的。于是他被称为人,好叫他不但借着他的身体为有形体的造物所领会,不然,他的本性是不可理喻的,要领会他是不可能的。而且借着他自己使人性成为圣洁,可以说,他是整团面的一点酵母,借着与他联合,叫那原本被定罪的脱离一切惩罚,为一切人成为我们所是的一切东西,唯有罪除外——身体、灵魂、心灵以及一切引来死亡的东西——由此,他成了人,成为所有这些东西的混合体;他成了可见的神,因为他保留了那唯有心灵才能领会的东西。他是人子,既因为他是出于亚当,也因为他出于童女;一个是他的先祖,另一个是他的母亲,二者都与生育法则一致,又与它有别。他是基督,因为他有神性。这是对他人性的膏油,不像别的受膏者那样以行为称圣,乃是借着膏油者在他的完满里的彰显。其结果就是:膏油者被称为人,使受膏者成为神。他是道路,因为他引领我们借着他走向神;是门,让我们进去;是牧者,用教牧知识的话语,使我们躺卧在青草地上,领我们到可安歇的水边①,保护我们不受野兽攻击,使犯错者改邪归正,将迷途的引领回来 缠裹受伤的,提防强者,把他们领到上面的羊圈里。他是羊,替人受过;是羊羔,纯洁无瑕;是大祭司,祭献者;麦基洗德,就超越于我们的本性而言,没有母亲,就我们自己的本性而言,没有父亲;也没有在上的谱系,(谁会宣称生育了他?)而且是撒冷(Salem)王,意思是平安,是公义之王,当列祖胜了邪恶权势时,从他们收取十一税。这些全是子的名称。纵观这些名称,那些高贵的名称有神的样式,那些属于身体的名称也有相应的样式;或者毋宁说,全都有神的样式,好叫你从低处升到高处,成为

---

① 《诗篇》23:2。

神；他从高处降下来岂不正是为了使我们成为神。总而言之，不论是高贵的名称，还是卑微的名称，只要谨守这一点，你们就永远不会犯错；不论以前还是现在，耶稣基督始终如一，在道成肉身里，在圣灵里，永永远远。阿们。

第五篇　论圣灵

1. 这就是关于子的解释，由此他就避开了那些要拿石头打他的人，从他们中间直行，过去了。①因为道不可能被石头打击，相反，他可以随己意扔出石头，用石器对付以不洁方式上山②的野兽，即话语。但是，他们又问，关于圣灵你要说些什么呢？你从哪里引出这个奇怪的神？圣经并没有说他是神呀。甚至那些论到子时保守在界限内的人也这么说。正如我们所看到的道路与河流，彼此分开之后又复归一处，同样，在这个问题上，由于极端的不敬虔，就是在其他所有方面都大相径庭的人也在这里找到某些共同之处，所以你永远无法准确地知道他们在哪里是同心合意的，在哪里是相互冲突的。

2. 圣灵问题之所以显得特别困难，不只是因为这些人尽管在子的问题上已经争得精疲力竭，而以更充沛的精力来反对圣灵（对他们来说，有某种对象能让他们表达心中的不敬似乎非常必要，否则生命就

---

① 《路加福音》4：29、30。
② 《出埃及记》19：12。

会显得没有什么意义），更因为我们自己被他们的问题弄得心力交瘁，有点类似于失去胃口的人的状态，由于对某种特定的食物倒胃，对一切食物都采取避而远之的态度，我们也是这样，对一切讨论都有点躲避心理。然而，愿圣灵保守我们，让演讲得以继续，使神得以荣耀。我们要把引用相应的证据仔细考察、分辨圣经在多少种意义上使用并理解"灵"或"圣"这个词的任务留给别人①去做——他们为我们也为他们自己致力于圣灵这个题目的研究，正如我们为他们致力于这个研究一样——也让他们去研究这两个词合起来，也就是"圣灵"这个词如何在某种特定的意义上使用；而我们自己则致力于这个题目的其他问题。

3. 他们既然对我们引入一位奇怪的或半路杀出来的神即圣灵感到恼怒，既然他们如此不遗余力地为字句争论，就当知道他们在无可惧怕之处就大大害怕②；我真希望他们能清楚地知道，他们对字句的钟爱只是掩盖其不敬的一件外衣，这一点将在后面，当我们尽我们所能驳斥他们的反对观点时，显明出来。然而，我们对我们所崇敬的圣灵的神性（Deity）充满信心，所以我们关于他的神性（Godhead）的教义一开始就把属于三位一体的名称用在他身上，尽管有些人会认为我们过于大胆。父是真光，照亮一切生在世上的人；子是真光，照亮一切生在世上的人。另一位保惠师是真光，照亮一切生在世上的人。③三个"是"（was），所是的是同一样事物。"光"重复了三次，然而只有一种光，一位神。这就是大卫很久以前所说的："在你的光中，我们必

---

① 比如巴西尔和尼撒的格列高利。
② 《诗篇》53：5。
③ 《约翰福音》1：9。

得见光。"①这样，我们既清晰地看到了，也简明地叙述了三位一体真神的教义，知道出于光（父）的光（子），在光之中的光（圣灵）。要拒斥的就让他拒斥吧②，行不义的就让他行不义吧；我们一如既往地主张我们所领会的教义。我们要登上高山③，若是人没有听到，我们要登上高山，向下面高喊；我们要高举圣灵，我们无所畏惧，即使担心，担心的也是沉默无语，而不是高声传讲。

4. 假若曾有个时候父不是父，那就有个时候子不是子。若是有个时候子不是子，那就有个时候圣灵不是圣灵。只要一者太初就是，那三者就全是如此。你若是扔掉一者，我敢断定你就没有确立其他二者。试问，一个不完全的神性（Godhead），有何益处可言？或者毋宁说，神性若不是完全的，那是什么神性呢？完全者又怎可能缺乏某种完全的东西？可以肯定，它若不具有神圣性（Holy），就有所缺乏，它若没有圣灵，又怎么可能有神圣性呢？或者神圣性（holiness）是不同于他的另外的东西，若是如此，请告诉我它应当成为什么；或者二者同一，那它怎能不是太初就是？难道神有段时候是不完全的，没有圣灵的，这样对他更好吗？他若不是从太初就是，那他与我本人处于同一等级，尽管先于我一点点；因为我们都是由时间从神性分别而来的。他若真的与我同属一个等级，那他又如何能使我成为神，或者使我与神性联合呢？

5. 或许我应当从一个更早先的点来与你们讨论圣灵，因为我们已经讨论了三位一体。撒都该人完全否认圣灵的存在，正如他们否认天使和复活的存在一样，拒斥旧约里关于他的重要见证，我不知道他们

---

① 《诗篇》36：9。
② 《以赛亚书》21：2。（和合本经文译为："诡诈的行诡诈，毁灭的行毁灭。"——中译者注）
③ 《以赛亚书》40：9。

出于什么理由。而有些希腊人倒更乐意谈论神，因而也更接近我们，在我看来，他们似乎已经形成了关于他的某种观念，只是在使用名称上不同，他们称之为世界的心灵（Mind of the World），或外部的心灵（External Mind），及诸如此类的名称。而我们中的智慧者，有些认为他是一种活动（Activity），有些认为他是一个受造物，有些视之为神；还有的不能肯定该称他什么，他们说，这是出于对圣经的敬重，似乎圣经没有显明这个问题。因而，他们既不敬拜他，也不羞辱他，而是对他采取一种中立态度，或者毋宁说是一种可悲的态度。就那些视他为神的人而言，有些只是在心里坚守正统，有些还敢于说出来。我还听说有些人非常聪明，度量神；这些人与我们一样认为有三个观念，只是他们把这三者彼此分离，完全独立，认为其中一个在本质和权能上都是无限的，第二个在权能上无限，在本质上有限，第三个在两方面都有限，因而以另一种方式效法那些称这三者分别为创造者、协助者和执行者的人，认为这三者的这种秩序和尊贵也是事实中的顺序。

6. 对那些甚至不相信他存在的人，我们不可能与他们作任何讨论，也不能与喋喋不休的希腊人讨论什么（因为他们不会使我们的讨论增色生辉，甚至连罪人的膏油都没有得到①）。然而，与其他人，我们还是愿意讨论。我们必然会这样想象圣灵，他或者属于自有者（Self-existent）的范畴，或者属于在他物中被沉思的事物。关于这些类别，那些精通此类问题的人称一类是本体，另一类是偶性（Accident）。他若是一种偶性，就该是神的一种活动，因为他必是完全没有混合的，怎么可能是别的东西，或者出于别的事物呢？他若是一种活动，就必

---

① 《诗篇》141：5。

得完成，一旦完成了，就不再实施，也就停止存在，这乃是活动的本性。如此，他怎么可能行这样那样的事，说这般那般的话，怎么作界定，怎么忧愁、愤怒，具备所有这些显然属于推动者而不是活动的性质呢？他若是本体，而不是本体的属性，那么他或者是神的造物，或者就是神。至于这二者之间的事物，不论是与二者毫无共性的，还是二者的混合，就是那些臆想出"四不像"（goat-stag）的人也不可能设想。他若是造物，那叫我们如何能信靠他，如何在他里面成为完全的？因为信靠（believe in）一个事物与相信（believe about）一个事物是不一样的。一个属于神，另一个可以指向任何事物。而他若是神，就不可能是受造物，不可能是形成之物，不是奴仆中的一个，没有所有这些卑微的称呼。

7. 在那儿——道与你们同在。让投石器去投石吧，让三段论去推演吧。他要么完全是非受生的，要么是受生的。他若是非受生的，那就有了两个非源起者。他若是受生的，你就必须进一步划分。他要么是父生的，要么是子生的。若是父生的，就有了两个子，他们是兄弟。你若愿意，可以使他们成为孪生兄弟，也可以说一个是兄，一个是弟，因为你如此热衷于属体的概念。然而若是子生的，那么这样的人就会说，我们看到了一位孙子神，没有比这更荒诞不经的了。然而就我而言，我若是看到分别是必然的事，我就承认事实，而不担心名称如何。不能因为子是某种更高关系中的子（因为我们只能用这种方式指出，他属于神，与神同质），就必须认为我们人类的这个低级世界的所有名称都应当转变为神性。否则，照着同样的论证，你也许会认为我们的神是男性的，因为他被称为神和父，而从神这个词的词性来看，认为他是女性的，圣灵是中性的，因为他与生育毫无关系。然而，你若是愚蠢到引用古老的神话和寓言，说神与他自己的旨意结婚生了子，那就是把我们领到了①马西昂（Marcion）和瓦伦廷（Valentinus）②——他们想象出这些新奇的"伊涌"（Aeons）③——的阴阳同体的神面前。

8. 然而，我们不同意你们的第一种分类，即认为受生者与非受生者之间没有中介。你们这种伟大的分类一旦消失，你们的兄弟和孙子也随之荡然无存，因为再复杂的链条，只要第一环打开了，所有环节都将随之崩溃，从你们的神学体系中消失。不然，请告诉我，你们把那发出者置于何处？他就出现在你们所划出的两个状态之间，是由比你们更优秀的神学家，我们的救主本人引入的。也许你们为了你们的第三约（Third Testament），已经从你们的福音书里采纳了圣灵这个词，他是从父出来的④；他既出于那样的源泉，就不可能是受造物；他又不是受生的，所以不可能是子；因着他处在非受生者与受生者之间，所以是神。因此他不需要借助于你们逻辑推演的功劳，已经自我显明为神，比你们的分类更强大。那"发出"是什么呢？你们能告诉我父之非受生性是什么吗？如果能够，我也可以向你们解释子的出生与圣灵的发出的生理学含义，那样，我们双方岂不都痴迷于窥视神的奥秘。⑤我们是谁，敢做这些事？我们甚至连自己眼皮底下的东西也看不清楚，连海里的沙子、雨中的水滴、永恒的日子都不可能数清，更

---

① 爱任纽（Irenaeus）1：6。
② 看来，圣格列高利是把马西昂与马库斯（Marcus）搞混淆了，后者是瓦伦廷的诺斯替学派的领袖之 。在另一处他论及马西昂和瓦伦廷的伊涌，显然意指马库斯，因为马西昂体系的特点是完全没有关于流溢（Emanations, Aeons）的理论。同样，也没有迹象表明马西昂有这种阴阳同体的神观，而从爱任纽的描述中可以看出，马库斯有与此极为类似的思想。
③ 这是诺斯替主义的一个概念，具体可参看《宗教词典》（任继愈主编，上海辞书出版社，1983年，第897页）。——中译者注
④ 《约翰福音》15：26。"建立关于圣灵的发出教义（doctrine of the Procession）不是这位教父（纳西盎的格列高利）的计划，他只想表明圣灵不是生出的就心满意足了，因为根据基督自己的教训，圣灵是从圣父发出来的。至于他与圣子的关系与纳西盎的格列高利的目标不相干，就是在阿乌主义与大公教（Catholicity）之间的大论战中，他似乎也不曾提出这个问题，而这场论战正是格列高利在任君士坦丁堡主教期间展开的。"（Swete on the Procession, p. 107）
⑤ 《便西拉智训》1章2节。

何况探求神的深奥之处，描述那不可言说、超越一切语言的本性呢？

9. 他们说，那么圣灵缺乏什么，使他不能成为子，他若不缺乏什么，岂不应当成为子？我们说，无所缺乏，因为神是没有任何缺乏的；只是显明出来的方式不同，如果我可以这样表述的话，或者确切一点说，是他们彼此之间的关系不同，导致他们有不同的名称。事实上，子不是因为缺乏什么，使他不能成为父（子的位份并不是一种缺乏），他本就不是父。根据他们的这种论证思路，父也必有所缺乏，所以他不是子。父当然不是子，然而这并非因为本质上有什么缺乏或低下，就是因为一个是非受生的，一个是受生的，一个是发出的，使第一位有了父的名称，第二位有了子的名称，第三位，就是我们正在讨论的这位，有了圣灵的名称，使这有分别的三位格保守在神性（Godhead）的同一本性和同一尊荣里。子不是父，因为父只有一位，他就是父之所是；圣灵也不是子，因为他是神发出来的，独生的子只有一位，子就是子的所是。这三位在神性里是统一的，这统一性在属性上表现为三；所以这统一性不是撒伯里乌的一①，这三位一体也不同于目前邪恶的分别。

---

① 撒伯里乌于卡利斯图斯（Callistus）任主教期间在罗马教学，是他那个时代非常重要的大异端，他的观点非常危险。他一方面大力强调神圣统一性（Divine Unity）的基本教义，同时也承认某种三位一体，但他的三位一体不同于大公教教义，因为他认为三位一体只是同一神圣本质的二重显现。在他看来，圣父、圣子和圣灵只是暂时的现象，且完了各自的使命，就回到绝对的一里。沙夫博士（*Hist. of the Church*, *Ante-Nicene Period*, p.582）对他的教训作了如下概述：

"神的统一性本身没有任何分别，在道的发展过程中自我展示或延伸，分成三种不同的形式和显明阶段，完成救赎事业之后又返回到统一性。父在立法或旧约计划中启示自己（不是在创造中，在他看来创造是在三位一体启示之前）；子在道成肉身中启示自己，圣灵在感动中启示自己；子的启示终于其升天，圣灵的启示持续在世代和圣化中。为说明这种—位一体的启示，他把父比作太阳的光晕，子比作它照亮万物的权能，圣灵比作它使万物温暖的力量。据说，他还将父比作身体，子比作灵魂，圣灵比作人的灵，然而他的这种说法与我们所熟悉的推理分辨理论不相符。他关于逻各斯的观点也是独特的。逻各斯不同于子，而是处在向着二过渡中的一本身；也就是说，神被认为是生命活动和创造原理，是说话的神，不同于沉寂的神。每一位格（或者方面——这个词含义模糊）是另一种言说（Uttering）；二位神合起来只是逻各斯的延续演变，或者是神圣本性言语（word-ward）方面的区分。因为逻各斯是从神发出来的，所以他最终要回归到神，于是三位一体的展开就此结束。"

10. 那怎样呢？圣灵是神吗？完全可以肯定。那好，他与神同一本质吗？是的，他既是神，自然与神同一本质。我的对手说，我承认从同一源泉出来的有两位，一位是子，另一位不是子，他们与神同一本质；我也承认一位（指父）是神，另一位（指子）也是神。不仅如此，你若是同意我的观点，承认第三位也是神，也有神的本性，我就给你同一个二位一体，有同样的名称和事实。然而，神是一，超越的本性是一，我怎么能向你显示其样式呢？或者你又要在低级领域，在你自己的周围寻找？从下面低级事物猜度上面高级的事物，从变动不居的事物猜想永恒不变的事物，如以赛亚所说，在死人中寻找活人①，这是非常可耻的，不仅可耻，而且愚蠢。只是为了你，我仍会努力为你们的论证提供一定帮助，甚至向那源泉求助。我完全可以从动物史就自然以奇妙的技术创造的与动物繁殖相关的事物提出许多论点，有的广为人知，有的鲜为人知，但我想我得略过它们。在动物史上，不仅同类生同类，异类生异类，而且同类可以生异类，异类也可以生同类。如果我们相信传说，那么还有另一种繁殖模式，就是某种动物自我消耗，自我生育。②还有些造物非常奇妙，以某种方式偏离自己真正的本性，发生某种变化，从一种造物转化为另一种造物。确实，有时候同一类中一部分可能是生出来的，另一部分却不是，然而全都是出于同一本质，这种情形特别类似于我们目前所讨论的话题。我只提一下我们自己本性中的一个事实，这是人所共知的，然后就转向这个题目的另一部分。

11. 亚当是什么？神的一个造物。那么夏娃呢？这造物的一部分。

---

① 《以赛亚书》8：19。（和合本译文为："岂可为活人求问死人呢？"——中译者注）
② 即 the Phoenix. Hdt., ii. 37。

塞特是什么？两人所生的儿子。由此，在你看来，这造物、这造物的部分和这受生的是否同一回事？当然不是。那这些人是否同一本质？他们当然同一本质。那好，这就是一个公认的事实，即不同的人可以有同一本质。我这样说，不是要将造物或部分或身体的某种属性归于神性（不要让你们那些对语词纠缠不休的人再与我过意不去了），而是为了沉思——就如同登台表演——这些纯粹的思想对象。因为要追寻整个真理的逼真的形象是不可能的。然而他们说，这一切是什么意思呢？难道不是一个是"一"所生的，另一个是出于"一"的另外之物吗？夏娃与塞特岂不都是出于同一个亚当吗？但是能说他们俩都是他生的吗？不，一个是他的一部分，另一个是他所生的。然而两个是一且同一的事物，即两个都是人，这是谁也不可否认的事实。那么你会放弃对圣灵的异议，即他必然要么是完全受生的，否则就不可能同一本质，要么就是神；从而根据人的例子承认我们的观点是可能的吗？我想这对你来说有好处，除非你一定要争论不休，要反对公认的真理。

12. 但是他说，古代或现代有谁曾敬拜圣灵？有谁向他祷告？哪里写着我们当敬拜圣灵，向他祷告？你的这种信条是从哪里引申出来的？以后当我们讨论经上未有明示的问题时，我们会提出更充分的理由；然而现在我们只要说我们正是在圣灵里敬拜，正是在圣灵里祷告的，就足够了。因为圣经说，神是灵，凡拜他的，必须用心灵和诚实拜他。①又说——我们本不晓得当怎样祷告，只是圣灵亲自用说不出来的叹息为我们祷告②；我要用灵祷告，也要用悟性祷告③——也就

---

① 《约翰福音》4：24。
② 《罗马书》8：26。
③ 《哥林多前书》14：15。

是在心灵和圣灵里祷告。因此，在我看来，敬拜圣灵，或向圣灵祷告，就是他自己向自己祷告或敬拜。虔敬或博学的人谁会否认这一点？因为事实上，对一位的敬拜就是对三位的敬拜，三位之间的尊荣和神性（Deity）是等同的。所以，对于万事万物都是借着子所造①的论点，我不会受到惊吓，似乎圣灵也是这些事中的一个。因为它并不是只说万事万物，而是说受造的万事万物。显然，父不是子造的，一切非受造的事物也不是。否则，要先证明他是受造的，然后把他归于子，列于受造物之中；然而你若不能证明这一点，就不可能从这个包罗万象的句子里为你的不敬找到什么凭据。倘若他是受造的，那必是借着基督，我自己也不会否认这一点。但他若不是受造的，他怎么能或者是万事万物中的一个，或者是借着基督？因此，不要再反对独生子，羞辱父了（因为给他一个受造物，而夺走他弥足珍贵的儿子，这不是对他的真正尊敬），不要再反对圣灵、羞辱子了。他不是奴仆的主人，而是与"一"同为尊贵，同为荣耀的。不可将三位一体的任何部分列到你自己的等级上，免得你偏离三位一体；不可从任何一部分中砍去"一"及同等尊严的本性，因为你若破坏了三位中的任何一位，就是把整个三位一体都破坏了。对于这个统一性，与其以极其不敬的态度贸然论断，不如节制言谈为好。

13. 至此，我们的论证进到了最关键的一点。令我悲哀的是，一个早已死寂，早已让位给信仰的问题，如今又死灰复燃，重新冒出。不过，既然有道与我们同在，有圣灵可以诉求，就必须反对这些空谈者，不让错谬来主宰论断。他们说，既然一个是神，另一个是神，还有一个也是神，那不就是三个神了吗，或者说所荣耀的不就是多个原

---

① 《约翰福音》1: 2。(应为1: 3。——中译者注)

理了吗？说这话的是谁呢？就是那些越来越不敬虔的人，甚至还有那些扮演次级角色的人，也就是那些在子的问题上持温和观念的人。我的论证部分针对两者共同的错误，部分是专门针对后者的。我要回答这些人的话如下：你们这些敬拜子的人，即使抵触圣灵，又有什么资格指控我们为三神论者（Tritheists）？你们自己不也是二神论者（Ditheists）吗？你们若是不拜那独一受生的，不也明明地把自己归入我们的对手行列？我们凭什么就得对你们仁慈，好像你们没有**完全**僵死？当然如果你们确实拜他，目前还在得救的路上，那我们就要问，假若你们被指控为二神论者，你们拿什么来为你们的二神论作辩护？你们若是有智慧的话作答，也就为我们提供了回答的方式。因为正是你们驳斥二神论指控的理由，足以使我们用来驳斥三神论。由此，我们利用你们这些指控我们的人，使你们成为我们的支持者，从而取得胜利，没有比这样的得胜更大的了。

14. 我们与以上两类人的争论和分歧是什么呢？在我们，只有一位神，因为神性（Godhead）是一，凡从他出来的都指向一，但我们相信位格有三位。一位是神，另一位也是神；一位不居先，另一位也不居后；他们在意志上无分别，在权能上无分殊；这里你也看不到任何可分之物的性质。简而言之，神性在独立的位格中是不可分的，就如同三个太阳彼此联合，合成一个光。当我们看着神性，或首因（First Cause），或单一始基（Monarchia）时，我们看到的是一；当我们看着神性所居住的位格，那些不受时间限制、有同等的荣耀、从首因获得存在的位格时，我们所敬拜的有三。

15. 对此，他们会说什么呢？希腊人不也相信一个神性，如他们那些优秀的哲学家所宣称的？在我们，人性，也就是整个类，是一，但他们有许多神祇，不只是一位神，就如同有许多人一样。当然在这里，共同的本性有一种唯有在思想里才能领会的统一性，个体则因时空和能力的不同彼此相差悬殊。我们不只是复合的存在物，还是对立的存在物，既与他人对立，也与自己对立。我们也并非总是保持完全同一，就是一天也不可能，更不要说整个一生了，无论是身体还是灵魂都处于永恒的变动状态之中。也许同样的话也适用于众天使①以及仅次于三位一体的整个高级存在领域，虽然他们在某种意义上是单一的，然而在善上更加稳定，因为他们更接受至高的圣善。

16. 希腊人所崇拜的那些神祇以及（用他们自己的术语来说）迪蒙（daemons）②，无论如何都不需要我们去指控，他们自己的神学家提供的见证足以令人相信，有些顺服于情欲，有些致力于争斗，充满了数不胜数的邪恶和变化，并且处于对立状态，不仅彼此对立，甚至与他们的首因对立，即所谓的奥逊尼（Oceani）、忒提斯（Tethyes）、潘奈特（Phanetes），以及其他一些名字。最后一个神因强烈的统治欲望，竟憎恨自己的孩子，并且出于贪婪，把所有人和神全都残忍地吞噬，以便再把他们吐出来之后，成为他们的父。为掩盖故事的耻辱，他们说这类故事只是神话传说，若如此，那对以下的格言他们会说什么呢？万物都分为二部分③，每个神都有不同的职权范围和级别，掌管宇宙的不同部分。然而我们的信仰不是这样，雅各的分不像这些④，我们的神学家如是说。每个位格都拥有统一性，由于本质同一，权能同一，与一的联合就是与其自身的联合。这就是我们所理解的统一性。

---

① "众天使显然也是这样，就他们的本性来说，他们有着不变的存有（being），然而就选择来说，是可以变化的，并且有自己特有的理智、感情和处所。"（S. Thomas Aq., Summa, I., x., 5）
② 希腊神话中介于人与神之间的神，半神。——中译者注
③ 荷马，《伊利亚特》第2卷，第14章189节。
④ 《耶利米书》10：16。

如果这样的阐述是真实的，我们当感谢神让我们如此领会；倘若不是，就当寻求更好的解释。

17. 至于你们为了推翻我们所主张的联合而提出的论证，我不知道我们是否应当说你们是在开玩笑。这种论证是怎样的呢？你们说，"同一本性的事物合起来计算"，所谓"合起来计算"，你们指的是把它们聚合为一个数。①然而不是出于同一本质的事物就不能这样计算……所以，根据这种解释，你不可避免地要说到三个神，而我们完全没有冒这种风险，因为我们认为它们不是同一本质的。因而，看起来你们仅凭一个词，就解脱了困境，取得了胜利，然而这胜利却是致命的，因为事实上你们所做的事，无异于人出于对死亡的惧怕，就把自己吊起来。你们为使自己的单一始基的冠军身份摆脱困境，否认了神性，把问题抛给你们的对手。但是就我而言，就算必须做出努力，我也不会抛弃自己所崇敬的对象。在这一点上，我看不出有什么困难。

18. 你们说，同一本质的事物合在一起计算，然而那些不是同一本质的事物应当一个个计算。你们是从哪里得出这一观点？出于什么样的老师？他教导怎样的教义或神话学？你们岂不知道每个数表示的是事物的量，而不是事物的质？当然，我非常过时，也许得说非常无知，使用表示事物之数的"二"这个词，尽管它们属于不同的本性，并且以不同的方式使用多个单位，说这个是一，那个是一，第三个也是一，尽管他们本质上是统一的，没有从事物的量上看待事物本身，计算正是根据事物的量才成的。然而你们既如此固守字句（尽管你们正在违背字句的含义），那就请从这个源泉拿出你们的证据来。在《箴

---

① Sunarithmeitai，就如你说三个神，三个人，以及诸如此类的，也就是把同类的事物一起数算。另一方面，你要把不同类的事物合起来就必须使用复数。

言》里有三种动物相提并论，狮子、公山羊和公鸡；三者之外还加上第四者——在百姓面前说话的君王①，这四样事物虽然本性各一，却算为一组，像这样的组别还有很多，我们就不提了。我还在摩西五经里看到两个基路伯②分开来数算。然而如今，在你们的术语中，前者如此本性迥异，能称为三吗？后者如此相近，出于同一个本性，能作为一来处理吗？试想，我若是说神和玛门（Mammon）都是主，是两个主，尽管他们大相径庭，我仍认为他们属于同一范畴，我很可能会因此大大地受奚落。

19. 他说，但是在我心里，那些可以合起来计算且出于同一本质的事物，其名称也是同一的，比如三个人或三个神，而不是二个这个加那个。这种让步意味着什么呢？就人制定命名的法则这是合适的，然而对人宣称真理是不合适的。因为我也可以说，彼得、雅各和约翰不是三个，或者不是同一本质的，因为我不能说三个彼得，三个雅各，三个约翰。你为通名所保留的，我们要求专名也该有，这是与你的安排一致的；否则，你就是只许州官放火，不许百姓点灯，怎能公平。那么，约翰怎么样呢？他在大公书信里说，作见证的原来有三：就是圣灵、水和血。③你们是否认为他在胡言乱语？首先，他竟然敢把不是同一本质的事物放在一起数算，因为你们说唯有同一本质的事物才能

---

① 《箴言》30：29、30、31。（和合本经文译为："步行威武的有三样，连行走威武的有四样；就是狮子……猎狗、公山羊和无人能敌的君王。"——中译者注）
② 《出埃及记》37：7。
③ 这是《约翰一书》5：8中著名的见证经文。在后来武加大本的一些手抄本里还发现我们钦定本第7节的经文。然而，无论是第7节还是这里的经文，在15世纪之前的希腊文抄本（MS.）中都没有，希腊教父中也没有人引用过，拉丁教父引用过的也极少。人们认为它们是圣西普里安（Cyprian）在其《论教会的合一》（On the Unity of the Church）里引用的。若是真的，那么这次引用将是十分重要，因为它将接受这些经文的时间往前推进到更早。然而，提斯切多夫（Tischendorf, Gk. Test. Ed. viii. ad. Loc.）提出理由认为，引用只是表面上的，而且，事实上，所引用的也只有第8节的后半句。

这样数算。谁会认为这些事物是同一本质的呢？其次，他在使用术语上没有保持前后一致，因为他先是用了阳性的三个词，然后又加上中性的三个词，这显然不符合你们以及你们的语法家所制定的定义和法则。先提出一个阳性的三，然后再加上中性的一、一和一，或者先讲阳性的一、一和一，再用中性的而不是阳性的三，你们自己说神（Deity）就是这样的，那么这两种用法有什么分别呢？"蟹"可以是一种动物，一种工具，一种星座，关于它你们得说什么呢？对狗说什么呢？有的是陆上的，有的是水里的，还有的是空中的。你们岂不是看到这里论到的有二种蟹，三种狗？没错，确实如此。好，那它们是同一本质的吗？只有傻瓜才会这么说。这样，你们就明白了所有这些例子如何将你们"同数"（connumeration）的论点彻底驳倒、推翻。既然同一本质的事物并非总是数算在同一个数下，不是同一本质的事物也可以这样数算，而且两种情形都可以使用同一个名称①，那么你们还能从自己的教义中获得什么益处呢？

20. 我还会就此再进一步推论，这与主题并非毫无关系。一加一等于二，二分离又变成一和一，这是显而易见的。然而，如果加在一起的东西必须是同一本质的，如你们的理论所要求的，而分开的事物是异质的，那么就得推出，同样的事物既是同一本质的，又是异质的。多可笑！你们"前面的数算"，"后面的数算"，你们引以为豪，我却嗤之以鼻，似乎事实本身取决于它们名称的顺序。果真如此，根据同样的法则，同样的事物由于同样的本性都在圣经里被数算，有时前面一点，有时后面一点，那么它们岂不是同时既比自己有更多荣耀，又比

---

① 即，所指的事物可能本质不同，但如果它们所使用的名称相同，那么一种称呼加一个数就足以表示它们的集合。

自己有更少的荣耀吗？比如神与主同名，本于他、借着他、在于他的介词（动词）相同，这些是你们根据为我们定立的规则用来描述神（Deity）的，第一个修饰父，第二个指向子，第三个是说圣灵。如果以上表述每一个都可以不断地分配给每一个位格，那么你们又会做什么？事实上，它们被用于所有的位格，凡研究这个问题的人都知道这一点，你们甚至使它们成为本性和尊荣不等同的基础。人只要并非完全缺乏理智，说到这里就足够了。然而由于在你们攻击圣灵之后这成了你们的难题，为制止你们的鲁莽，而不是像暴怒的野猪，把你们的争论推向痛苦的结局，把你们往刀口上推，直到胸口留下一个大口子为止，我们要继续看看你们还有什么进一步的论证。

21. 你们一次又一次地用圣经的沉默来驳斥我们。然而这不是什么奇特的教义，也不是后来才有的想法，而是古人和我们今天的许多人都承认并坦然提出的理论，这已经由许多研究这个题目的人所证明了，他们对圣经的研究，并非无关痛痒，也不是仅为消遣，而是透过字句，洞悉内在意义，相信他们配得见隐蔽之美，得到知识之光的照耀。然而，就我们来说，只能基于另一种基础，尽可能简明扼要证明这一点，免得被认为过于好奇，或者过于野心勃勃。不过，圣经确实没有非常清楚或者非常频繁地写到圣灵是神（如它先是明确地称父为神，后称子为神那样），这使你们有机可乘，做出亵渎和不敬之事，说出这番过分的话，所以我们要简单讨论一下事物与名称，尤其是圣经里对它们的使用，使你们摆脱这种麻烦。

22. 有些事物没有存在，但可以被言说，有些则确实存在，却不能被谈论，还有的既不存在也无法谈论，再有的既存在也可以被言说。你是否要求我证明这一点？我已经准备好了。根据圣灵，神有睡有醒，会发怒，能行走，在宝座周围簇拥着基路伯。但是，他可曾何时变得能受苦难,你可曾听说神有身体?所以,这只是一种谈论上的比喻,并非事实本身。我们只能根据我们的理解能力,从我们自己的属性中拿出那些名称赋予神。他在我们之外,始终保持沉默,甚至可以说,对我们毫不关心,这原因唯有他自己知道,于是我们就说他睡着了,因为当我们自己入睡时就处于这种静止状态。再说,他突然转向我们行善,我们就说他醒来了,醒来就是解除了睡眠,就如显现就是不再隐藏。当他惩罚人时,我们说他发怒了,因为我们就是这样的,惩罚是因为愤怒。他时而在这里做工,时而在那里活动,我们就说他行走,因为行走就是从一个地方到另一个地方。他安息在万军之中,可以说喜欢住在他们中间,我们就说他坐在宝座上,簇拥在他们中间,这也是我们的用语,其实神并不在何处停息,就如在圣徒中那样。他的迅速移动被称为飞,他的悉心关爱被称为脸,他的恩赐和给予①出于他的手;总而言之,神的每一种能力或行为都为我们描绘了相对应的属人的能力或行为。

23. 再者,你们从哪里找到你们的非受生者和非源起者,这两个至高点作为你们的立足之处,或者我们从哪里找到我们的不朽者?你们用这么多的话向我表明这些,我们或者应当置之不理,或者认为它们不在圣经之内而当一笔勾销;而你们被自己的原理杀死,你们所依赖的名称被推翻,你们所信靠的支撑墙体也倒塌了。圣经虽然没有明确的话语出现,然而不是有段落暗示吗?这岂不显而易见吗?这些段落是什么呢?——我是首先的,也是末后的②,在我之前没有真神,在我之后也必没有。③凡依赖于那"Am(是)"的,都是为我所造,因为

---

① Var. lect., receiving.
② 《以赛亚书》41:4。
③ 《以赛亚书》43:10。

它没有开端,也没有终结。只要你接受这一点,在他之前无物存在,他没有更早的原因,你就暗暗地给了他非受生者和非源起者的名称。而说他的存有(Being)没有尽头,就是说他是不朽的,不灭的。我所提到的第一对就解释到这里。至于既不实际存在也不能被言说的事物,那是什么呢?就是:神是恶的;球是方的;过去的就是现在;人不是复合物。你可曾知道有哪个人会愚蠢到思想或论断这样的事吗?最后要说的是实际存在又可以言说的事物。比如,神、人、天使、审判、虚枉(如你们的论证),颠覆信仰,使奥秘落空。

24. 既然术语和事物上有这么多的差异,你们为何如此受制于字句,局限于犹太智慧,抓住片言碎语,不惜抛弃事实?不过,你们若说了两次5,或者说了两次7,我就从你们的措辞里得出你们要说的是10或14;你们若说一个理性的必死的动物,我就知道你们要说的是人,你们不会认为我是在胡说八道吧?当然不是,因为我只是在重复你们自己的意思。语言不属于说话者,也不属于发明者。所以,在这里,我不想过分关注所使用的术语,而忽视它们所要传达的思想。同样,如果我发现有什么其他事物,是圣经的话语根本没有说到或者没有清晰地说应当包含在含义里面的,我也不会因为担心你们的术语诡辩术就不把它表达出来。由此,我们要立场坚定,反对半正统派——我不会把你们算在这些人中;因为你们否认子的各种称呼,这样的称呼非常之多,也非常清楚,不过,很显然,即使你们了解了很多更清楚的称呼,也不会使你们去崇敬他。但是,现在我要把论证往回倒退一点,向你们——虽然你们非常聪明——说明这整个奥秘体系的原因所在。

25. 在整个世界历史中,人类生活发生了两次显著的变化,也被称为两约①，或者由于事件本身影响之深远，也可以说是两次地震，一次是从偶像到律法，另一次是从律法到福音。而我们在福音书里看到第三次地震，即从地上转到那不能摇动或撼动的地方。②两约在这一方面是类似的，即变化不是突然发生的，也不是一努力就能实现的。为什么呢（这一点我们必须有所了解）？强制可能对我们没有作用，然而说理会使我们信服。凡不是出于自愿的，没有一件会持久，就像强迫河水倒流，树木倒长。但是凡出于自愿的，必能持续更长时间，也更安全可靠。前者归因于使用强力的人，后者出于我们自己的力量；一个出于神的仁慈，另一个慑于专制的权威。因而，神不认为对不情愿者有必要给予恩惠，然而对情愿者应给予益处。于是，他就像一位导师或医生，对古人的习惯有些剔除，有些保留，允许包含一点叫人喜乐的东西，就如医生对待患者，为叫他们服药，就在药里巧妙地混合了一些叫人喜爱的东西。因为要改变那些因长期使用已成为习俗受人尊敬的习惯，不是件容易的事。比如，首先剔除偶像，但是保留祭祀；其次，虽然废了祭祀，然而没有禁止割礼。③这样，当人们顺从了剪除，也就顺从了同意他们行的事。④首先是祭祀，其次是割礼，从外邦人成为犹太人，从犹太人成为基督徒，经过一步一步的变化，渐渐引入福音。保罗是这一过程的证人，他一度主张割礼，顺服洁净之法，然后进展到能说，弟兄们，我若仍传割礼，为什么还受逼迫呢？⑤他的前一种行为属于临时教规，后一种行为属于成熟教规。

---

① 《希伯来书》12：26。
② 指西奈山上立法时的地震（《希伯来书》13 章），和哈该关于道成肉身的预言（《哈该书》2：6）。第三次大地震就是世界的末了（《希伯来书》12：26）。
③ 《使徒行传》16：3。
④ 《使徒行传》21：26。
⑤ 《加拉太书》7：7—17。（出处有误，应为 5：11。——中译者注）

26. 我可以拿神学的例子①作个比较，只是路子刚好相反。在我用来说明它的例子里，变化是由不断的削减产生的，而这里完全是通过不断加增到达的。事情是这样的。旧约传讲父是公开的，对子的传讲则隐隐约约。新约彰显了子，却暗示圣灵的神性（Deity）。如今圣灵自己就住在我们中间，为我们提供了更为清晰的自我证明。因为当父的神性（Godhead）尚未得到公开承认之前，公然传讲子是不安全的。同样，当子的神性（Godhead）还未为人领受之时，宣讲圣灵只能增加我们的负担（如果我可以使用如此大胆的表述的话），否则人就会像背负超过承受能力的食物，就像眼睛视力太弱，无力承受炫目的阳光，反而失去原本力所能及的东西。而若是循序渐进，徐徐上升，如大卫所说，力上加力，荣上加荣②，三位一体的光就可能照在赫然开朗者身上。我想，出于这样的原因，他就**逐渐地**到来住在门徒里面，按着他们领受他的能力向他们显明自己，刚开始时是福音，随后是受难，再后是升天，使他们的能力得完全，向他们吹气，在火舌中显现。事实上，他是借着耶稣一点点得到宣告的，只要你们能仔细研读，自己也能看到这一点。他说，我要求父，父就另外赐给你们一位保惠师，就是真理的圣灵。③他这样说，免得人以为他是与神对立的另一位神，或者以为他对他们的演讲是借着另外的权威。又说，他要差他来，然而这是以我的名来的。他省去了"我要求"，但保留了"就差"④，然后又说"我就差他来"——他自己的尊贵。再后说"他既

---

① 这里，神学是在限制的意义上使用的，仅指关于子或逻各斯的神圣性（Deity）的教义。这种限制意义上的神学使用得非常频繁，这样的例子在尼撒的格列高利、巴西尔、克里索斯托以及其他人那里比比皆是。
② 《诗篇》84：7；《哥林多后书》3：18。
③ 《约翰福音》14：16，17。
④ 《约翰福音》16：7。

来了"①，这是圣灵的权威。

27. 你们看见诸光渐渐临到我们身上。神学的顺序——我们最好遵守这个顺序——宣告，事物既不是突然之间显现的，也不是始终藏在暗处不显现。突然显现那是不科学的，永远不显现那就成了无神论；前一种做法可能会惊吓旁观者，后一种则把我们自己人也排除在外。此外我还要补充一点，很可能有些人已经想到这一点，然而我认为这是我自己思想结出的果子。我们的救主说，他还有好些事要说，但是，在那个时候他的门徒是不可能担当得了的②（虽然他们装满了许多教训），也许是出于我所提到的原因，因而这些事是隐藏的。他又说，当圣灵到来住在我们中间的时候，他要将一切的事指教我们。③这些事之一，按我的理解，就是圣灵自身的神性（Deity），以后当显明出来，到那时，随着我们救主的复活，这样的知识应当合乎时宜，能为人所接受，人不再因为它的奇异性而视之为不可思议。他所应许的事，或者圣灵所指教的事，还有比之更大的吗？所应许的，或者所教导的，若是真有什么可以认为是大的，与神的威严相配的，那非此事莫属了。

28. 这就是我对这些事的看法，我希望这始终是我的看法，也是一切我所爱的人的看法。敬拜父神、子神和圣灵神，三位格，一神性（Godhead），在尊贵、荣耀、本质和王国上不可分，就如不久前去世的我们自己的受圣灵感动的哲学家之一④所表明的。人若是不这样

---

① 《约翰福音》16：8。
② 《约翰福音》16：12。
③ 《约翰福音》14：26。
④ 可能是指行奇迹者格列高利（Gregory Thaumaturgus）。他出生于约公元210年，死的日期不能确定，但不可能早于270年。他是本都的新凯撒利亚（Neocaesarea）主教，著作中有一篇叫"信心的解释"，据说是靠直接的启示所写的，文中的话就包含在此篇作品中。格列高利在另一篇演讲中提到最后一段，认为这是公式本身的本质："三位一体中没有一个是受造的或卑下的，也没有哪个是外加的，似乎原先不存在，后来才引入的。因而，子相对父从来没有缺乏，圣灵相对子也没有；三位一体永远是同一的，没有变化也没有更改。"（Reynolds, in Dict. Biog.）

想,或者随波逐流,时而持这种看法,时而持那种看法,在最高问题上不保持正统的思想,那么就让他看不见启明星的升起,如圣经所说的。①因为他(圣灵)若不应当受敬拜,又如何能使我借着洗礼成圣?他若是当受敬拜的,当然就是敬拜的对象。既是敬拜的对象,就必是神。这是彼此相连的,是真正金铸的救人之链。事实上,正是因为圣灵,才有我们的新生,因为新生,我们才成为新人,因为成了新人,我们对他的尊贵才有更深的认识,我们的知识原本就是从他而来的。

29. 这就是认为圣经没有提到圣灵的人可能会说的。然而如今,大量的证据都向你涌现出来,人只要不是愚顽透顶,都会从这些证据看出圣灵的神性(Deity)②,否则,就是完全与圣灵为敌,因为圣经已经非常清楚地承认了圣灵。请看以下这些事实:基督降生,圣灵是他的先驱;基督受洗,圣灵为他作见证;基督受试探,圣灵将他引出来③;他行神迹,圣灵伴随左右;他升天了,圣灵替代他的位置。凡在神的思念里的事,有什么大事不在他(圣灵)的掌控之下④?凡属于神的名称,除了"非受生者"和"受生者"之外,有哪个不适用于他的?因为保留父与子独特的属性是必要的,免得在那使万物各归其所,甚至使混乱本身也变得井然有序的神性(Godhead)里出现混乱。事实上,一想到大量的称呼,想到抵触、冒犯圣灵的人又要践踏多少名称,我就不禁发抖。他被称为神的灵,基督的灵,基督的心,主的灵,主自身,嗣子的灵,真理的灵,自由的灵,智慧的灵,悟性的灵,告诫的灵,大能的灵,知识的灵,敬虔的灵,敬畏神的灵。因为

---

① 《约伯记》3:9。
② 《路加福音》1:35;3:22;4:1。
③ 《路加福音》4:1、18。
④ 《使徒行传》2:4。

他是所有这一切的造主，他的本质充满这一切，包容万物，世界充满他的本质，但是他的大能不为世界所领会；他良善、正直、高贵，这是出于他的本性，不是出于领受；他叫人成圣，自己不成圣；测度人，自己不受测度；叫人分有，自己不分有；充满人，自己不被充满；包含万物，自己不被包含；得承继，受荣耀，与父和子同等；作为一种威慑向我们展示①；他是神的手指，像神一样的火，如我所说的，显明他的同质性；他是造主——灵，借着洗礼和复活创造更新；是知晓一切的灵，指教人的灵，吹气的灵，哪里能听到，就向哪里吹，能吹多响，就吹多响；他引导、谈话、差遣、分离、发怒，受到了试探；他启示、彰显、激发，或毋宁说，他就是光和生命；他建立圣殿，使人成圣，叫人得完全，甚至展望洗礼②，洗礼后作为独立的恩赐③为人所求；他行神所行的一切；分成火舌；分配恩赐；设立使徒、先知、传福音的、牧师和教师；是悟性、多样、清晰、深刻、清洁、明了，就如他的行为那样充满智慧、丰富多彩；使万事万物变得清晰明白；出于独立的权能，不变，全能，无所不见，渗透一切有认知能力的灵，纯洁，极其微妙（我想是天使之族）；还是说预言的灵和作使徒的灵，以同样的方式但不在同样的地方作他们的灵，因为他们住在不同的地方，由此表明他是不受时空限制的。

30. 讲说并教导这些事的人，还称他为另一位保惠师，也就是另一位神，他们知道，唯有亵渎他是不能得赦免的④，拿对圣灵说谎的亚拿尼亚和撒非喇的丑事来威吓人，你们认为这些人怎么样⑤？他们说

---

① 即让我们知道，亵渎他就永不得赦免。
② 如百夫长哥尼流的例子，《使徒行传》10：9 以下。
③ 即坚振礼。
④ 《马太福音》12：31。
⑤ 《使徒行传》5：3 等。

圣灵是神，还是别的什么？说真的，你若对此还有所疑惑，就实在是愚钝之极，与圣灵相去甚远，需要有人来开导。总而言之，他的名称是如此重要，如此活泼，这些词语本身就是明证，还有必要向你——列举吗？同样①，在这里，说他是给予的，差遣的，分离的，还有什么比这更卑微的样式吗？至于说他是恩赐，恩惠，气息，应许，我们的代求，不必再求更多的细节，其他类型的表述，显然都是指向首因，好叫人知道他是从谁而来，免得他们陷入异教，接受三原理。无论是像撒伯里乌主义者那样混淆位格，还是像阿里乌主义者那样分离本性，都是同样的不敬。

31. 我在自己心里对这个问题作了非常仔细的思考，考察了它的每一方面，目的是想找出关于这个极其重要的题目的一些例子，然而我在地上找不出什么事能与神性（Godhead）的本性相比拟的。即使碰巧看到有一点点类似的事物，也终因大部分不相似而离我远去，不能成为我的例子。我设想一个泉眼②、一股泉源和一条河流，如其他人曾设想过的那样，看是否可以将第一个比作父，第二个比作子，第三个比作圣灵。因为这三者中，没有时间上的分别，彼此之间的关联也没有分离，只是以三种个体性相互分别。然而我有几点担心，首先担心把流动的东西比喻为神性，有损神性的静止不动之本性；其次担心这样的比喻可能引入数上的统一。因为泉眼、泉源和河流形式各不相同，然而数上是一。

32. 然后我又想到太阳、光线和光，然而又有些担心，恐怕让人对非复合的本性产生复合观念，因为太阳与阳光就是这样的事物。另

---

① 以上论到圣子时也曾这样说。
② 埃利亚斯说这里的眼不是作为身上器官的眼睛，而是指泉眼或泉心，就是水流出之处。

外也担心我们把本质给了父，却没有把位格性给予其他两位，使他们成了仅是神的权能，存在于他里面，却没有位格上的独立性。因为光线和光都不是另外的太阳，它们只是从太阳流溢出来的，是太阳之本质的性质。用这样的例子比喻，就可能认为神既是存有（Being），又是非存有，这岂非更加荒诞不经！我还听说有人建议用以下这种例子。一缕阳光闪烁在墙上，随着光在空气中吸收的湿气的活动而颤动，然后，由于受到坚硬墙体的阻挡，产生一种奇异的颤动。它的颤动带着许多迅捷的运动，既不能说是一不是多，也不能说是多不是一，因为它的合一和分离都太迅速，眼睛根本无法捕捉。

33. 然而，就"我"而言，即使使用这样的例子也是不可能的，因为使光线运动的原因非常明显，但就神而言，不可能有先于他而使他运动的事物，因为他本身就是万物之因，在他之前没有他因。其次，这个例子也暗示了复合、分解的事物以及变动不居的本性……所以这些都不可能用到神性上。总而言之，在我看来，这些例子都不能提供一个思考这一对象的立足点，尽管我一直在努力尝试，除非一厢情愿地接受比喻的某一点，而不顾其余。最后，在我看来，最好还是把一切形象和影子放在一边，它们都是蛊惑人心的，根本没有真理性可言，只信靠更可敬的概念，依托简洁的言语，借着圣灵的引导，把从他所领受的启示作为我真正的同工和伙伴，直到末了，尽我所能、终我一生劝说众人敬拜圣父、圣子和圣灵，同一的神性和权能。愿一切荣耀、尊贵和能力都归于他，直到永远。阿们。

第二部分 其他演讲录

第三十三篇 驳阿里乌主义，兼论阿里乌本人

1. 那指责我们贫穷，夸口自己富有的人；用数量来界定教会①，鄙视小的羊群的人；度量神性（Godhead）②，用天平称量百姓的人，看重沙子，轻看天上光体的人；珍爱鹅卵石胜过珍珠的人，他们不知道在更大的程度上沙子不比星辰更丰富，鹅卵石不比宝石更多——并非前者比后者更纯洁，更宝贵，这样的人在哪里呢？你们还要表示义愤，还要振振有词，还想侮辱我们吗③？这是一种新信仰吗？请你们稍稍克制一下威吓，听我来说一说。我们不会侮辱你们，但必然说服你们；我们不会威胁你们，然而要谴责你们；我们不会攻击你们，然而我们要治愈你们。这也显然是一种侮辱！又是怎样的傲慢！在这里，你们也认为与你们的奴仆是平等的吗？如果不，就允许我公开说清楚，要知道，就是弟兄，若是受到自己弟兄的欺骗，也应当予以责备。

2. 我若是把神对以色列，这硬着颈项、心里刚硬的百姓所说的话对你们说，那会怎样呢？"我的百姓啊，我向你做了什么呢？我在什么

---

① 表明通过数人数来界定教会的荒谬。
② 这是指阿里乌主义者划出的神性上的程度之别，认为父最大，子次之，圣灵再次。
③ 演讲开头显然流露了对阿里乌派听众的敌对情绪的不安。

事上使你厌烦,你可以对我证明。"①这样的话与其说该由侮辱我的你们来说,还不如更应当从我嘴里出来。我们彼此寻找机会反对对方,这真是件令人悲哀的事,由于意见各不相同,破坏了我们属灵的友谊,甚至比正与我们争战的化外人——我们把他们分开了,他们却联合起来反对我们的二位一体——更无人性、更野蛮地彼此相向;只是我们之间虽有这种分别,终究不是彼此争斗、攻击的外人,也不是不同语言的民族之间的争战,这样的民族在灾难面前也会联合起来;彼此争战的,几乎都是自己家里的人;或者如果你们愿意,可以说,我们是同一身体上的各肢体彼此耗损。这虽然很糟糕,然而还不是最大的灾难,因为我们甚至把我们的损失看作是利益。但是我们既然处于这种境况,根据时代确定我们的信仰,就当拿时代来彼此比较;你们拿你们的皇帝②,我拿我的君王③;你拿亚哈,我拿约书亚。请告诉我你的自制是什么,我也会讲明我的暴力是什么。不过,你的其实已有许多书籍和话语说了,我想在将来的世代必会接受,作为你们行为的不朽之柱,所以,现在我得说说我自己的。

3. 我所领导的反对你们的是怎样的乌合之众?我所武装的是怎样的战士?是怒火中烧,比他所雇用的人更野蛮,甚至不是基督徒,而是对我们尽亵渎之能事,私下里敬拜他自己的神祇的人吗④?我围攻

---

① 《弥迦书》6:3。
② 瓦伦斯(Valens)。
③ 狄奥多西(Theodosius)和格拉提安(Gratian)。
④ 乌尔曼博士认为这话乃是指,在君士坦丁堡,格列高利的这些阿里乌主义的对手们向他爆发的怒火。有一次,他说,正教的聚会地在晚上受到攻击,一群阿里乌主义的暴民,尤其是地位卑微的妇女,在修士的组织下,手持棍棒和石块,强行进入平安而神圣的敬拜之地。正统信仰的捍卫者几乎成了自己信念的殉道士;祭坛受到污秽,用来祝圣的酒与血混合;祈祷屋成了暴力行凶、肆意践踏的场所。然而,本尼迪克版编辑认为这话是指亚历山大的骚乱,当时,阿里乌主义者鲁西乌(Lucius)仗着行政长官帕拉迪(Prefect Palladius)的力量侵占了阿塔那修的职位。关于他篡权所施行的种种暴行的详尽记载,可见于彼得——被除名的或正统的先祖——的一封信,保存在狄奥多勒(Theodoret)那里(H.E. IV 22)。当格列高利发表这篇演讲时,这个鲁西乌就住在君士坦丁堡,支持当时那里的阿里乌派。

了什么人——当他们祷告并把双手举向神的时候？我何时阻止了赞美诗和吹号？何时把圣礼之血与屠宰之血混淆了？我可曾用死之哭叫终止了什么属灵记号，或用悲剧的眼泪终止了什么悔改的眼泪？我把哪个祷告的家变成了葬身之地？我岂曾把众人不可触摸的仪式器皿交在恶人之手？是某个尼布撒拉旦（Nebuzaradan）①，是厨师长，还是伯沙撒，邪恶地把神圣的器皿用来狂欢作乐②，后来因自己的疯狂受到应有的惩罚？"祭坛原是可爱的"，如圣经所说，"如今却受了玷污。"③可曾有什么放荡的年轻人因我们之故以可耻的作品和扭曲的事物来侮辱你们？尊贵的宝座，以及其他高贵者的职位，曾为敬虔的大祭司所承继就座，这些大祭司从古代起就一直教导神圣的奥秘（你们却肆意玷污），就是异教中流行的演讲者及其污言秽语，有哪个能像你们这样攻击基督教信仰的？童女谨守自制和尊严，就是对高贵的男人，也不能容忍打量观看。我们有什么令你们蒙羞的，不就是因为揭示了人可能看不见的事，向不敬的人表明了可怜的景象，该被所多玛之火焚烧的景象，使你们暴跳如雷？我不说死亡，那原是比这种羞耻更可容忍的事。

4. 我们放了什么野兽扑向圣徒的尸体——就像某些人性堕落的人，仅仅因为指控他们不承认自己的不敬，就做出如此野蛮的行径；或者与他们同流合污？事实上，这是我们极力避免的，就像避开毒蛇的毒汁，不是因为它会伤害身体，而是因为它污秽灵魂的深处。我们是否拿他们埋藏死者，就是野兽也尊敬的死者，作为指控他们犯罪的事实？这是什么样的指控，简直与另一个剧院，与另外的野兽相般配！

---

① 《列王纪下》25：11。
② 《但以理书》5：3。
③ 《何西阿书》8：11（七十士译本）。

我们把哪个主教年老的身体当着他门徒——他们无能为力,唯有流泪——的面挂在钩上,与基督一同吊起来,用苦难来折磨制服,用他们贵重的血喷洒给人,最后带到死地,与基督同钉十字架,同埋葬,同得荣耀;就是借这样的牺牲和献祭征服了世界的基督?哪些祭司使那些相反的元素,比如火与水分离,在海上升起一个奇特的灯塔,连同装载他们的船一起点燃大火①?就是给他们这种恩惠的行政长官可曾指控谁惨无人道(以便使我们的很多不幸都蒙上沉默的帕子)?即使他们确实顺从了那些人的淫欲,无论如何,他们还是痛恨那些人的目标之残忍。一个是机会主义,另一个是出于猜忌;一个出于皇帝的无法无天,另一个出于他们借以审判的法律的良知。

5.再说说早一些的事,它们也属于这同一行列,我砍掉了哪个活人或死人的手——诬告圣徒②,用恐吓来制胜信仰?我把谁的流放数算为益处,就是对神圣的哲学家,虽然寻求他们的支持,却对他们神圣的学院也没有表示敬意?事实完全相反,我把那些为了真理而招人嫉恨的人看作殉道者。我可曾把妓女——即使她们几乎没有肉身,没有血气——引荐过给谁,你们用污言秽语指控的人?我可曾把哪个忠实的信徒流放,使他们离乡背井,把他们交在无法无天之人的手中,使他们像野兽一样被关在漆黑不见天日的囚室里,而且(这是悲剧中最可悲的部分)彼此分开忍受饥渴的煎熬,分给他们的食物少得可

---

① 苏格拉底(H. E. IV 16)描述了瓦伦斯下令处死八十祭司的事。尼哥米底亚的行政长官害怕公开执行皇帝的命令,就把这些人放在一只船上,似乎是要流放他们,但是又命令船员到了深海里就把船点火烧着,任囚犯自行灭亡。然而比利乌(Billius)却认为这是指某位祭司的殉道,圣格列高利在他称颂马克西姆(Maximus)的演讲中描述了他的死(Or. xxv. 10. p. 461, 462)。

② 圣阿塔那修受到阿里乌主义者的控告,说他杀了一位名叫亚尔塞纽(Arsenius)的梅勒提安主教(Meletian Bishop),并砍去了他的手,用来作施魔之用。334年在推罗(Tyre)举行的教会会议上,他们出示了放在盒子里的所谓的手。尽管阿塔那修也能证明亚尔塞纽还活着,并未致残,即使如此,指控他的人仍然不愿善罢甘休。

怜,从极为狭窄的口子送进来,不容许他们看见同伴的悲惨处境。忍受这种苦难的他们是谁呢?本是世界不配有的人。①你们就是这样尊重信仰的吗?这就是你们对待它的态度吗?你们不知道这些事的更大部分,这是合乎情理的,因为这些事的数量何其大,行为之快乐何其大。但凡经历过的人就有更好的记忆。甚至有过比时代本身更残忍的,就像野猪猛撞篱笆。就说你们昨日的受害者②,那位老人,像亚伯拉罕一样的父亲,他从流放地一回来,你们就在城中央,在光天化日之下用石头打他。然而我们,如果这样说不招致反感,恳求让我们的杀人犯远离危险。神在圣经的某处说,我怎能赦免你呢③?这些事哪个我该称颂,或者更当说,为哪个我该向你们发怒?

6. 既然你们的背景是这样的,你们若能同样告诉我,我有什么罪行,好叫我或者改正,或者羞愧,我当满心喜乐。我最大的愿望是,希望自己是完全清白的,如果不太可能,至少已经改正了罪过,这是谨慎的次好部分。即使我没有像义人那样首先控诉自己④,至少我很乐于从别人得到治愈。"你对我说,你的城是小城,或者根本不是城,只是一个村,贫瘠干燥,毫无美感,只有几个居民。"然而,我亲爱的朋友,这只是我的不幸,而不是我的过错——如果它确实是一种不幸的话。它若是违背我的意愿,我的厄运着实可怜,如果可以这样说的话;但它若是我自愿的,我就是哲学家。哪一个是罪?谁能因为海豚不是陆地动物,牛不是水生动物,豹子食肉为生而辱骂它们?你又说,但是我们有围墙和剧院,跑道和宫殿,壮观的柱廊和令人惊奇

---

① 《希伯来书》11:38。
② 可能指撒摩撒他的优西比乌(Eusebius of Samosata),他被一个阿里乌派的妇女用砖瓦砸死。临死前,他要求朋友发誓不让女杀人犯受惩治。
③ 《耶利米书》5:7。
④ 《箴言》18:17。

的地下工程及天河①，豪华而可敬的柱子②和人群涌动的市场，精力充沛的百姓和出身高贵的人组成的著名元老院。

7. 你们为何不提地点的便利性，不提海陆之间的争竞（我可以这样称呼），即哪个拥有城市，哪个以其全部美物来装饰我们的君王之城？那么我们的罪难道就在于，当你们如此伟大而荣耀的时候，我们却如此渺小卑微，来自小地方？还有许多其他人，你们也是这样冤枉他们的。事实上，凡是比你们低的人，你们都这样对待。难道就因为我们没有建起城市，没有筑起围墙，没有可夸口的跑道、测量站、成群的猎狗，以及所有与这些东西相关联的荒唐之事，没有可炫耀的豪华浴室、昂贵的大理石和图案、各种各样的黄金嵌饰堪与自然媲美，我们就必须去死吗？我们当然也没有像你们这些新的造主那样，把大海团团围起，使四季合而为一，好叫我们生活在最舒适宜人又最安全可靠的世界里。再者，如果你们喜欢另外的指控，还会把神的话当作自己的话来说，银子是我的，金子也是我的。③而我们既不多想财富，它们若是增加，我们的律法也禁止我们把心放在上面；我们也不日复一日，年复一年地聚积收入，不会彼此攀比餐桌上有什么满足肚腹的美味佳肴。那些吞咽之后价值并不增加，或者毋宁说毫无价值、被排泄的东西，我们不会重视。我们的生活非常简单，拿来就吃，虽然与野兽不同，然而没有多少差别，生活所需全然没有器具，没有人为的创造。

8. 你们是否还要指责我的衣服不够整齐，我的气质不够高雅？我发现有些人对这些事情极其无聊地引以为豪。你们是否会放过我的脑袋，不嘲笑它，就像孩子们对待以利沙那样？至于结果如何，我不必

---

① 瓦伦斯建造了一条沟渠，部分建在地下，部分建在拱桥上，为首都供水。
② 一根宏伟的柱子，刻着君士坦丁大帝（Constantine the Great）骑马的雕像。
③ 《哈该书》2：8。

说了。你们会否不说我缺乏教养，在你们看来，我的演讲风格粗糙而俗气？不说我老谈微不足道的话题，不是受众人欢迎的幽默大师，不是市场的大猎者，不会任何时候与任何人闲聊各种各样的话题，甚至对严肃的话题也如此；不是时常光顾芝克西普斯（Zeuxippus），那个新耶路撒冷的常客①，不是四处串门、溜须拍马、虚度光阴的人；而是大部分时间待在家里，情绪低落，表情忧郁，与自己无声地对话，真诚地批评自己的所作所为；所有这些事实，你们把它们搁在了哪里呢？也许我如此无用，该送进监牢了？你们怎么在所有这些事上宽恕我，不指责我了呢？你们真是太可爱，太善良了。

9. 但我是个非常过时的哲学家，相信所有人都有一个共同的天；那就是太阳和月亮的轮转，星辰的秩序和排列；所有一切都同等地分有白昼和黑夜，并同等地受益，在季节的变化、雨水、果子和空气的加速力上也如此；流动的江河是天地万物共有的源源不断的财富；地球只有一个，既是母亲，也是坟墓，我们出于尘土，也要归于尘土，谁也不比谁分有更多。而且，我们拥有共同的理性、律法、先知、基督的苦难——我们借此毫无例外地被造为新的，因为我们分有同一个亚当，受蛇的诱惑偏离了正道，因罪而死，借天上的亚当得救，借羞耻之树返回到生命之树，我们原本就是从那里堕落的。

10. 我还被撒母耳的拉玛（Ramah）所骗，人是伟人，那个国却是小国；这对先知不是耻辱，因为它的高贵与其说出于自己，还不如说是出于他；他的祖国虽然卑微却没有妨碍他在出生之前就被交托给神，或者说神谕，预知将来；不仅如此，还膏立列王和祭司，论断生

---

① 不能确定这里究竟是指什么。有人认为是指大竞技场（Circus）或用于马车比赛的赛马场（Hippodrome）；有人说是异教学院所在地的一个机构，还有人说是指芝克西普斯的大浴室。

在著名城邑的人。我还听说扫罗如何在寻找父亲的驴子时看到了一个王国。甚至大卫自己也被带离羊群,成为以色列的牧者。阿摩司怎样呢?当他还是牧羊人和采桑者的时候,岂不就得了说预言的恩赐?至于约瑟,我为何略过不提,他既是奴仆,也是给埃及供粮的人,是神应许要来到亚伯拉罕面前的许多人的父亲?是的,我还被迦密山的以利亚所骗,他被火车火马接走;以利沙的羊皮,比丝织成的网或者比黄金镶嵌的衣服更有能耐。我被旷野的约翰所骗,那是在一切从妇人所生的人中间最大的,连同那衣服、食物、腰带,都是我们知道的。我甚至大胆地越过这些,进而发现神本身就是赐给我这份质朴的恩惠者。我要把自己与伯利恒同列,分担马槽的耻辱。既然你们因此拒不尊崇神,毫无疑问,出于同样的原因,你们也鄙视他的使者。我宁愿向你们举荐渔夫、穷人,福音更多的是向他们传讲的,而不是针对众多的富人。你们会放弃对自己城邑的夸夸其谈吗?你们有可能敬仰你们所厌恶、鄙视的荒地旷野吗?我不必说金子出于沙子,也不必说晶莹的宝石就是岩石的产物和恩赐;倘若我反对城里的一切可耻之事是为了阐明这些道理,那么我利用自己言论自由的权利,可能并不是出于良善的目的。

11. 有人若是视野非常狭隘,心思完全属体,也许就会说,"我们的使者是个外邦人和异乡人。"那使徒怎样呢?对许多国家和城邦的人来说,他们岂不也是外邦人?但他们被分派到不同的地方去,好叫福音遍传各地,免得有哪个地方没有得到三位一体的光照,没有得到真理的启示;好叫那些坐在黑暗中死荫里的人能脱离无知的黑夜。你听说过保罗的话,"叫我们往外邦人那里去,他们往受割礼的人那里去。"① 其实犹太才是彼得的家。保罗与外邦人有什么共同之处,路加

---

① 《加拉太书》2:9。

与亚该亚,安得烈与埃皮鲁斯(Epirus),约翰与以弗所,多马与印度,马可与意大利,或者其他人,不要说具体细节,就说他们与要去之地的那些人,有什么共同之处呢?因而,你要么指责他们,要么原谅我,否则就表明你们这些真福音的大使们在无理取闹,于己有损。不过,我既已与你们细微地讨论了这些问题,现在我要进而从更大、更哲学的角度来讨论。

12. 我的朋友,凡是心灵高贵的人都只有一个国家,就是天上的耶路撒冷,我们在那里聚积自己的公民身份。所有人都是一家人——只要你们看一看此世、地上的事物——或者你们若是观看高处,我们分有从那里注入我们的气息,我们必须保守这气息,必须带着它站在我的大法官面前说明我属天的高贵,属神的形象。所以,每个人都是高贵的,都借美德保守这份高贵,保持与原型的一致。另一方面,每个人又是卑微的,因为与恶混合,穿戴了另一种样式,就是蛇的样式。这些地上的国和家都是我们这种短暂生命和场景的道具。就我们的国家而言,不论什么性质,都有最高权力,或者是独裁专制,或者陷于不幸。这样说来,我们都无一例外是外人和客旅,不论怎样玩弄名称,事实都是一样的。被认为高贵的家庭或者是世袭的富人,或者是刚刚兴起的;出身贫寒的家庭被视为低微,或者是由于时运不济,或者是由于没有雄心大略。一种在时间上有开端,在时间上也有终了的高贵;一种借着公开的宣示①不赐给某些人,只赐给另外一些人的高贵,怎么可能是从天上赐下的呢?这就是我对这个问题的思考。因而,我任由你们在坟墓上或在神话里自高自大,我要尽自己所能洁净自己,免受欺骗,好叫我如果可能就保守自己的高贵,否则就把它掩盖起来。

---

① "letters patent"有"公开的宣示/声明"和"君王的诏书"两种含义。——中译者注

13. 因此，出于这些原因，我这个微不足道、来自没有名望之国的人站在你们的面前，不是出于我自己的愿望，不是自派的，就像许多如今已经身居要位的人那样，只是因为受到邀请，出于催逼，不得不跟从自己良知的思虑和圣灵的呼召。否则，我可能仍然在这里毫无目的地争战，没有使任何人脱离错误。我若说谎，那些寻找我灵魂之贫瘠的人就会如愿以偿。但是我既来了，间或带着不可轻看的力量（如果我可以稍稍夸口一下我的愚拙），这是从那些贪得无厌的人那里仿效得来的，那我从机会主义那里仿效了什么呢？幸好我有这样的例子，若是没有它们就很难，甚至极有可能成为恶的。我与你们争论什么样的教会或财产——虽然你们在两者上都绰绰有余，其他人却少之又少？我们拒斥、仿效哪个皇帝的法令？讨好哪些统治者以反对你们？驳斥谁的厚颜无耻？另一方面，为反对我你们又做了什么事？"主啊，不要将罪归于他们"，即使那时，我仍这样说，因为我记得司提反那时所说的话①，所以现在我这样祷告。被人咒骂，我们就祝福；被人逼迫，我们就忍受。②

14. 被人逼迫，我就忍受，我这样做若是错的，请原谅这种错误。然而我还是忍受别人的逼迫，我很感谢我的克制使我受到愚拙的指控。我认为这是出于比你们的任何考虑更高的考虑；这些唾沫和拳头，与基督所忍受的苦难相比，实在微不足道，我们忍受这些危险乃是为了他，也借着他的帮助。我没有算过总共有多少人该得荆棘的冠冕，这冠冕剥夺了我们的征服者的冠冕。我也知道，为他之故，我的艰苦生活配得冠冕。我没有算过有多少人配得那一芦苇，这芦苇使腐

---

① 《使徒行传》7：59。
② 《哥林多前书》4：12。

烂的帝国毁灭。我只知道有胆，有醋，借着它们治好我们苦涩的味觉；有他在自己的苦难中显明的温和。他岂不是被一个吻出卖的？他谴责这个吻，然而并没有咒骂。他岂不是突然被捕的？他实在指责他们，然而仍遵从他们。你们若是出于狂热用剑砍去了马勒古的耳朵，他必发怒，治愈他的耳朵。若有人披着麻布逃跑①，他必保护他。你若要求让所多玛的火临到追捕他的人头上，他必不会放出这样的火；他若把强盗吊在十字架上，他必借自己的圣善把他带入乐园。爱人者的所有这些行为都是令人尊敬的，就如基督的一切苦难；神都为我们死了，我们却拒不赦免同胞那些微不足道的小小过错，我们所加给基督的苦难，还有比这更大的吗？

15. 我以前把自己看作这样的人，现在也仍然如此，你们是否认为并不完全正确？我以前也常常与你们讨论这个问题。这些人有房子，然而我们有房子里的居住者；他们有圣殿，我们有神，此外，因着敬拜三位一体的真神，我们的殿成为永生神的永生之殿，成为活生生的祭献，合理的燔祭，完全的祭献。他们有百姓，我们有天使；他们鲁莽大胆，我们有信心；他们威吓，我们祷告；他们咒骂，我们忍耐；他们有金子、银子，我们有纯洁的道。"你为自己盖了广大的房，宽敞的楼（要知道这是圣经的话），为自己开窗户。"②然而再高也没有我的信心高，没有我被带向的诸天高。我的羊群很小吗？但是我不会引它们到悬崖边。我的围栏很窄，但是狼进不来；抢劫者进不来，偷盗者进不来，陌生人也进不来。我完全知道，我将看着它变宽敞。许多如今还是狼的，我一定会使它们变为我的羊，也许甚至算为牧羊人。这是至善的

---

① 《马可福音》14：51。
② 《耶利米书》22：14。（和合本此节的句式是，"他说：'我要……'"。——中译者注）

牧人带给我的好消息,为了他的缘故,我为羊群舍命。我不担心羊群小,一眼就看得见。我认得我的羊,我的羊也认得我。同样,认得神的人也是神所认得的。我的羊听得见我的声音,这声音是我从神的圣言中听到的,从神圣的教父那里学来的,也是我在各种时机所教导的,然而不是要迎合机会,这声音我永远不会停止教导;我生于斯,也将死于斯。

16. 这些羊,我一叫他们的名(因为他们不是没有名字,像星宿,可数点,有名字①),他们就跟从我,我在安息的水旁养育他们。你们知道,只要是牧人的声音,他们就爱听,他们就跟从;但是他们绝不会跟从陌生人,而要逃离他,因为他们有分别自己人和陌生人的声音的习惯。他们必逃离瓦伦廷②,抛弃他的一分为二,拒不相信创造主不是至善。他们必逃离"深部"(Depth)和"寂静"(Silence),神秘莫测的伊涌(Aeons),这些伊涌倒与"深部"、"寂静"极其相配。他们必逃离马西昂③的神,这神由各种元素和数目组成;必逃离孟他努(Montanus)④的邪恶、阴性之灵;逃离摩尼(Manes)⑤的质料和

---

① 《诗篇》147:4。
② 瓦伦廷,2 世纪著名的诺替底领袖,是第一位在罗马宣教的诺斯替主义者。他很可能有埃及、犹太血统,在亚历山大城接受教育。约于 160 年死于塞浦路斯。他的体系非常奇特,让最狂乱、最模糊的想象力占据支配地位。最初的永恒存有,或者绝对存在,他称为"Bythos"或"Depth"(深部);然后分派给他的一个妻子"Sige"或"Silence"(寂静)。从二者的结合中生出 30 个"伊涌"或"流溢物",他们展现神圣者的属性并创造世界。
③ 马西昂与瓦伦廷同时代,生于本都的西诺坡(Sinope),他父亲就是那个城市的主教。他设想了三大原理:良善的神,最初由基督显明;公义的造主,是犹太人的神,"暴躁、不完全"的神;本质上是恶的质料,由魔鬼控制。他还区分了两个弥赛亚,一个是完全崇尚战争的王,由犹太人的神差来恢复以色列,另一个是良善的神差来救赎整个人类的。
④ 孟他努,2 世纪中叶弗里吉亚(Phrygia)的狂热主义者,他把自己想象为保惠师圣灵(Paraclete)的孕灵器(inspired Organ)。有两名妇女百居拉(Priscilla)和马克西米拉(Maximilla)弃家跟他。他的异端,或者更确切一点说,他的派别传播到罗马和北非,使整个教会陷入混乱。亚洲的主教和教会会议很早就把他革出教门,但他的狂热使伟大的非洲人德尔图良着迷。
⑤ 摩尼,3 世纪波斯哲学家、天文学家、画家,从琐罗亚斯德(Zoroaster)的宗教中吸取了一些元素引入基督教,尤其是它的"proton pseudos",即二元论,两种相反的原理,光明与黑暗,圣灵与质料,良善与邪恶,共享永恒。这种异端一直盛行到 6 世纪,圣奥古斯丁本人曾受它迷惑达九年之久。人们相信,就是现在它也并未完全灭绝,在东部基督教的一些地方仍有影响力。

黑暗；逃离诺瓦图（Novatus）①夸夸其谈、冗长琐碎的纯洁理论；逃离撒伯里乌②的分析和混乱，如果我可以使用这样的表述，他的同化，把三缩而为一，而不是在三位格里规定一；逃离阿里乌③及其跟随者所教导的本性的差别，他们的新犹太教，认为神性（Godhead）就是非受生的；逃离福提努④的地上基督，就是从马利亚出生的基督。他们敬拜父、子和圣灵，一位神性；认信父神，子神以及（不至于发怒气的）圣灵神，同一本性，三个位格，是属理智的，完全的，自我存在的，数量上可分，神性上不可分。

17. 凡是今天威胁我的人都应当与我一样接受这些话；至于其他话，任何人都可以说。父不能容忍失去子，子也不能没有圣灵。然而，他们若是受限于时间，是受造的存有（Beings），那就必然出现这样的情形……受造的就不是神。我也不能容忍人来剥夺我的圣职；一主，一信，一洗。如果这一个取消了，我从谁那里去得第二个？你说什么呢，你这毁灭洗礼或重复洗礼的人？一个人没有圣灵怎么可能成为属灵的？他若不崇敬圣灵，又怎么能分有圣灵呢？他若受洗成为受造物，同为奴仆，怎么能崇敬圣灵？不是这样的，不是这样的，那是你们的话。非源起的父啊，我不会欺骗你，独生的道啊，也不会欺骗

---

① 诺瓦图是迦太基（Carthage）祭司。开始的时候，他反叛主教圣西普里安，因为他对在德西乌斯逼迫（Decian persecution）中失节的人态度严厉。然而，在罗马，这个诺瓦图，或者只是出于与当局权威作对，或者由于他真的已经改变了自己的观点，采纳了最极端的严格主义，成为祭司诺瓦替安（Novatian）——他的跟随者谋划让他受圣职仪式成为罗马主教的竞争对手，反对掌权的教宗科尼流（Cornelius）——党派中最强烈的党徒 。他们建立一个新"教会"，自称拥有专名"Cathari"，纯洁者（the Pure）。
② 撒伯里乌，出生于利比亚的奔塔波利斯（Libyan Pentapolis），拒绝接受正统信仰中一位一体神的三位格教义，只承认存在三种不同显现。
③ 这里没有什么必要详述阿里乌的教义；参看《神学演讲录》前言。
④ 福提努，生于加拉太，鼎盛期是公元4世纪，稍早于圣格列高利。他似乎教导说，我们的主耶稣基督只是一个人，他从童女马利亚出生之前并不存在。他认为耶稣基于他的人性，经过道德上的提高，最终上升到神圣的尊严，因而他的神圣性是发展出来的。参看沙夫：《教会史：尼西亚时期》（Schaff, H. E. Nicene Period）第2卷，第653页。

你，还有你，圣灵。我知道自己所认信的是谁，所否弃的是谁，所联合的又是谁。我既已经学得忠信者的话语，就不会让自己再去学习那些不信者的话语；不允许自己承认了真理，然后又接受虚枉；既来受了圣职礼，怎能回去反而变得更不神圣；既受了洗得了生，怎又被水杀死，就如婴儿一生出来就死了，生的同时接受了死？我怎么能既受了祝福，又邪恶无耻，刚得了启示，又蒙昧无知，既是神圣的，又是不敬的，那岂不是让我甚至毁灭重生的盼望吗？寥寥数语就足以说明问题了。要记住你们的认信。你们受洗是进入什么？父吗？不错，然而仍是犹太人。子吗？……不错……但还不完全。圣灵吗？……很好……这才是完全的。那么只是进入这些里面，还是他们的某个共同名称？当然是后者。这共同名称是什么呢？当然就是神。相信这共同的名，刚强壮胆前行，无不得胜①，走过此世，进入属天的幸福。我想，那就是对这三位的更明确的领悟；但愿我们都获得这样的领悟，在同一位基督我们的神里，荣耀和大能归于他以及非源起的父，赐生命的圣灵，从今时直至永永远远。阿们。

---

① 《诗篇》45：4。

第三十八篇　论神显，或基督的生日

前　言[*]

这篇演讲的题目引出这样一个疑惑：它究竟是在380年12月25日发表的，还是在381年1月6日发表的。大家都知道神显（Theophany）这个词，是主显节（Epiphany）的名称。而根据沙夫①，它原本既是庆祝我们主的出生（Nativity）的节日，也是庆祝洗礼的节日。这样看来，这两个词一直在最纯粹的意义上指神之显现（Manifestation of God），同时也肯定适用于圣诞节。因而苏伊达（Suidas）说，"主显节就是救主的道成肉身"；伊比芬尼说，"主显节就是基督肉身上出生的日子。"但是圣哲罗姆认为这个词专门指基督的洗礼；"主显节仍然受人尊敬，然而不是如有些人所认为的，是因为基督在肉身上出生之故，其实那时他还是隐藏的，不是显现的；而是因为这日子与经上说这是我的爱子（《以西结书》1章）的时间是一致的。"还有一篇讲道，据说是圣克里索斯托的，题目叫"论基督的洗礼"，其中明确否认

---

[*] 英译本前言。——中译者注
① 《教会史：尼西亚时期》第399页。

了神显这个名称可用于圣诞。而本篇演讲也有证据表明，我们主的生日是在更早一些的日子里庆祝，因为在16节中，演讲者说："稍后你们会看到耶稣为我的洁净在约旦河里受洗。"另一则证据出现在"In Sancta Lumina"第十四章，"在他降生之日，无论是主持这节日的我，还是你们，都必须守这日子。现在，我们来谈谈基督的另一行为和另一奥秘。"

于是，阿贝·本诺伊特（Abbe Benoit）如此分析这篇演讲：

演讲者的开场白充满热情和喜乐，这是这样的题目自然引发的，然后他要求听众以敬虔的快乐庆祝节日，聆听神的道，而不能像异教徒那样庆祝节日，编排各种各样的节目放纵娱乐，纵情享受。他会想方设法向他们讲论神来满足他们的渴求。神是无限的，不可言喻的，永恒的，至善的。他起初从善里造出天使。天使的堕落导致质料世界的产生。人也堕落了，然而神即使在施行惩罚时也显明他的仁慈。神用各种方式让人兴起；最后他亲自来到人中间。然后，演讲者着重驳斥那些误用道的无限俯就来与他的神性（Godhead）相争的人；他迅速回顾了他生命的主要特点——既是人又是神；至终劝勉听众在一切事上仿效基督的生命，这样才可能分享他的天国。

这被认为是格列高利最好的演讲之一。本诺伊特说："这篇演讲有宏伟的计划，高雅的思想，丰富的教义，是无可争辩的圣格列高利最杰出的作品之一。"

正　文

1. 基督降生了，你们要荣耀他。基督从天而降，你们要出去迎接他。基督降临大地，你们得以升高。全地都要向耶和华歌唱①；我再加上一句话，愿天欢喜，愿地快乐，因为他乃是属天的，也是属地的。基督成了肉身，你们当惊恐并喜乐，惊恐是因为你们的罪，喜乐是因为你们的盼望。基督出于童女；你们这些妇人哪，要像童女一样生活，好叫你们成为基督的母亲。有谁不敬拜他，这起初的一位呢？谁能不荣耀他，这末后的一位呢？

2. 黑暗又过去了；光明又出现了；埃及又受到黑暗的惩罚；以色列又被云柱照亮。②坐在无知的黑暗中的百姓，让它看见完全知识的大光。③看哪，旧事已过，都变成新的了。④字句让路，精义走到前面。影子逃走，真理浮出水面。麦基洗德终结了。⑤他原是没有母的，如今成了没有父的（他原先的状态是没有母的，后来的状态是没有父的）。自然律法被倾覆了；上面的世界必被充满。基督这样命令，我们不可与他敌对。万民哪，你们都要拍掌⑥，因为有一婴孩为我们而生，有一子赐给我们，政权必担在他的肩头上（因为它与十字架一同被举

---

① 《诗篇》96：1、11。
② 《出埃及记》14：20。
③ 《以赛亚书》9：6。（参看和合本 9：2："在黑暗中行走的百姓，看见了大光。"——中译者注）
④ 《哥林多前书》5：17。（出处有误，应为《哥林多后书》5：17。——中译者注）
⑤ 很清楚，这意思是说麦基洗德所代表的预表（《希伯来书》7：3）在基督身上成就了。这里，圣格列高利所给的解释在教父中颇为通用，比如，狄奥多勒说："基督我们的主，作为神没有母，因为他只是从父受生的；作为人没有父，因为他是从纯洁的童女出生的。"奥伊库美纽（Oecumenius）说过与格列高利几乎完全相同的话。圣奥古斯丁也说（Tract in Joann, 8）："基督单单从父生的，没有母，单单从母生的，没有父；作为神，他没有母，作为人，他没有父。"
⑥ 《诗篇》47：1。

起),他名称为父之大策士的天使。①让约翰呼喊,为你们预备主的路②;我也要大声诉说这日子的大能。他原本不是属体的,如今成了肉身;神子成了人子,耶稣基督,昨日、今日、一直到永远都是一样的。③让犹太人恼怒,让希腊人嘲笑④,让异端喋喋不休,直到舌头发痛。然后,当他们看见他升到了天上,就会相信;若那个时候还不信,那就等到他们看见他从天上出来,坐在审判台上,就必相信了。

3. 这些等到以后有机会时再详细谈论。现在的节日是神显节或生日,二者都可以叫,两个名称都是指同一件事。因为神是借着出生向人显现的。一方面,是永恒存有者的存有(Being of Eternal Being),永恒地存有,超越原因和道(语言),因为在道之前没有道(话语);另一方面,为我们的缘故"生成"(Becoming),好叫那赐给我们存有的,也赐给我们福祉(Well-being),或者毋宁说,在我们因恶堕落,离开了幸福之后,借他的道成为肉身好叫我们复原。称之为神显是指他向世人显现出来,指他降生的那一日。

4. 这就是我们现在的节日;我们要庆祝的节日就是这样的节日,神生而为人,好叫我们走向神,或者确切地说(这是更适当的说法),好叫我们回到神——也就是说,我们要脱去旧人,穿上新人⑤;因为在亚当里众人都死了,照样,在基督里众人也都要复活⑥,与基督一

---

① 《以赛亚书》9:6。(和合本最后一句译为:"他名称为奇妙策士、全能的神、永在的父、和平的君。"——中译者注)
② 《马太福音》3:3。
③ 《希伯来书》13:8。
④ 《哥林多前书》1:23。(和合本此句经文译为:"在犹太人为绊脚石,在外邦人为愚拙。"——中译者注)
⑤ 《以弗所书》4:22、24。(和合本此两节分别译为:"就要脱去你们从前行为上的旧人……";"并且穿上新人……"。——中译者注)
⑥ 《哥林多前书》15:22。

同出生，一同钉十字架，一同埋葬，一同复活。①我必然经历美好的转变，正如痛苦继快乐而来，同样，越大的痛苦，也必产生越大的快乐。罪在哪里显多，恩典就更显多了。②一次吃智慧树上的果子尚且能定我们的罪，基督的苦难岂不更要使我们称义吗？因而我们要守这节日，不是以异教的庆祝方式，而是以敬虔的方式；不是按这世界的方式，而是以上面世界的样子；不是以我们自己的，而是以我们主的，不是因为软弱，而是因为得医治，不是出于受造物，而是出于重生者。

5. 这作如何讲呢？我们不可装饰廊道，安排舞蹈，点缀街道；不可取悦于眼睛，让耳朵享受音乐，让鼻子闻香气，不可沉湎于味觉，放纵触觉，那些道路非常容易通向邪恶，是罪的入口；我们不可像女子那样穿柔软、松垂的衣服，这种美毫无益处，也不可披金戴银③，色彩斑斓，掩盖本性之美，妄图轻看神的形象；不可荒宴醉酒，我清楚地知道，那包含着好色邪荡，因为恶教师给予的教训只能是恶的；或者说，种下的无价值，收获的也必无价值。我们不可高高支起树叶之床，让帐棚成为行淫纵欲之所。我们不可倡导酒宴、华而不实的精美菜肴、昂贵的油膏。不可上山下海去挖掘宝藏作为礼物，正因为追求珍宝，我才学会了估价奢侈品；不可彼此行事过头，放荡不羁（在我看来，凡是超出的，不是绝对必需的，就是纵欲）——须知，当我们恣意挥霍的时候，有一些人却缺衣少食，忍饥挨饿，尽管他们也是出于同样的尘土，以同样的方式受造。

6. 我们把所有这些都留给希腊人，留给希腊人的盛典和节庆，他

---

① 《歌罗西书》2：12。
② 《罗马书》5：20。
③ 《罗马书》13：13。

们的诸神喜欢祭祀的浓烟，他们始终以自己的肚腹来敬拜；是恶的制造者，恶魔的崇拜者。而我们，所崇敬的对象是道；若是非要以某种方式拥有奢侈，就让我们在道上，在神圣律法上，在历史上追求奢侈，尤其因为这些乃是这节日的起源。所以我们的奢侈可能与那把我们呼召在一起的主同出一源，不是与他背道而驰。或者，我良善的客人（因为今天我是你们的东家，款待你们），你们是否渴望我尽可能充分而高贵地把关于这些事的故事向你们娓娓道来，好叫你们知道，一个外邦人如何能喂养①本地人，一个乡下人如何满足城里人，一个不喜欢奢侈的人如何使爱好享乐的人得饱足，穷乏、流浪的人如何教导腰缠万贯的人？

我们就从这一点开始；我请求你们以这些事为乐的人，要洁净你们的心灵、耳根和念头，因为我们的演讲是属神的，神圣，好叫你们离开之后，所享有的喜乐是真正不会消退的喜乐。同时，这篇讲演也将既非常完备，也非常简洁，这样，你们既不会因它的不足而恼怒，也不会因它的过分冗长而厌烦。

7. 神永远"曾是"（was），永远"是"（is），永远将是（will be）。或者更确切地说，神永远"存有"（Is）。因为"曾是"与"将是"都是我们的时间的一部分，是属于可变之物的，而神是永恒之存有（Eternal Being），是永有。这就是他在圣山上给摩西神谕时自称的名字。因为他在自身里聚集、包含了所有的"存有"（Being），既没有过去的开端，也没有将来的终了；就像某种"存有"的大海，无边无际，无穷无尽，超越一切时间、本性的概念，只能靠心灵约略勾勒。即便是心

---

① 暗指他自己刚刚到了君士坦丁堡。在此之前，他一生都住在偏僻的卡帕多西亚，在一些名不见经传的小地方如纳西盎教牧。

灵的勾勒，那也是极其模糊而有限的……也不是他的本质，只是他的环绕（Environment）；一种形象从一个源头获得，另一种形象从另一源头获得，合起来成为真理的某种显现。我们还没有抓住它之前，它离我们很远，我们还没有领会它之前，它逃逸在外，发出光照在我们的支配部分（Master-part），即使那里打扫得很干净，它就像闪电出现在我们面前，不会久留……好叫我借着那一部分领会它里面我们能够领会的部分，引我们走向它（完全不可领会的东西在一切指望之外，不在努力范围之内），借着它里面我们不能领会的部分，使我们产生惊奇，越是令人惊奇的对象就越能引发人的欲求，渴望得到洁净，借着洁净使我们成为像神一样[1]；这样，当我们像神一样了，神就可能——用一个大胆的说法——像与神一样与我们交流，与我们联合，也许类似于认识那些他所认识的人。神性是无可规定，难以明白的，我们所能领会的就是他的不可规定性；尽管我们可以说，因为他出于单一的本性，所以或者是完全不可领会的，或者是完全可领会的。我们再进一步探讨所谓的"出于单一本性"是什么意思。完全可以肯定，这种单一性本身并不是它的本性，正如复合性本身不是复合物的本质一样。

8. 若是从两个端点，开端和终末来思考无限（因为超越于这两点，不受制于它们，那就是无限），当心灵仰望上面的高深，没有立足之所，依靠现象形成一个关于神的观念，它用"非源起的"这个名来称呼在那里所看到的无限而不可企及者。当它俯瞰下面的深邃，透视将来，就称之为不死的，不朽坏的。然后，他总结概括道，称他

---

[1] 《约翰福音》10：15。（和合本此节经文译为："正如父认识我，我也认识父一样，并且我为羊舍命。"——中译者注）

为"永恒的"（aionios）。因为永恒（aion）既不是时间，也不是时间的部分；永恒是不可度量的。按太阳的运行轨道衡量出来的时间对我们意味着什么，永恒对永恒者也意味着什么，也就是说，这是一种像时间（time-like）一样的运动，与它们的存在共在的间隔。不过，关于神，现在我只能说到这里，因为现在还不是适当的时机，我目前的题目不是关于神的教义，而是关于道成肉身的教义。但是当我说到神的时候，我的意思是指父、子和圣灵。因为神性（Godhead）既不是弥漫在这些之外，否则就引入了一群神；也不是受制于比这些更小的圈子里，否则就要指责我们的神的概念太过贫乏；不是为避免一神论而走向犹太教，就是出现多个神而陷入异教。二者虽然相反，其邪恶却是相同。总而言之，这是圣中之圣①，就是六翼天使撒拉弗也无法领会，只能连呼三声"圣哉！圣哉！圣哉"来称颂他的荣耀②，称他为耶和华神，如我们的先辈之一极其优美而高雅地指出的。

9. 但是，仅有这种自我沉思的活动不能使善圆满，善必须喷射出来，越出自身，使他恩惠的对象越来越多，这原本是至善的本质。于是，他首先创造天上的天使。这一创造工作由他的道成就，由他的灵成全。然后，次级荣耀者形成，他们如同那至高荣耀者的执行者；不论我们把他们理解为理智的灵，还是非质料的、不朽坏的火，或者另外某种与此尽可能相近的东西。我想说，他们不能朝向恶的方向运动，只可能朝向善的方向运动，因为他们是关于神的，是神说的第一道光照亮的——而地上的存在者只能得到次级光照。对于这个话题，

---

① 这里的圣中之圣是指圣三位一体。
② 指"Ter Sanctus"或"Triumphal Hymn"，每个仪式里都有。前面提到的作家，有些人认为是圣阿塔那修，但另有人认为是圣狄奥尼修斯（Dionysius），他在自己的论著中（De Celest. Hier., c. 7）对此有所论及。但大多数杰出的学者都否认归在圣狄奥尼修斯名下的作品的真实性，认为它们比圣格列高利的时代迟100至150年。

我只能说到这一点，只能认为，由于他（撒旦），他们很难推动，这撒旦被称为路西弗①是因为他的光辉，然而由于骄傲就变成了并被称为黑暗。顺服于他的背教一族，由于他们对良善的背弃，成了恶的创造者②和我们的煽动者。

10. 因此，出于这些原因，他赐给思想的世界以存有，使我能够思考这些问题，以我贫乏的语言来评价伟大的事物。然后，当他的最初造物井然有序时，他就创造出第二个世界，质料的可见世界。这是天和地以及其间的一切复合的体系——实在是令人敬仰的造物。当我们看着每一部分的优美形式，不禁感叹这造物之精美，然而，当我们想到整个世界的和谐与统一，每一部分彼此之间，每一部分与整体，都是那样吻合、有序，使整个世界趋向于完满而整全的一体，那岂不是更令人惊叹吗！这是要表明，他不仅可以使与自己相似的本性形成，也同样可以使与自己完全相异的事物成为存在。与神（Deity）相似的本性是属理智的，唯有心灵才能领会。而感觉所能认知的事物是完全与它相异的，这类事物中最远的是那些完全没有灵魂和运动能力的东西。然而，也许有些过于热烈、极为急躁的人会说，这一切与我们有何相干呢？赶紧直奔主题吧；就给我们谈谈这节日，说说我们今天为什么要在这里。是的，这是我要讲的主题，然而我得从一个可以说是先决的问题说起，这是出于爱，也出于我的论述需要。

---

① 圣托马斯 阿奎那（Thomas Aquinas, Summa I., qu. 63, art. 7）基于诸多理由认为，撒旦原本是天使里的最高一位。然而，许多高级权威并不认同他的这一观点。无论如何，撒旦作为路西弗必有极高的地位。

② 这里，尼西塔（Nicetas）说，恶没有肯定性存在，只是善的否定。"心灵和身体的功能虽被用在罪恶行为上，但它们其实是事物，是神的造物，而罪本身不是一物，因而也不是造物。神诚然是一切'存有者'（all that is）的主，一切实体（substance）的主，但罪不是实体，而是'非实体'。它是实体和存有（being）的一种下降，而不是实体和存有的一部分。"（Mozley, Treatise on the Augustinian doctrine of predestination.）

11. 因而，心灵和感官彼此分别，始终保守在自己的界限之内，在其自身中见证造主—道的宏伟壮观，是他大能作为的无声的赞美者，激动的传扬者。① 然而，此前不曾有过二者的混合，从未出现过对立面的统一，作为造物界万物中更伟大的智慧和仁慈的标志；圣善的整个财富也没有显明出来。如今，造主—道决定要展示这一点，要从二者中——也就是从可见的和不可见的造物中——产生一个单一的生命存有者，形成人。从既有的质料中取一个身体，吹一口气在它里面②，道知道这气就是一个属理智的灵魂，神的形象，如同第二个世界。造主把他，这渺小里蕴含着伟大的人③，放在地上；把一个新的天使，混合的敬拜者，完全接纳为可见造物，然而只有部分接纳为理智之物；他是地上万物之王，但顺服于天上之王，既属地，又属天；既是暂时的，又是不死的；既是可见的，又是理智的；处于伟大与渺小之间，灵与肉联合为一，灵，是因为降与他的恩惠，肉，是因为他被提升的高度；一者使他继续活着赞美他的赐恩者，另一者让他受苦，受苦是为了让他记住，若因自己的伟大骄傲起来，就要矫正他。一个生命造物在这里受训，然后移动到别处；然后，完成奥秘，借它亲近神而成圣。我想，我们现在拥有但只拥有部分的真理之光能为这一切提供帮助，好叫我们既看见也经验神的光辉，那是与造我们的主相配的，将要按更高贵的样式重建我们。

12. 他把这存有者放在伊甸乐园里，不论这乐园是什么，赐给他自由意志以尊重他（好叫他通过自己的选择拥有神，就如同在他里

---

① 《诗篇》19：1、3。（和合本两节经文分别为："诸天述说神的荣耀；穹苍传扬他的手段。"和"无言无语，也无声音可听。"——中译者注）
② 《创世记》2：7。
③ Sc. 一个微观宇宙。

面播种了这种选择种子的神拥有他一样),叫他耕种不死的树木,这意思可能是指神圣的概念,包括简单的和完全的;他的生命单纯、率真、毫无遮掩,没有衣饰或屏幕;起初的他原当如此。神还给他立了法,作为他行使自由意志的材料。这律法就是关于他可以享用哪棵树,不可碰哪棵树的诫命。这后者是知识之树,然而不是因为这树种下去之初就是邪恶的;神禁止人碰它也不是因为神对我们吝啬……不可让神的仇敌那样诽谤神,或者效法蛇……只要能在适当的时候分有它,那应当是好事,因为根据我的理论,这树就是沉思,而这种活动唯有对那些习惯已经成熟的人去从事才是安全的,对那些在习惯上仍然单纯而贪婪的人却没有好处,正如干粮对年幼、需要喝奶的婴儿①是不利的。然而,魔鬼心怀恶意,女人任性多变,因为她更柔弱,屈服于魔鬼的恶意,并把它拿来用到男人身上,因为女人更容易说服男人,唉,我是多么软弱!(我始祖的软弱,也是我的软弱)他就忘了神为他立的诫命②,跟着吃了邪恶的果子;因他的罪,他被驱逐,既离开生命之树,也离开乐园,离开神;穿上兽皮……也许那就是较粗糙的肉身,既是必死的,也是自相矛盾的。这就是他学到的第一件事——自己的羞耻③,于是就躲藏起来,避开神。这里他还得到了另一事物,就是死亡,这是罪的消除,免得恶成为不死的。由此,他的惩罚转变成了一种仁慈,因为我相信,神降下来惩罚人正是出于仁慈。

13. 神先是用许多种方式使他洁净(因为他的罪很多,罪的恶根借着各种各样原因在各个时代传播扩展),用话语、律法、先知、恩益、

---

① 《希伯来书》5:12。
② 《创世记》3:5。
③ 《罗马书》1:22—31。

威胁、瘟疫、洪水、大火、战争、胜利、失败、天上的迹象,空中、地上和海里的种种记号,人群、城邑、国家的突然变化(其目的是为了毁灭恶),最后,他需要更强有力的治疗方案,因为他的病进一步恶化了;相互残杀,通奸,偏见,逆性之罪,各种各样的恶,崇拜偶像,不拜造主,却拜造物。由于这些需要更大的帮助,所以他们得到的帮助也更大。那就是神的道本身——他在一切世界之前,是不可见的,不可领会的,无形无体的,是开端的开端①,光之光;生命和不朽的源头,原型美的形象,不动的印记,不变的形象,父的定义②和道,为了我们的肉身之故,来到他自己的形象中间,取了肉身,为了我的灵魂,在自身里混合了一个属理智的灵魂,以同类来洁净同类;除了罪;在一切方面都成为人。由童女受孕③,这童女首先在身体和灵魂上都受了圣灵的洁净④(生儿育女应当受到尊敬,童贞应受到更大的尊敬,因为这二者都是必需的),于是,他成为带着他所取之本性的神,成为两性,即肉与灵里的一位格,后者使前者成圣。⑤全新的生成,奇异的联合;自有者成为存在,非受造的成了受造的,原本不可能被包含的成了被包含的,借着属理智灵魂的介入,周旋于神(the Deity)与肉身的形体性之间。赐予财富的,变成了贫乏的,因为他取了我肉身的贫乏,好叫我穿戴他神性(Godhead)的富有。他原本是

---

① 比较:受生的光的光。基督我们的主被称为"神创造的开端",因为万物都是借着他造的;他又是出于开端的,因为父神是万物之非源起性原理,神性(Godhead)的源头和源泉。神学家这里参考了《诗篇》110:3,此节在武加大本和七十士译本译为"With Thee is the Beginning in the Day of Thy ower."
② 参见《神学演讲录》第四篇第二十章,圣格列高利说:"也许这种关系可以比作定义与被定义物之间的关系。"尼西塔评论道,正如定义说出了被定义物的本质,同样,位格性的道也显明了父的本质。苏伊达说这术语用来表明父与子之间的本性统一。然而,它并不是经常这样使用的。
③ 《路加福音》1:35。
④ 圣格列高利似乎一直不知道"无玷受孕"(Immaculate Conception)论。
⑤ 见 note on In Sancta Lumina, c. xiv.

完满的，如今却虚己，暂时舍弃自己的荣耀，好叫我分有他的完满。他圣善的财富是什么呢？这围绕着我的奥秘是什么呢？我原本分有形象，然而我没有守住它；他取了我的肉身，以便既能救出形象，又使肉身成为不死的。他显明的是第二次联合（second Communion），这远比第一次更神奇，因为第一次时他把良善的本性给予人，而如今他自己取了恶的本性。这比前一次更像神，在一切能领会的人看来也更高贵。

14. 对此，那些吹毛求疵的人，那些对神性（Godhead）坚持要求理性分析的人，那些对一切可称颂的给予诋毁的人，那些使光明变黑暗，智慧上未得启蒙的人，在他们，基督的死是无谓的，那些忘恩负义的东西，魔鬼所造的产物，他们对此要说什么呢？你因此几乎不相信他是为你才降卑自己；因为好牧人①就是为羊舍命的人，他为找寻那迷失的羊来到山头、丘坡，就是你献祭的地方，然后找到了迷失者；既找着了②，就担在他的肩上——十字架的木头他也担在这肩上；既担了它，就把它领回到更高的生命中；既把它领了回来，就算它为那些从未迷失过的羊中的一只。因为他点亮了蜡烛——他自己的肉身——打扫了屋子，洁净了世界的罪；他还搜索那块钱币，就是覆盖在情欲下的高贵形象。他把天使朋友召集起来寻找钱币，使他们与他一同欢喜③，他早就使他们分有了道成肉身的秘密。因为有了这先驱者点燃的蜡烛，就有了明亮如炬的光；有了声音，就有了道；出现了新郎的朋友，接着也就出现了新郎本人；主的独特百姓是为他预备的，用水洗净他们，好让圣灵降在他们里面。你难道指责神的这一切？

---

① 《约翰福音》10：11。
② 《路加福音》15：4 以下。
③ 《路加福音》15：8、10。

难道因为他系上毛巾为门徒洗脚，表明谦卑是上升的最佳途径就对他的信心减少？他岂不是为堕落地面的灵魂而降卑，好叫那在罪的重压下踉跄跌倒的灵魂与他一同起来？你为何不同样指控他以下行为是罪，他在税吏家里与税吏一同坐席①，他把税吏收为门徒，他还可能得了一些别的……是什么呢？罪人的得救。果真如此，我们就必须指责医生为了使病人恢复健康，而屈从痛苦，忍受恶臭；或者指责某个人按律法规定，弯身下沟去救跌落在里面的牲畜。②

15. 他是受差遣的，当然是作为人，因为他具有双重本性。从形体存有者的本性来说，他劳累、饥渴，能感受痛苦，流出眼泪。如果这话也用于作为神的他，意思就是指父的美好喜乐应当看作是一种使命（Mission），因为他把一切与他本身有关的都指向这一点，既是为了尊敬那永恒原理，也是为了不让人以为他是一个敌对的神。而根据经上的记载，他既是被出卖的，同时也是他自己舍了自己③；一方面，父把他举起来，升到了天上，另一方面，他自己起来，以致升天。前一方面的记载都是指父的美好喜乐，后一方面的记载都是指他自己的权能。那么你们难道只突出一切使他蒙羞的，忽视一切使他升高的，拿他受难的事实来支持你们的观点，而把关于这是出于他自己的意愿这一事实的描述弃之一旁？看看，就是现在，道还得忍受什么！有的虽

---

① 《路加福音》5：29。
② 圣格列高利是指这样的律法条文，即规定人若是看见自己的朋友或仇敌的牛或驴不堪重负跌倒或走失，应当给予帮助。但他所意指的其实是我们的主对法利赛人解释安息日的真正含义。《路加福音》13：15 及 14：5。
③ "*en tn nukti en e aresisoto, maggon se eauton paresisou.*" Cannon of Liturgy of S. Mark (Swainson. 517) *Eanocte qua tradidit seipsum.* Lit. Cot. S. Basil (Ib.) *Cum statuisset setradere.* Cotic S. Basil (Hammond, p.209) Rot. Vatic. And Cod. Ross. of S. Mark, has only "*t. n. e eaut. pres.*" (Swainson, 50) …

把他敬为神，却将他与父混淆①，有的则认为他只是可羞的肉身②，把他与神性分离。他会对哪个发雷霆之怒呢，或者毋宁说，他会宽恕哪个，是那些无伤大雅地把他混淆的人，还是那些把他分离的人？前者应当将他有所区分，后者应当将他联合为一；区分的在数上，联合的在神性上。你们怀疑他的肉身吗？犹太人也怀疑。或者你们称他为撒玛利亚人……我不必再说其他的。你们难道不相信他的神性？连魔鬼也不会不相信，你们这些比魔鬼还缺乏信心，比犹太人还愚蠢的人

---

① 撒伯里乌主义异端可以简单地概括为关于一神实施三种职能的理论，与正统信仰的一神三位格教义不同。撒伯里乌本人是利比亚的奔塔波利斯的神父，教宗芝菲里努（Zephyrinus）时期在罗马支持诺图斯（Notus）异端，这异端认为父神以基督的形式为我们在十字架上受难。他的跟随者最初约于公元 357 年公开宣扬他们的思想，即神作为万物的源头，得了父的名称，当他出于救赎我们之事工的需要将自己与耶稣的人性联合之后，就被称为子。同样，当他为成圣的事工显现出来时就是圣灵。撒伯里乌在罗马举行的一次公会议上（很可能在 258 年）受到谴责，后来在尼西亚会议上，又在君士坦丁堡会议上，撒伯里乌的洗礼被宣告无效。

② 阿里乌主义产生于对撒伯里乌主义的激烈反对，再加上对对立论点的一定误解。毫无疑问，撒伯里乌主义有陷入三神论错误的对立面的危险，为避免这一错误，阿里乌主义"划分了本质"，最终否认了我们的主耶稣基督的神性（Godhead）。阿里乌是 4 世纪早期亚历山大的一位神父，他正是在那里开始发表自己的言论（318 年）；但纽曼（Newman）把这种异端的起源追溯到安提阿（Antioch）及其犹太化倾向。在一次亚历山大的教士会议上，圣亚历山大主教就父与子的同样永恒（coeternity）、同等性（coequality）发表了演讲，使用了"ten auten ousian echein"的表述，即他们有同一本质。阿里乌认为这是撒伯里乌主义的说法，表示反对，使用了"ktisma"（造物）和"poiema"（受造之物）这两个词来修饰子，另外还提出了后来变得非常有名的句子"en ote ouk en"——有一个时间子是不存在的。圣亚历山大试图私下里反驳他，但没有成功，于是在 321 年把问题提交到他的行省教会会议（Provincial Synod）上，出席会议的有 100 位埃及和奔塔波利斯主教，他耐心听取了关于这个问题的争论，然后把阿里乌并他的主要支持者革除教籍，逐出教会。然而为时已晚，阿里乌主义所造成的危害已经无法消除。这异端传播广泛，整个东部教会都发生了争论。最后，皇帝召集全体教会于 325 年在尼西亚召开一次伟大的大公会议，会上毫不含糊地谴责了异端，伟大的信经宣告了"本质同一"（Homoousion）的口号。然而，错误的教训根深蒂固，他们虽已经被教会绝罚、禁止，却僵而不死，要根除是长期的事情。曾几何时，它似乎——拟人化的说法——要把整个教会都淹没了。各种形式的半阿里乌主义所传讲的，与尼西亚信仰虽然只是一个字母的分别，但其含义大相径庭。埃提乌主义者（Aetians）和欧诺米主义者（Eunomians）把错误推向极致［非相似论（Anomoeans）］，还有许多其他形式的阿里乌主义者，这个异端的流传确实深远而广泛。当圣格列高利来到君士坦丁堡时，那里找不到一个大公教会或教父，唯有一些零散的民众仍然坚守本质同一的信仰。不过，格列高利精彩的演讲帮了他们的忙，在一定程度上可以说正是在他的主张下，举行了第二次普世大公会议（Oecumenical Synod），谴责了马其顿异端，这是进一步发展了的阿里乌主义，除了继承阿里乌主义之外，还否认圣灵的神性（Deity）。阿里乌主义在哥特人（Goths）、汪达尔人（Vandals）、勃艮第人（Burgundians）和伦巴德人（Lombards）中间还流传了两个世纪，然而再也没有作为一种力量在教会兴起。

啊。那些人确实认为子的名包含地位上的同等性，这些人却不知道把他们赶出来的原本就是神，因为他们根据自己的经验认识事物。而你们既不承认同等性，也不承认神性。就是作犹太人或者鬼怪（如果说得荒唐一点），也比你们这样未受割礼，身体健康，心灵却如此邪恶如此不敬要好。

16. 稍后，你会看到耶稣为我的洁净甘愿在约旦河洗净，或者说，以他的洁净使江河成为圣洁的（因为他既是毁灭世界之罪的，其实根本不必洁净），天也开了，与他同一本质的圣灵为他见证①；你会看到他受试探，得胜，得天使的事奉②，医治各种病症③，各种疾病④，给死者生命（但愿他也赐给你们这些死人以生命，你们因自己的异端而是死的），把鬼赶出去⑤，有时候亲自赶，有时候由门徒赶；一点饼就喂饱众多的人⑥；行在海面如走干地⑦；被出卖，钉十字架，使我的罪与他一同钉了十字架；作为一只羔羊被献祭，又作为一位祭司作献祭；作为人埋葬在坟墓里，作为神又复活了；然后升天，在他自己的荣耀里再来。在基督的奥秘里，每一个都包含大量高级的节日，所有节日都有一个目的，那就是使我完全，回复到亚当的最初状态。

17. 所以，我恳请你们接受他的降生，在他面前雀跃；即使不像约翰在母腹里跳动⑧，也像大卫一样因为安息的约柜而跳舞。⑨要尊敬生

---

① 《马太福音》3：13、17。
② 《马太福音》4：1—11。
③ 《马太福音》4：23。
④ 尼西塔区分了"*Nosos*"与"*Malakia*"，认为第一个是实际的病，第二个是有健康问题的预兆，预示着某种疾病。所以，他说，就灵魂来说，"*Nosos*"是真实的罪，而"*Malakia*"是意志的松弛，这必导致并认同实际的罪。
⑤ 《马太福音》9：33。
⑥ 《马太福音》9：14。（参看和合本14：17—21。——中译者注）
⑦ 《马太福音》9：25。（参看和合本14：25。——中译者注）
⑧ 《路加福音》1：41。
⑨ 《撒母耳记下》6：14。

命册，你们原是因此而记在天上的；要尊重重生，你们借此得以从与生俱来的锁链中释放出来①；敬重小小伯利恒，那城引导你们回到乐园；敬拜马槽，借着它，你们在不知不觉地得到道的喂养。要像以赛亚盼咐的，认识你们的主，就像牛认识主人、驴认识你们主人的槽②；你们若是那些清洁而合法的食物中的一个，反刍这道，那就适合献祭。你们若是不洁净，不可吃，不适于献祭，属于外邦人，就与东方博士一道追着他的星，带上礼物，黄金、乳香、没药，献给你，如同献给王，献给神，献给为你们而死的那位。与牧人一起荣耀他③，加入天使的合唱团，与天使长一同高唱圣歌。让这节日成为天上诸权能、地上众权能共同的节日。④因为我相信，今日有天兵与我们一同赞美，同守这高尚的节日⑤……因为他们爱人，也爱神……正如那些大卫介绍的人，基督受难后与他一同升天⑥，来见他，彼此盼咐把门举起来。

18. 与基督降生相关的一件事，我希望你们恨恶它……就是希律下令残杀婴儿。⑦或者毋宁说，就是这一点你们也必须尊敬，即基督时代的献祭，献上新的祭品前的杀戮。如果他逃到埃及⑧，那就高高兴兴地成为他流放的同伴。在受逼迫的基督的流放上分有是一件荣耀的事。如果他在埃及逗留的时间长了，就在那里真诚地敬拜他，叫他出埃及。要一丝不苟地经过基督生命的每一阶段，每种功能。得洁净，受割礼，剥去那自你们出生就蒙盖着你们的面纱。在殿里教导这一切

---

① 《路加福音》2：1—5。
② 即原罪（诗篇51：5）。（参看和合本《以赛亚书》1：3。——中译者注）
③ 《马太福音》2章。
④ 《路加福音》2：14、15。
⑤ 圣餐仪式（The Liturgy）。
⑥ 《诗篇》第24篇。
⑦ 《马太福音》2：16。
⑧ 《马太福音》5：13。（出处有误，应为2：13。——中译者注）

之后，把渎神的买卖人赶出殿。①如果迫不得已，就忍受石头的击打，但我非常希望你们能躲开掷石头的人；你们甚至可以藏起来避开他们，就像神那样。②你们若是被领到希律面前，大部分时候要一言不发。③他必尊敬你们的沉默，而不是大部分人的滔滔不绝。如果你们受到鞭打④，就要求他们所忽略的东西。为尝味道喝苦胆⑤，喝醋⑥，寻求唾沫，接受拳头，戴荆棘冠冕，也就是敬虔生活的艰难；披紫袍，手上拿一根芦苇，忍受那些嘲笑真理之人的嘲笑；最后，与他同钉十字架，同死，欢欢喜喜地埋葬，好叫你与他一同复活，一同得荣耀，一同作王。凝视伟大的神，也被他所凝视，他在三位一体里受敬拜，得荣耀；我们说，他此刻就出现在你们面前，肉身之链里的我们能看清多少；他就显明多少，成为我们的主耶稣基督。愿荣耀归于他，直到永远。阿们。

---

① 《约翰福音》2：16。
② 《约翰福音》8：59。
③ 《路加福音》23：9。
④ 《约翰福音》19：1。
⑤ 《马太福音》27：34。
⑥ 《约翰福音》19：29。

第三十九篇　论圣光

前　言[*]

关于"圣光"的演讲是在381年主显节（Epiphany）上讲的，第二天又发表了关于洗礼的演讲。东方教会认为，这节日更主要的是纪念我们主的洗礼，因而是庄严举行的圣礼中最重要的节日之一。一般称之为神显（Theophania），记载主受洗的福音书是《马太福音》3：13—17。节后一周的主日称为"*meta ta thota*"（众光之后），它指向把这一节日称为"圣光"的时代，圣格列高利时代似乎就是这样的。这个名称出于洗礼，在古代常常称为"光照"（Illumination），根据这一名称（源于这一圣礼的属灵恩典），新受洗的教徒要举着点燃的火把或蜡烛。这庄严的节日似乎要持续两天，第二天用来举行庄严的圣礼。因而关于这一节日，我们有两篇演讲。第一篇讲的是这日子本身，更多地强调这节日及其所纪念的我们主的洗礼；第二篇论及洗礼的不同类型，他列举了五种，即：

1. 摩西在云里、海里施行的比喻意义上的以色列洗礼。

---

[*] 英译本前言。——中译者注

2. 圣施洗约翰主持的预备性的悔改洗礼。

3. 我们的主赐下的水和圣灵的属灵洗礼。

4. 殉道者的荣耀洗礼。

5. 痛苦的悔罪洗礼。

论到这最后一类,他借机驳斥了诺瓦图的追随者主张的极端严格主义,否认洗礼后所犯的某类罪可得赦免。

他在第一天发表的第二篇演讲中,强调洗礼的圣洁性和属灵的果效;借此机会谴责当时仍然盛行的把洗礼拖延到临死前才接受的做法。他同样强调圣灵的有效性和属灵果效完全独立于主持洗礼的神父的地位或高贵;他最后概括了接受洗礼所必须承担的责任,对信经以及举行圣礼所伴随的仪式作了非常有价值的阐释。

正　文

1. 还是我的耶稣,还是一个奥秘。它不是蒙人的,不是混乱的,也不属于希腊人的错误或醉酒(我这样称呼他们的庄重仪式,我想每一个清醒正常的人都会这样说),乃是高尚而神圣的奥秘,与上面的荣耀相连。因为我们今天前来庆贺的这个圣洁的众光日子,起源于我主基督的洗礼,基督就是真光,照亮一切生在世上的人①,成就我的洁净,协助我们起初从上面从他所得的光,只是我们因罪把这光变得黑暗和混乱了。

2. 因而要聆听神的声音,这声音在我听来是如此的清晰,因为我既是这些奥秘的门徒,又是它们的主人,正如神对你们所说的话是如此清晰一样,他说,我是世界的光。②因而,你们靠近他,就得照亮,

---

① 《约翰福音》1:9。
② 《约翰福音》8:12。

你们的脸必不蒙羞①，因有真光停留。这是一个新生的季节，我们要得重生。②这是一个革新的时机，我们要再次领受第一亚当。③我们不可保守现在的所是，而要成为曾经的所是。光照在黑暗里④，照在此生和肉身里，虽被黑暗驱逐，却未被它征服——我是说，敌对权势毫无廉耻地跳起来反对可见的亚当，但是遇到了神，一下子就败下阵来——好叫我们拨开黑暗，亲近光明，以至成为完全的光，完全之光的孩子。请看这日子的恩典，请看这奥秘的大能。你们难道没有从地上被升高，没有被明明地放在高处，没有因我们的声音和深思默想而升高？一旦这道使我的演讲大功告成，你们必会升得更高。

3. 在律法所隐藏的洁净中是否有这样的事？事实上，律法的洁净只是借助暂时的喷洒物，用未生育的小母牛的灰洒在不洁净者身上⑤；或者外邦人在他们的神秘仪式里是否做这样的事？他们的每一种仪式，每一种奥秘，在我看来都是毫无意义的，是魔鬼的盲目臆造，郁闷心灵的凭空想象，借以时间，隐于寓言。他们敬以为真的，他们当作神话遮掩起来。然而倘若这些事是真的，就不应当称之为神话，而应当证明它们不是可耻的⑥；如果它们是假的，就不应当成为惊奇的对象；人们也不应当如此草率地对同一事物持有完全相反的观点，似乎是在市场上与孩子们或神经错乱的人玩耍，而不是在与有理智的、敬拜道的，然而鄙视这种人为的似是而非做法的人讨论。

---

① 《诗篇》34：5。
② 《约翰福音》3：3。
③ 即人堕落之前的状态。
④ 《约翰福音》1：5。
⑤ 这与《约翰福音》1：5翻译的"接受"是同一个词。
⑥ 《希伯来书》7：13。(和合本此节经文为："因为这话所指的人本属别的支派，那支派里从来没有人伺候祭坛。"似乎对应不上。——中译者注)

4. 我们对这些神话中宙斯的出生和克里特的僭主（Cretan Tyrant）①（尽管希腊人可能对这样的称号感到不高兴）时期盗贼的产生不感兴趣，对库里特（Curetes）的名字，以武器为装备的舞蹈——那是为了隐藏某个忧伤神的悲哀，好叫他避开父亲的仇恨——也不感兴趣。事实上，像一块石头一样被吞掉的，怎么又变得像孩子似的哭泣，这岂不是奇怪的事。②弗里吉亚的自残、长笛和狂欢者③，人们关于瑞亚（Rhea）的一切谵语，使人献身于诸神之母，又被认为适合这样的诸神之母而引入这样的仪式中，我们也不感兴趣。玛伊顿（Maiden）④对我们没有任何吸引力，得墨忒耳（Demeter），她与塞雷（Celei）、特里波托瑞米（Triptolemi）以及大龙（Dragons）的亲密关系，她的行为与苦难……都不会引起我们的好奇，因为我羞于把黑夜的仪式引到光天化日里，使神圣的奥秘成为面目可憎的事物。埃琉西斯（Eleusis）知道这些事，那些在沉默中目睹了所发生的一切，并且完全应当保持沉默的人也知道。我们的纪念对象也不是狄奥尼索斯（Dionysus），他从腿股里生出来，还未成形，就如以前有

---

① 有人说宙斯是神化了的人，曾是克里特的僭主，他的坟墓就在克里特。
② 暗指宙斯的出生。泰坦克洛诺斯（Kronos the Titan），诸神之父，是瑞亚的丈夫，她为他生养儿女。但有一道神谕宣称，克洛诺斯要被自己的孩子夺走王位，于是孩子出生之后，他就当即把他们全部吞吃了。然而，瑞亚在生宙斯的时候，得到了库里特，就是一群克里特野祭司的帮助，把孩子藏了起来，用一块石头取而代之，克洛诺斯在情急吞吃中没有意识到有什么异样。吞下石头后他感到非常难受，于是把先前吞下去的孩子又全都吐了出来，预言在他们及宙斯身上应验了。克洛诺斯被废，囚禁在塔尔塔如斯（Tartarus）。
③ 在弗里吉亚有瑞亚的神庙，在庆祝她的节日里，人们来到庙里自残，表示对她的尊敬。长笛暗指用来使难者的思想从手术的痛苦中转移开的事物。克里班蒂斯（Corybantes）就是女神的祭司，领导对她的狂热崇拜仪式。有人认为，《加拉太书》5：12所指的就是这种自残的惯例。至少圣哲罗姆、圣安波罗修（S. Ambrose）以及所有希腊教父都这样理解此节经文。圣托马斯阿奎那在同一意义上理解这个词，只是在奥秘意义上使用它，这里，埃斯提乌（Estius）持与伊拉斯谟（Erasmus）相同的看法，认为"割除"只是指逐出教会，这个意义上他称之为"Apostolico sensu dignior"，但为何"*dignior*"，不易明白。不过，他承认那些直译的人是"*non immerito*"。
④ 关于波士弗尼的强奸（Rape of Persephone）及其后果的神话。

人从头部生出孩子一样。①不是两性同体的神,不是醉酒无力的一群天兵;不是底比斯人(Thebans)所尊敬的愚人,不是他们所崇拜的塞米勒(Semele)的雷电;也不是妓女阿佛罗狄忒(Aphrodite)的奥秘,正如他们自己所承认的,她出生可耻,受敬拜的方式也可耻;我们这里也没有法利(Phalli)和伊特法利(Ithyphalli)②,无论其形式还是行为都是可耻的;没有陶里斯(Tauris)对外邦人的大屠杀③,没有拉康尼(Laconia)年轻人流在祭坛上的血,他们因为崇拜一个女神,敬她是童女,就用鞭子抽打自己。④这些人既崇尚女子的阴柔,又敬拜勇敢。

5. 那个杀珀罗普斯(Pelops)的屠夫⑤,为款待饥饿的诸神而杀子,可恶而非人的好客,你们会怎样评价呢?赫卡特(Hecate)恐怖而黑暗的幽灵,特洛弗尼乌(Trophonius)隐秘的愚蠢行径和妖术魔法,多多奈方舟(Dodoneaan Oak)的喋喋不休,德尔菲(Delphian)神庙青铜二脚祭坛的骗人勾当,卡斯塔利亚(Castalia)所预言的干旱——能预言一切,独独不能预言他们自己的毁灭⑥——这一切你们将如何看待?不是东方博士的祭献艺术,以及他们的预言能力,不是迦勒底人的天文学和占星术,与我们同天体运动休戚相关的生活相比,他们就是对自己是什么人,或者将会成为什么人也不可能知晓。也不是色雷斯人的挽歌,据说"敬拜"(threskeia)这个词是从它们而

---

① 据说狄奥尼索斯是从宙斯的腿股里生出来的,就如雅典娜(Athene)从他头里面蹦出完整的形状和肢体一样。
② 这些神话和习惯可耻至极,无法描述。
③ 见 the Iphigenia In Tauris of Euripides。
④ 这是斯巴达人的一个习俗,即在敬拜阿耳忒弥斯(Artemis)的大节庆里,刚好成年的年轻人(Ephebi)要在她的祭坛上残忍地鞭打自己,表示对女神的尊敬,也证明他们的男子汉气概。
⑤ 诸神来与坦塔鲁斯(Tantalus)共餐,后者为对诸神表示尊敬,煮了亲生儿子款待他们。然而,当他们知道真相之后,又让他复活了,不过,笨拙的得墨忒耳还是吃掉了他的肩膀,于是他们就用一个象牙肩膀作替代。
⑥ 圣哲罗姆注《以赛亚书》41:22 时说:"他们为何从来没有预测过有关基督及其使徒的事,或者他们自己的神殿的毁灭和崩溃?他们既然不能预言自己的毁灭,如何能预言其他好事或坏事?"

来的；不是奥菲斯的仪式和奥秘，希腊人对他的智慧敬佩得五体投地，为他设计了一种琴，用琴声来勾画一切。不是密特拉神（Mithras）①的折磨——唯有那些能够受得住从而被接纳了解这些事的人才可受此等折磨；不是俄西里斯（Osiris）②毁损，埃及人崇拜的另一种灾难；不是伊希斯（Isis）③的不幸，比曼德西亚人（Mendesians）更软弱的山羊，阿庇斯（Apis）④的牛圈，装饰愚蠢的孟斐斯人（Memphites）的牛犊，不是那些使尼禄大怒的种种敬拜，而他们自己用歌声赞美它是果实和谷物的恩赐者，衡量幸福的尺度。⑤

6. 我略过他们对爬行动物的尊崇，对邪恶之物的敬拜，每一种都有其独特的膜拜和庆祝方式，但所有的方式无一例外都是邪恶的。所以，既然它们绝对是渎神的，必然不敬神，必被引向歧途，去敬拜偶像、艺术作品、人造的事物，那么有理智的人若是敬拜这样的东西，并以这样的方式尊崇它们，莫过于祈求最大的祸害降到自己头上；如保罗所说，那就在自己身上受这妄为当得的报应⑥，这妄为就在于他们所敬拜的对象上；与其说崇拜它们，还不如说因它们蒙受羞耻；他们的错误是可恶的，然而他们所尊敬、所崇拜的对象的污秽则更可恶。所以他们甚至比他们所敬拜的对象更缺乏悟性，后者有多污秽，他们就有多愚蠢。

7. 就让这些东西成为希腊孩子们的游戏，魔鬼们的娱乐吧。希腊人的愚拙正是由于魔鬼，是他们阻止人敬拜神，而去敬拜他们，使人以各种各样的方式去追求可耻的念头和幻想，从前不合宜、不恰当地把智慧

---

① 这些奥秘源于波斯，据说与太阳崇拜有关。新入教的人要经历十二种不同类型的折磨。
② 埃及人的奥秘。
③ 宙斯爱上了伊希斯，化成小母牛使她着迷。这里指的是，骗局暴露之后，宙斯就派出 只牛虻，使伊希斯发疯。
④ 阿庇斯，圣牛，孟斐斯的崇拜对象。
⑤ 即国家的兴旺与此河一年一度的涨溢相对应。
⑥ 《罗马书》1：27。

之树传给我们①，把我们赶出生命之树，然后攻击我们，使我们如今比以前更软弱；又彻底拿走心灵，那是我们里面的支配力量，向情欲打开大门。他们的本性既是嫉妒的，恨恶人的，或者毋宁说，他们因自己的邪恶发展出这样的本性，就不可能忍受我们在下面的获得那在上面的，而他们自己则从上面坠落到地上；也不能忍受这样的变化发生在他们的荣耀和他们的首要本性中。这就是他们逼迫造物的含义。神的这形象被践踏了；由于我们不愿意谨守诫命，神就任凭我们肆意妄为。②我们因行了不当之事，因我们所敬拜的对象而蒙羞。我们原是为行善而造的，要荣耀我们的造主，颂扬我们的造主，尽可能效仿神，如今却变成了各种情欲的渊薮，残忍地吞噬、消耗内在的人。灾难还不止于此，还有更大的邪恶，即实际上是人造出了神祇，放纵自己的情欲，好叫罪不仅被看作是无辜的，甚至还是神圣的，把他所敬拜的对象作为借口为自己开脱。

8. 然而，恩典已经赐给我们，脱离迷信的错误，与真理联合，事奉永生的真神，升到造物之上，超越一切受制于时间和最初运动的事物。所以我们要以与赐给我们的这种恩典相配的方式凝视神，讨论神。我们要从最恰当的起点开始我们的讨论。这最恰当的起点就是——如所罗门为我们立下的——我们；他说，智慧的开端就是获得智慧。③其实，他所告诉我们的是，智慧的开端就是敬畏。④我们必不

---

① 参看《神学演讲录》"论神显"第12节。似乎可以这样解释，"分辨善恶的知识"原是人的理智发展中必不可少的一部分，然而时候未到就想获得它"*per saltum*"，而不是循序渐进，自然地获得，那就会致命。倘若人性按它原初安排的教育阶段接受教育，那它很可能在获得恶的知识的时候，丝毫不会让那知识混合、沾染经验之恶，完全知道它，但是毫不沾染它，就像神那样（Blount, Ann. Bible on Gen. ii. 7.）。
② 《罗马书》1：28。
③ 《箴言》4：7。（和合本此节译为："智慧为首，所以要得智慧。"——中译者注）
④ 《箴言》1：7以下。

是始于沉思，止于敬畏（因为天马行空的沉思可能会把我们推向悬崖），我们必是以敬畏为根基，因敬畏得洁净，并可以说因敬畏成为光，从而得以升至高处。因为唯有敬畏，才能谨守诫命；唯有守诫命，才有肉身的洁净；那覆盖灵魂、承受灵魂的云不可能看见神圣的光。唯有洁净，才有光照；光照就是使那些渴望伟大之物，或者最伟大之物，或者那超越一切伟大者的人的愿望得到饱足。

9. 因而，我们必须首先洁净自己，然后开始与纯洁者的这种对话；除非我们有以色列人那样的经验①，他们不能承受摩西脸上的荣光，因而要求蒙上帕子②；或者像玛挪亚那样的感觉，对妻子说："我们必要死，因为看见了神"③，尽管那不过是他想象中的神；或者像彼得请求耶稣离开船④，因为我们自己不配享这样的造访；当我说到彼得时，我是在说在水面上行走的人⑤；或者像保罗在还未洁净逼迫之罪以前，与他所逼迫的主说话——或者确切一点说，与那瞬间闪烁的大光说话时失去了视力⑥；或者像百夫长寻求医治却不得，只凭可称颂的敬畏，就接了医治者进他家门。我们每个人，只要还未得洁净，还是百夫长，在邪恶里命令众人，在凯撒——那些堕落之人的世界统帅——的军队中服役，就当这样说："你到我舍下，我不敢当。"然而当他仰望耶稣，虽然像古代的撒该⑦，因身量矮小，就爬上桑树的枝头，治死他在地上的肢体⑧，超越了可耻的身体之后，他就能领受道，因而

---

① 《出埃及记》34：30。
② 《哥林多后书》3：13。
③ 《士师记》13：22。
④ 《路加福音》5：8。
⑤ 《马太福音》14：29。
⑥ 《使徒行传》9：3—8。
⑦ 《路加福音》19：3。
⑧ 《歌罗西书》3：5。

有话对他说,今天救恩到了这家。①然后他要抓住救恩,更完全地结出果子,把他作为税吏不当收集的一切东西合乎正道地舍弃、分散出去。

10. 这同样的道,一方面,对那些不当得的人来说,其本性是可怕的,然而另一方面,那些作好了预备的人,可以借着它那费煞苦心的爱领受它,因为他们已经从其灵魂里赶走了不洁的、属世的灵,对自己的灵魂作了自我检查,作了打扫和装饰,不让它们空闲无聊,可以更大的武力对付七个恶灵……美德也有同样的数量(那最难以打败的对手,就要以最坚韧的努力去对付)……除了远离邪恶之外,还要践行美德,使基督成为整全的,或者无论如何尽最大的可能住在他们里面,这样,恶灵就找不到任何空地,不可能重新使自己充满,以更大的攻击力,更坚固的堡垒使那人的最后状态比最初的更糟。只要我们的灵魂设置了一切防范措施,心中向往锡安大道②,我们的荒地得了开垦③,播下义种④,如大卫、所罗门和耶利米所命令我们的,我们就当用知识之光照亮自己,然后再谈论隐藏在奥秘里的神的智慧⑤,并照亮别人。同时,我们也要洁净自己,领受道的入门知识,好叫我们得最大的益处,使自己成为神一样的人,一旦这道到来,就能接纳他;不仅如此,还紧紧跟随他,向人显明他。

11. 借着以上所说,我们已经洁净了剧场,现在我们要稍稍谈一点节庆,以喜乐而敬虔的灵魂庆祝这个节日。既然节日的主题就是纪念神,所以我们要在心里思想神。我想,在那里,就是一切幸福者居住的地方,那些过节者的声音不是别的,就是对神唱颂诗、赞美诗,由一

---

① 《路加福音》19:9。
② 《诗篇》84:5。
③ 《耶利米书》4:3。
④ 《箴言》11:18。
⑤ 《哥林多后书》2:6。(应是《哥林多前书》2:6,参看和合本此节经文:"我们讲的,乃是从前所隐藏、神奥秘的智慧。"——中译者注)

切配住在那城里的人一齐唱出来。我要说的话若是包含以前已经说过的一些事，请不要吃惊，我不仅要说同样的话，还要说同样的题目，当我对你们谈论神的时候，舌头、心和思想都颤抖，好叫你们分有这种可称颂的、幸福的感受。当我论及神的时候，你们必是同时被一个光和三个光照亮。在个体（Individualities）或位格（Hypostases）上是二，如果有人更喜欢这样说的话，或者称之为"persons"（位格）①，我们不会就名称进行争论，只要音节加起来表示的是同一个意思；而在本体上，即在神性（Godhead）上是一。他们有分别，但未有分离，如果我可以这样说；在有分别中合一。神性就是在三中的一，二就是一，神性就在这样的一里面，或者说得更确切一点，神性就是二中

---

① 位格（这里是"prosopon"）在后尼西亚等同于"hupostasis"，但在前四个世纪中，这个词基本上不包含这个意义，只是偶尔有这种用法的一些迹象。由于阿里乌主义的争论，"hupostasis"这个词的含义缺乏准确界定，这引起了大量困难和误解。最初似乎是东方教会把它理解为真实的位格性存在——真实性作为基本观念。在这种基本意义上，它用在神学上是表示神圣三位一体的三"位格"彼此之间有明确的个体性和相对的关联性（to idion to koinon. Suidas）。然而阿里乌对它作了异端的曲解，认为三个位格的意思就是三个本性或本质；尼西亚公会议谴责了这种教义，把它逐出教会，它显然认为，"hupostasis"这个词完全等同于"ousia"（阿里乌企图这样解释），指责这种直接关联性，因为这样子就是"ex eteras hupostaseos e ousias"（Symb. Nic.）。圣阿塔那修对这个词有类似的使用。然而，为反对撒伯里乌——他教导说神性（Godhead）中有"tria prosopa"[只是在方面（Aspects）的意义上使用这个词]，然而不允许有"treis hupostaseis"（即自我存在的位格性）——后尼西亚教会认为"hupostasis"意指位格，并自由谈论"treis hupostaseis"。西方教会仍然认为"hupostasis"等同于"ousia"，把它译为"Substantia"或"Subsistentia"，这加剧了他们的困惑。直到本质（Essence）这个词用来表示"ousia"，西方教会才领会到东方早已接受的两者之间的区别，从而准确地使用这些术语。同时，用来表示"hupostasia"的这两个词之间似乎又出现了另一种区别，和"hupostasis"与"ousia"之间的区别属于同一类；"Substantia"专指事物的本质，那是事物之是的基础，而"Subsistentia"更多的是指一种界限，即位格性（Personality）。因而西方又变得令人迷惑，"Substantia"被认为等同于"hupostasis"。于是，在萨底卡会议上（Sardica，347年），西方主教谴责三位格的教义（doctrine of Three Hypostases）是阿里乌主义的。混乱持续了很长时间，后来，362年，亚历山大举行的公会议把这种区别看作只是语词的游戏，宣称无论是在"位格"的意义上承认"treis upostaseis"，还是在"本体"（Substance）的意义上承认"mian upostasin"，都是正统教义。我们的作者在对君士坦丁公会议的教父们的演讲中完全接受了这一点。"当我们说'hupostaseis'或'prosopa'时，是什么意思？"他说，"意思就是三位是有分别的，但不是本性上，乃在位格上。"在颂扬圣阿塔那修的演讲（《演讲录》第二十一篇第三十五章）中，他论及"mia ousia, treis hupostaseis"的正统含义，指出第一个表述指神性（Godhead）的本性，第二个指位格的特殊属性。他说，意大利人承认这一点，然而由于他们的语言特别贫乏，无法表述"ousia"与"hupostasis"之间的区别，因而只能引入"prosopon"这个词，且有所误解，就很容易被指控为撒伯里乌主义。

的一。我们要略去过分的和不足的,既不能使这种统一性成为一种混合,也不能使分别成为一种分离。我们既要远离撒伯里乌的混合,也要同样远离阿里乌的分离,两者虽然截然对立,然而其邪恶性是同等的。有什么必要在异端意义上把神混合起来,或者把他分割成不等同的几个?

12. 因为我们只有一位神,就是父,万物都本于他,并有一位主,就是耶稣基督,万物都是借着他有的,及一位圣灵,万物都在他里面①,但本于(of)、借着(by)、在里面(in)这些词并不表示本性上有分别(否则,这三个介词,或者这三个名称的顺序就永远不能改变),而是说他们表示的是同一的、非混合的本性的诸位格(personalities)。这一点由以下事实得以证明,即你如果细读一下——不是漫不经心的——同一位使徒的另一段落,就会发现,他们又聚集为一:"万有都是本于他,依靠他,归于他。愿荣耀归给他,直到永远。阿们!"②父就是父,且是非源起的,不是出于谁;子就是子,然而不是非源起的,因他是出于父的。然而你若是在某种时间的意义上理解"起源"(Origin)这个词,那子也是非源起的,因为他是时间的创造者,且不受时间限制。圣灵是真正的灵,也是从父出来,然而不同于子的出来方式,因为他不是由生育而出,乃是发出的(为表达上清晰起见,我必须造出一个词③);父既没有因为生育了什么就不再是非源起的,子也不因为从非源起者生育出来就不再是受生的(那怎么可能呢?),圣灵也没有因为从父发出,或者因为也是神——尽管不敬神

---

① 《哥林多后书》8:6。(这里出处有误,应为《哥林多前书》8:6。——中译者注)
② 《罗马书》11:36。
③ 造的只是词的形式,实义可见于早期作品中。圣格列高利本人在《神学演讲录》"第五篇"中就用到这个词。他使用的其他词还有"ekpempsis"、"proodos"以及动词"proerchesthai"和"proienai"。

的人不相信这一点——就变成了父或子。位格性是不可改变的；否则，它若是可变的，可以彼此转化，那么位格性如何能持久？那些把"非受生的"与"受生的"与神的本性对等起来看的人，也许会认为亚当与塞特在本性上也是不同的，因为前者不是生于肉身（他是神造的），而后者生于亚当和夏娃。总而言之，如我们所说的，有一位神在三位格中，这三位乃是一。

13. 由于这些事——或者准确一点说，这事——是这样的，不应仅由上面的存有者来崇敬他，也应受到地上敬拜者的崇敬，好叫万物都充满神的荣耀（因为它们充满神本身）。须知，人是神按自己的形象亲手所造①，是尊贵的。然而鄙视人——当人在魔鬼出于嫉妒的引诱下品尝了罪之苦味，使他可悲地离开他的造主神之后——这原本不是神的本性。那么所成就的是什么，与我们相关的这个伟大奥秘是什么呢？一种本性上的革新出现了，神成了人。"那坐车行过东方诸天之天"②，行过自己的荣耀和大能的神，在西方因我们的卑下和低微得荣耀。神子俯就成为并被称为人子，并不是他的本性有了改变（那是不变的），而是穿戴了他所不是的本性（因为他满有对人的爱），好叫不可领会的③被人领会，借着肉身的中介与我们交通，就如同借着一块

---

① "世界的其他部分都是神借命令而造的，唯有人是神用手造的。"（华兹华斯注《创世记》2：7）"在人的受造中有一种独特的荣耀，神把他与其他造物区分开来。低于人的造物都是神圣旨意一发出就造成的，然而就人而言，神既然准备将自己的本性和形式赐给他，这形式一旦穿上，就再也不能弃之一边，所以创造过程是完全不同的。于是至圣的二位一体的位格第一次显现出来。他们看起来如在相互协商，各自参与，共同行动……'我们要照着我们的形象，按着我们的样式造人'……接着就实施了创造的权能，就如一种个体行为，神伸出手塑造出人的身体；'耶和华神用地上的尘土造人。'然后是更高级的工作，把非质料、不可见的生命纳入身体，使神的工得以完美，他'将生气吹在他鼻孔里，他就成了有灵的活人'。"（T T Carter, The Divine Dispensations, p. 44.）
② 《诗篇》68：4。（和合本为"那坐车行过旷野的"。——中译者注）
③ 乌尔曼如此解释这段话：它里面有双重含义，无限的神性（Godhead）在基督里进入一种有限生命的种种局限；这样一来，原本作为一种无限存有（Being）不可能被有限的人类灵魂完全认得，在这种界限里变得有几分可以认识，若没有基督里的这种独特显现，那就根本不可能认识。

面纱；因为那有生有死的本性是不可能忍受他未受遮盖的神性的。因而非混合成的就成了混合的；并且不仅神混合了降生，圣灵①混合了肉身，永恒的混合了时间，未限定的混合了尺度；而且生育与童贞结合，羞耻与比一切尊贵更高的神结合；不能受苦的与苦难结合②，不朽坏的与可朽坏的结合。那骗人者以为，他既骗得我们相信自己可以成为神，他的恶意就不可征服了，岂不知他自己也被取了我们人性的神给骗了；因此他以为是在攻击亚当，实际上却正好与神的旨意相合，好叫新的亚当拯救旧的亚当，对肉身的定罪被废除，死被肉身杀死。

14. 在他降生之日，无论是主持这节日的我，还是你们，以及一切在这世界里，超越于这世界之上的，都必须守这日子。我们跟着那个星辰奔跑，与东方博士一同敬拜，与牧羊人一同得启示，与天使一同荣耀他，与西面一起把他抱在手臂里，与圣洁的老妇人亚拿（Anna）一同作出回应和认信。感谢他穿戴上与他格格不入的样式，因为他荣耀了外人。③现在我们来说说基督的另一个行为，另一个奥秘。我不能克制自己的喜乐，我在神里面迷狂。我差不多像约翰一样宣告好消息，我虽然不是先驱，却是从旷野④来的。基督是发光的，我们要与他一同闪耀。基督是受了洗的，我们要与他一同下降，以便也与他一同上升。耶稣受了洗；但是我们必须着力考虑的不只是这一点，还有其他几点。他是谁，是谁给他施洗的，在什么时候？他就是全然纯洁

---

① "在这里以及其他几个地方，'*pneuma*' 和 '*nous*' 显然意指神（Deity），属灵的，是在最高最纯粹的意义上理解的，所以，它被提升到 '*sarx*'（肉身）之上，一般而言，也在一切属质料的东西之上。在这意义上，圣约翰说 '*pneuma o theos*'。"
② 乌尔曼说："双重含义：或者指神性（Godhead）在与人耶稣的联合中可以受苦（参看《演讲录》第二十一篇第二十四章），或者指任何苦难或不幸都不可触及的神圣本体将自身与本性不可能摆脱这些情绪的人结合。"
③ 即人的本性，因罪而与神分离，成为敌神的。
④ 即萨西马（Sasima）。

者（the All-pure）；他受了约翰的洗；时间是在他行神迹之初。我们要从中学习什么，它教导我们什么呢？先要洁净自身；要谦卑，只有在灵性和身体上都成熟时才传讲。第一点①，有一句话特别给那些没有适当的预备，或者没有借心灵里向善的气质为洗礼的恩典提供稳定性，不负责任地冲去受礼的人。由于恩典包含对过去的赦免（因为它是"恩典"），因此它更值得尊敬，免得我们又把吐出来的东西吃回去。第二点，针对那些因自己的社会地位比较高就反对这奥秘之管家的人。第三点，针对那些自诩年轻，以为人在任何时候都可以任教或主持的人。耶稣受了洗，你们岂能轻看受洗得洁净呢？……他由约翰施洗，你们岂能起来反对你们的传令者呢？……他在30岁受的洗，你们岂能嘴上没毛时就想教训长者，或者在你们的年龄还未长到受人尊敬的时候，甚至品性还未成熟到受人尊敬的时候，就自以为能教训长者？当然有人会说，但以理，这个或那个，年纪轻轻就做了士师，是你们嘴里的典范；每个作恶者都准备为自己辩护。但我要说，那是极为罕见的，不是教会的律法。一只燕子不能造成夏天，画条线不能成为几何学家，出一次海也成不了海员。

15. 约翰施洗，耶稣上他那里去②……也许要使施洗者本人成圣，然而肯定要把旧亚当整个埋葬在水里；在此之前，并为此，使约旦河成圣；因为正如他是圣灵和肉身，同样，他也借圣灵和水授予我们圣礼。③约翰不接受他，耶稣争辩。"我需要从你受洗"④，有

---

① 全然纯洁者受了洗，这一点提醒我们需要预备。他由约翰来施洗，这一点教导我们对祭司的职位要谦卑，即使祭司在社会地位上比我们低。他在30岁时受的洗，这一点表明教会的教师和治理者不可以是毛头小伙子。
② 《马太福音》3：14。
③ 《约翰福音》5：35。（经文出处有误。——中译者注）
④ 《马太福音》3：17。（经文出处有误，应为3：15。——中译者注）

声音对道说,朋友对新郎说①;在一切之上的他来到从妇人所生的他们中间②,对一切造物中头生的③说;在母腹里跳跃的④,对在母腹里就受到敬仰的说;以前是现在也必是先驱的⑤,对以前显明现在也要显明的说。"我需要受你的洗",又补充说"也为你",因为他知道他要受殉道的洗礼,或者像彼得一样,不仅仅是他的脚要洗⑥,得洁净。"你反倒上我这里来吗?"这也是预言式的,因为他知道希律(Herod)之后就会有彼拉多(Pilate)的疯狂,因此施洗约翰离世后,基督也要受难。然而耶稣说了什么?"现在当如此忍受它",因为这是他道成肉身的时候;他知道一会儿之后,他要给施洗者施洗。"簸箕"是什么呢?是要扬净。"火"是什么呢?是火热圣灵将糠烧尽。"斧"是什么?砍掉即使施了肥仍然不结果子的灵魂。⑦剑是什么?是锋利的道,能分辨善恶⑧,叫信主的与不信主的分离⑨;激发儿子、女儿、新妇与父亲、母亲、婆婆生疏⑩,年轻的、活泼的,与年老的、阴暗的生疏。那鞋带,就是连为耶稣施洗的约翰也不配解的鞋带⑪,是什么?就是属旷野的,没有食物的,新的以利亚⑫,比先知大多了,因为你们看见了你们确曾预言的人,旧约与新约的中介。这是什么呢?也许就是降临

---

① 《约翰福音》3:39。(经文出处有误,应为3:29。——中译者注)
② 《马太福音》11:11。
③ 《歌罗西书》1:5。(经文出处有误,应为1:15。——中译者注)
④ 《路加福音》1:41。
⑤ "原本是地上的先驱,要成为基督的阴间里的先驱,基督在地上显明自己,也在阴间显明自己。"埃利亚斯(Elias Cretensis)语。
⑥ 《约翰福音》13:9。
⑦ 《路加福音》13:8。
⑧ 《希伯来书》4:12。
⑨ 《马太福音》10:35。(参看和合本译文:我来是叫"人与父亲生疏,女儿与母亲生疏,媳妇与婆婆生疏"。——中译者注)
⑩ 《弥迦书》7:6。
⑪ 《约翰福音》1:27。
⑫ 《路加福音》7:26。

者的消息,道成肉身,对此,就是最小的细节也不可忽视,我不是说那些仍然属体的,在基督里作婴儿的人,甚至那些在灵上像约翰的人,对此也不可忽视。

16. 再说——耶稣从水里起来……他带着世界与他自己一同起来……看见天开了,亚当把自己以及他的一切后裔关闭在这天之外①,因为乐园的四周安置了发火焰的剑。圣灵见证了他的神性(Godhead),因为他降在像他一样的那一位身上,就如有声音从天上出来(对他的见证就从那里来),像一只鸽子,因为他尊重这身体(这也是神,借它与神的联合而成为神),以某种身体的形式叫人看见;而且,鸽子从远古时代起就一直担负宣告洪水结束的使命。②但你若是从容量和重量来判断神性,那圣灵在你看来似乎是太渺小了,因为他只是以鸽子的样式出现,人哪,你若是轻看对最伟大的事情的细致思想,也必轻看天上的国,因为它被比作一粒芥菜种子③;你必看对手过于耶稣的威力,因为耶稣的对手被称为大山④、鳄鱼⑤、水中生物的王,而基督则被称为羊羔⑥、珍珠⑦、甘霖⑧以及诸如此类的名字。

17. 不过,我们庆祝的既然是洗礼节,就必须与他一同忍受一点艰难,他为我们的缘故取了人形,受了洗,被钉十字架。现在我们来说说洗礼的不同类型,好叫我们最终得洁净。摩西受了洗⑨,虽然洗礼

---

① 《创世记》3:24。
② 《创世记》8:11。
③ 《马太福音》13:31。
④ 《撒迦利亚书》4:7。
⑤ 鳄鱼这个词在七十士译本里没有出现,但在其他版本的《约伯记》里出现过两次,即3:8和40:20。(和合本为41:1。——中译者注)
⑥ 《以赛亚书》53:7。
⑦ 《马太福音》13:46。
⑧ 《诗篇》72:6。
⑨ 《利未记》11章。(和合本此章似乎没有记载摩西受洗的经句。——中译者注)

后来是在水里,然而那之前都在云里、海里受洗。①这种做法很典型,如保罗所说;海里有水,云里有灵;吗哪是生命之粮;吃喝是神圣的吃喝。约翰也受了洗,然而他的洗礼不同于犹太人的洗礼,因为它不只是在水里,还"在忏悔里"。它仍不是完全属灵的,因为他没有加上"在圣灵里"。耶稣也受了洗,这洗是在圣灵里受的。这是完全的洗礼。如果我可以稍稍离题一点,那么请问,连你们都要因他成为神,他怎么可能不是神呢?我还知道第四种洗礼——就是借着殉道和血,基督自己也经历了这种洗礼——这远比其他几种类型要庄严得多,因为它不可能有后来的污点玷污。是的,我还知道第五种洗礼,那是眼泪之洗,更为艰难,唯有那每夜流泪,把床榻漂起,把褥子湿透的人②,才能领受;因他的愚昧,他的伤发臭流脓③,他终日哀叹,面容忧愁;他效仿玛拿西(Manasseh)的懊悔④,尼尼微人的谦卑⑤,这些都得到了神的怜悯;他在神殿里说税吏的话,倒要比那颈项顽梗的法利赛人更算为义⑥;他像迦南妇人那样,弯腰祈求怜悯和碎渣,饥饿难耐的狗的食物。⑦

18. 然而,我承认自己是个人,也就是说,一个本性可变的动物,所以既渴望领受这种洗礼,也渴望敬拜把它赐给了我,也分给了别人的主;通过向别人显示怜悯来为自己的怜悯作预备。因为我知道自己也是被软弱所困⑧,我用什么量器量给人,也必用什么量器

---

① 《哥林多前书》10:2。
② 《诗篇》6:6。
③ 《诗篇》38:5。
④ 《历代志下》38:12。(经文出处有误,应为33:12。——中译者注)
⑤ 《约拿书》3:7—10。
⑥ 《路加福音》18:13。
⑦ 《马太福音》15:27。
⑧ 《希伯来书》5:2。

量给我自己。①然而你们这些新的法利赛人，有纯洁的头衔②，却没有纯洁的意图，向我们输送诺瓦图的观点③，尽管你们也同样地软弱，你们说什么呢？你们岂不会代之以哭泣？你们怎可能不流泪？你们难道希望遇到像你们自己这样的法官？你们难道因耶稣的怜恤而羞愧，他代替了我们的软弱，担当了我们的疾病④；他来本不是要召义人，乃是召罪人悔改⑤；他所要的是怜悯，而不是祭祀；他赦免罪，直到七十个七次。⑥你们的赞美若真的是纯洁的，而不是出于骄傲，不是制定高高在上的律法条规，让人无法企及，使他们在绝望中无法提高，那该是多么有福。无论是没有谨慎规范的放纵，还是永不得赦免的定罪，都是同样可恶的，一者是因为放松一切控制，另一者是因为严厉得令人窒息。让我看看你们的纯洁，我就必赞同你们的大胆。然而事实上，我担心你们长满了疮，无法治愈。你们难道甚至不接受大卫的悔改？他的悔改甚至使他保守了说预言的恩赐。也不承认伟大的彼得的悔改？他本人在我们的救主受难时陷入了人的软弱之中，随后，耶稣接纳了他，问了他三次，得到三次认信，于是治愈了三次不认主的罪。⑦或者你们甚至拒不承认他是借着宝血得完全的（因为你们太愚

---

① 《马太福音》7：2。
② 诺瓦图主义者素有"Cathari"或"Puritans"之称。
③ 诺瓦图，迦太基教会的一个长老，曾与其他人联手组成一个党派反对他们的主教圣西普里安，他于公元251年来到罗马，鼓动诺瓦提安成为一个反对科尼流的小派别的领袖，后者是刚选出来的使徒教区（Apostolic See）的主教。代表这个派别提出的诉求是，科尼流与西普里安是一伙人，在公元250年德西乌斯的逼迫时期犯有错误，他以太过宽松的条件接纳那些曾犯有类似过错的人领受圣餐，因而，不应当承认他为教会的真正主教，而应当选择一位信实的牧者来接替他的位置。结果，诺瓦提安被一些持有同样观点的人举荐出来，接受二位主教的任职圣礼。当时在君士坦丁堡似乎有很多人都是他的跟随者。曾有一段时间，他们中有一种倾向，就是与大公教会重新联合，因为他们在信仰上是正统的；然而此种倾向因他们党派的领袖心怀恶意而受阻，所以此派别一直分而治之。圣格列高利把诺瓦提安主义者添加入他不得不对付的对手行列。
④ 《马太福音》8：17。
⑤ 《马太福音》9：13。
⑥ 《马太福音》18：22。
⑦ 《约翰福音》21：15以下。

拙，不可能理解到那个程度）？或者不接受哥林多的过犯者？然而保罗一旦看到他改正了，就明确肯定对他的爱，并说明理由："免得他忧愁太重，甚至沉沦了"①，忧愁是因为担心惩罚太重。②你们难道拒不同意，年轻寡妇因为年龄问题很容易跌倒，因而有结婚的自由吗？保罗胆敢这样认为；当然你们可以教训他；因为你们已经被神提升到第四重天，到另一乐园，听到更难以言表的话，领会了你们福音中更多的含义。

19. 然而这些罪不是洗礼后犯的，你们会说。证据在哪里？或者证明它，或者不得定它的罪；如果还有什么疑惑，就让仁爱作主吧。但是诺瓦图不会接受那些在逼迫期间犯错的人，你们说这是什么意思？如果他们不悔改，那他这样做是对的；那些根本不愿弯腰，或者不够谦卑的人，那些拒不改正、抵消所犯之罪的人，我也不愿意接受；我若是接受了他们，也必派他们到适当的地方③；然而他若是拒绝那些终日以泪洗面的人，那我不会效仿他。为何诺瓦图缺乏仁爱的严厉要成为我的规则？他从未惩罚过贪婪，那是第二种偶像崇拜；却定淫乱的罪，似乎他本人不是血肉之躯。你们说什么？我们这些话能使你们信服吗？过来站到我们这边来，也就是人性这边来。让我们一起来颂扬主。好叫你们中无论谁，即使对自己非常自信，也不敢说，不要碰我，因为我是纯洁的，谁有我这样纯洁？那也把你的明亮分一份给我们。当然，也许我们并不能说服你们，那我们就要为你们哭泣。所

---

① 《哥林多后书》2：7。
② "这常常被忽视的一页也给那些人一个庄严的驳斥，他们歪曲神学的同时也歪曲历史，两个世纪之前假装用他们过分的苛刻来复兴原始教会的灵。教会之灵从未改变，它始终反对错误，对悔改的罪人充满仁慈和友好。教会的灵就是所有时代的圣徒的灵；或者更确切地说，是神圣牧者的灵，他对迷失之羊无以言表的温柔以及永不枯竭的怜悯是无人不知，无人不晓的。"（Benoit S. G. de N.）
③ 即他们在忏悔者中的适当等次。

以，这些人如果愿意，就请跟随我们的道路，这是基督的道路；他们若是不愿意，就让他们走自己的路。在那样的路上，他们也许会受火的洗礼，那是最后的洗礼，更加痛苦，时间更长，把树木当草一样吞噬①，焚毁每一种恶的残余。

20. 今天让我们来敬贺基督的洗礼；让我们好好守这节日，不是放纵肚腹，而是享受属灵的喜乐。我们该如何尽情享受呢？"你们要洗濯、自洁。"②你们的罪虽像朱红，必变成雪白；虽红如丹颜，必白如羊毛。无论如何，你们要洗濯，就得洁净（因为神最大的喜乐，莫过于人的改正和得救，一切讲论，一切圣礼都是为了人的益处），好叫你们成为世界的光，所有人活生生的力量；好叫你们如完全的光立在那大光之旁，了解天上亮光的奥秘，更纯粹、更清晰地得着三位一体的启示，就是现在，你们也在一定程度上从那同一的神性（Godhead）领受一束光，且是在我们的主基督耶稣里领受。愿荣耀和大能归给他，直到永远。阿们。

---

① 《哥林多前书》3：12—19。
② 《以赛亚书》1：17、18。（和合本见1：16。——中译者注）

第四十篇 论圣洗礼

381年1月6日发表于君士坦丁堡，就是发表圣光演讲的第二日。

1. 昨天我们大大庆祝了辉煌的圣光之日；我们更应当为自己的得救喜乐，远胜过婚礼、生日、命名日、乔迁宴、子女登记注册、周年纪念，以及其他人们为其地上的朋友举行的种种庆贺。今天，我们要简略地讲一讲洗礼，以及受洗后所加增给我们的益处，尽管我们昨天的演讲已经粗略地论及；部分因为时间紧迫，部分因为避免冗长乏味。布道太长之于人的耳朵之损，无异于食物太多之于人的身体之害……注意留心我们所说的，接受我们对如此重要题目的演讲，这对你们来说是完全值得的，所以不要漫不经心，而要心甘情愿，因为知道这圣礼的力量本身就是启蒙。①

2. 道为我们确认了三种出生，即自然之生，洗礼之生，以及复活之生。其中，第一种是借着黑夜，是卑贱的，必然包含痛苦；第二种

---

① photismos（Enlightenment，启蒙）是称呼圣洗礼的最古老的名称之一；事实上，圣格列高利这篇演讲从头至尾都在使用这个名称，他的拉丁译者几乎一成不变地译为"*Baptismus*"。

是借着白昼，是毁灭痛苦，除去与生俱来的面纱①，引向更高的生命；第三种更可敬畏，也更短暂，在瞬间就把整个人类②都领到一起，站在造物主面前，向他说明各自在地上的作为和谈吐，是随从肉身的，还是与灵一同向上攀登，敬拜它获得新生的恩典。我的主耶稣基督已经表明，他在自身的位格里尊重所有这些类型的出生；对第一种，他吹入那最初叫人活的生气③；对第二种，以他的道成肉身以及他自己也接受了的洗礼；对第三种，以复活，他就是复活初结的果子；他俯就下降，成为许多弟兄中的长子④，同样，也成为从死里首先复生的。⑤

3. 关于第一种和最后一种出生，我们现在不必讨论；我们要讨论的是第二种，这是我们现在必须讨论的，它的名字也用来称呼众光的节日。大光照是灵魂的光辉，生命的改变，归向神的良心的拷问。⑥这是因软弱帮助了我们，弃绝肉身，随从圣灵，与道共契，提升造物，征服罪，分有光，摧毁黑暗。这是向神的马车，与基督同死，成全心灵，坚固信心，得着开启天国的钥匙，改变生命，消除奴役状态，打碎锁链，重塑全人。我又何必再详述呢？光是神的众多恩赐中最伟大、最宏伟的一个。正如我们论到圣中之圣、歌中之歌时，意指比其他一切更全面、更优秀，同样，这里称之为大光照，就是说它比我们

---

① 这面纱就是原罪，灵魂因之变得幽暗，就如同蒙上了面纱。
② 整个人类（pan to pgasma）。"pgasma"译成"造物"（Creation）是不准确的。这是一个唯有属于人的词，因为唯有人是神亲手所造，在一切受造物中，也唯有他必须在末日向这位造主交待自己前世的生活（Edd. Bened）。
③ 《创世记》2：7。
④ 《罗马书》8：29。
⑤ 《歌罗西书》1：18。
⑥ 这是直译，这句话出自《彼得前书》3：21，有删改，此节经句钦定本译为，"求在神面前有无亏的良心"，修订本译为"无亏良心的求问，等等"。通常认为，这句话是指在圣洗礼中的提问，用三重誓愿来回答，使我们同意"在基督的旗帜下反对罪、世界和魔鬼"，承认对主的信心，发誓顺服于他。

所拥有的其他光照更圣洁。

4. 正如它的赐予者基督有各种各样的名称，同样，这恩赐也如此，无论这是出于它本性的极端喜乐（比如人若是非常喜欢某物，就以使用它的名称为乐），还是因为它对我们的大量益处反映到它的各种名称上。我们称之为恩赐、恩典、洗礼、圣油、光照、不朽的衣、重生的水、印记，以及一切宝贵的东西。我们称之为恩赐，因为它给予我们，却不求我们任何回报；称为恩典，因为它甚至给予罪人；称为洗礼，因为罪与它一同埋葬在水里；称为圣油，因为是属祭司和君王的，受膏者就是这样的；称为光照，因为这是它的光辉；不朽的衣，因为它掩藏我们的羞耻；重生的水，因为它洗濯我们；印记，因为它保守我们，而且是作主的印记。诸天在它里面欢欣；天使因与它交相辉映而荣耀它。它是属天幸福的预表。我们实在渴望唱出对它的赞美，无奈不配歌唱。

5. 神就是光①，至高无上的，不能靠近的，无以言表的光，既不是心灵所能把握的，也不是唇齿所能言说的②，把生命给予一切有理性的造物。③他是在思想的世界里，如同太阳在感觉的世界里；我们洁净到什么程度，他就在我们的心灵里显现到什么程度；他怎样显现在我们心灵里，我们就怎样爱他；再者，我们爱他多少，就领会他多少；他自我沉思，自我领会，把自己浇灌在外在于他的事物身上。那光，我是说，在父、子和圣灵里沉思的光，其丰富就在于他们本性的联合，他们的光明合一迸射出来。次光是天使，是那至高光的某种流

---

① 《约翰一书》1：5。
② 《提摩太前书》6：16。（参看和合本，此节译为："就是那独一不死，住在人不能靠近的光里，是人未曾看见，也是不能看见的……"。——中译者注）
③ 《约翰福音》1：9。（参看和合本："那光是真光，照亮一切生在世上的人。"——中译者注）

溢或传播，因倾向和顺服而从至高光中获得其光亮；我不知道它的光亮是按它的状态顺序分配的，抑或它的顺序是按它的光亮大小排列的。①再次的光就是人，一种外在事物可以看见的光。他们称人为光②是因为我们有说话的能力。我们中那些比其他人更像神、更接受神的人，也被称为光。我还承认另一种光，它把原始的黑暗赶走或穿破。它是一切可见造物中第一个蒙召成为存在的，它照射整个宇宙，环绕星辰的轨道，以及天上的一切烽火。

6. 光也是给第一个降生的人的最先诫命（因为律法的诫命是灯，是光③；还有，因为你的论断是我地上的光④），尽管有嫉妒的黑暗潜入进来作恶。对那些光所特别指向的人来说，光就是成文的律法，约略显示真理和大光照的圣礼，摩西的脸就是被这样的光照亮，容光焕发。⑤提到更多的光——从火焰中向摩西显现出来的正是光，火诚然烧着了荆棘，却没有烧毁⑥，表明它的本性，显示它所包含的能力。在火柱中出现引领以色列、驯服旷野的正是光。将以利亚带入火车里⑦的正是光，然而并没有烧着他。四面照着牧羊人的正是光⑧，那时永恒之光与暂时之光混合。把博士引到伯利恒的美丽星辰⑨正是光，当主来到我们中间时，它就是那在我们之上的光的护送者。光就是那神性，在圣山上向门徒显现——然而还是太强，他们的眼睛有点不能适

---

① 圣托马斯　阿奎那似乎解决了这个问题，认为是第二种可能性。
② "phos"（masc）是诗词里形容人的常用词。它很可能源于词根"phao"（Indo-Eur. Bha），这词根也出现在"phemi"里，在"phaino"里变换了元音。
③《箴言》6：23。[参看和合本："诫命是灯，法则（或作'指教'）是光。"——中译者注]
④《诗篇》119：105。（参看和合本此节译文："你的话是我脚前的灯，是我路上的光。"——中译者注）
⑤《出埃及记》34：30。
⑥《出埃及记》3：2。
⑦《列王纪下》2：11。
⑧《路加福音》2：9。
⑨《马太福音》2：9。

应。①光就是那四面照着保罗的异象②，伤了他的眼睛，医治了他灵魂里的黑暗。光还是那些已经在此世得了洁净之人的上天的光辉，那时，义人要发出光来，像太阳一样③，神要站在他们中间④，就是诸神和万王中间，决定、分别天上的不同恩福。此外，在某种特殊意义上，光是我们正在讨论的洗礼的光照，因为它包含关于我们得救的伟大而奇异的圣礼。

7. 既然神是全然无罪的，最初的、非复合的本性是全然无罪的（因为单一是和平的，不可能有分歧），我还敢说，天使的本性也是这样的；或者至少我可以断言，天使非常接近于无罪，因为它非常接近于神。犯罪的是人，人属于地上的复合者（因为复合始于分裂）。因而主认为不可以不给他的造物任何帮助，或者无视与他本身分离的危险；相反，正如他赐给原本不存在的东西以存在，同样，他赐给那原本不存在的以新的创造，比第一次更神圣、更高贵的创造，这对那些刚刚开始得着生命的人来说就是一个印记，对那些长大成人的人来说，既是恩赐，又是对因罪堕落之形象的恢复，免得我们因绝望越变越坏，一直向下坠向那极恶者，完全偏离良善和美德；陷入了所谓的恶的深渊，就鄙视他⑤；相反，叫我们像那些长途跋涉之后在一个小客栈稍作休息，解除疲劳的人，恢复元气，鼓足勇气，去走完余下的道路。这就是洗礼的恩典和力量；不是对世界的摧毁，如摧毁旧时代一样，而是洁净个体的罪，彻底清除罪的种种伤口和污点。

8. 由于我们是复合的，即是由身体和灵魂构成的，一者可见，另

---

① 《路加福音》9：32、34。
② 《使徒行传》9：3。
③ 《马太福音》13：43。
④ 《所罗门智训》3章7节。
⑤ 《箴言》18：3（七十士译本）。

一者不可见，所以洗濯也是双重的，既由水洗，也由灵洗；一者由身体领受，可见的，另一者发生在灵里，独立于身体，不可见；一者是预表，另一者是真实的，清洗的是深部。这洗礼是来帮助我们的第一种出生的，使我们成为新的，不再是旧的，像神的样式，不再是现在的模样。虽然没有火，却对我们进行了重新塑造，没有把我们打碎，而将我们造为新的。总而言之，洗礼的美德可以理解为为第二次生命和更纯洁的谈吐而与神立的一个约。事实上，所有人都必须对此十分敬畏，我们每个人都要全心全意地看守自己的灵魂，免得我们在这一认信上成为说谎的。既然我们求告神作中保，核准人的认信，我们若是背弃与神本身订立的约，除了犯有其他种种罪之外，我们还暴露出在真理本身面前说那种谎言的罪，那危险该有多大……假如没有第二次重生，没有重建，没有向我们原先状态的复归，就算我们尽我们所能求它，叹尽气，流尽泪，求它得愈合（虽然我们都相信它可能会愈合，然而在我看来，这是非常困难的），那又有何用。然而，我们只要能够去除伤痕，我也就很高兴了，因为我也需要怜悯。当然，最好是不再需要第二次洗濯，洗完第一次就够了，这一次，据我所知，是众所共有的，也是不需要任何劳苦的，无论是对奴仆还是主人，穷人还是富人，谦卑的还是高傲的，出身高贵的还是出身低贱的，欠债的还是清了债的，一律同价；就像对空气的呼吸，光的照射，季节的变换，创造的景象，我们所有人都同样享有的大喜乐，以及信心的同等分配。

9. 不愿无痛的治疗，而宁愿苦痛的治疗；拒绝怜悯的恩典，而欠下惩罚的罪债；不愿意从罪中矫正过来，这岂不都是咄咄怪事。我们要流多少眼泪，才能成洗礼之泉；谁能向我们保证，死会等候我们的医治；当我们还是罪人和需要另一世界的火的时候，审判台不来召集我们？也许你是一个良善而可怜的农夫，会恳求主仍然留着那棵无花果树①，别把它砍掉，尽管抱怨它不结果子；且允许你在它周围掘土施肥，也就是流泪、叹息、恳求、睡在地上、警戒、灵魂和身体的禁欲、认信主所得的改正、谦卑的生活。然而主是否保留它，我们无法确定，因为它妨碍另一个的根基，另一个同样也祈求怜悯，然而由于长期患难而渐渐变质败坏。因而，我们要借着洗礼与基督一同埋葬②，好叫我们也与他一同复活；我们要与他一同下降，好叫我们也与它一同上升；我们要与他一同升天，好叫我们也与他一同得荣耀。

10. 如果洗礼后，逼迫光、试探光的人攻击你（他甚至借着面纱③攻击道我的神，隐藏的光借着这面纱得以显明），你就有征服他的武器。不要害怕冲突，用圣水保卫自己，用圣灵保卫自己，借着圣灵可以灭尽那恶者一切的火箭。④这是灵，不过是使圣山崩裂的圣灵⑤。这是水，不过是浇灭火的圣水。他若是攻击你的缺乏（如他放肆攻击基督那样），要求把那石头变成饼，不要不晓得，而要识破他的诡计。⑥教训他，让他知道他不曾知道的东西。你要用生命之道保卫自己，他是从天上赐下的粮，赐生命给世界。⑦敌人若是用虚妄的荣耀算计你（他也是这样试探基督，把他引到殿顶上，对他说，要证明你的神性，就跳下去⑧），不要得意忘形，乐极生悲。你若是在这里中他的计，他必不会就此罢休，因为他是贪得无厌的，要攫取每一样东西。

---

① 《路加福音》13：8。
② 《罗马书》6：4；《歌罗西书》2：12。
③ 即神圣的人性。
④ 《以弗所书》6：16。
⑤ 《列王纪上》19：11。
⑥ 《哥林多后书》2：11。
⑦ 《约翰福音》6：33。
⑧ 《马太福音》4：6。（参看和合本经文："你若是神的儿子，可以跳下去。"——中译者注）

他用华美的假言假语奉承你，最后全落入恶里，这是他的攻击方式。没错，盗贼精通圣经。一方面圣经上记载着食物的事，另一方面记载着天使的事。他说，经上写着，他要为你吩咐他的使者照顾你，他们要用手托着你。①多么邪恶的文士啊！你怎么能隐瞒后面的话？即使你隐而不说，我也清楚地知道。我要使你踹在毒蛇和虺蛇的身上，我要践踏爬虫和大蛇②，得到三位一体的保护。他若是通过贪婪迫使你跌倒，在眨眼的瞬间就向你显示一切王国，似乎全都属于他本人，然后要求你敬拜他，那你要鄙弃他如乞丐。信靠印记，对他说："我本人就是神的形象，从不曾从属天的荣耀中被抛弃，不像你因骄傲被抛弃；我穿戴了基督，我借洗礼转变进入了基督里面，所以你当敬拜我。"我完全知道，他必被你的话击败，蒙羞离去；正如他这样离开了最先的光基督，同样，也必这样离开那些被基督照亮的人。这就是水洗给予那些心领神会的人的恩福，这就是它为那些饥肠辘辘的人预备的盛宴。

11. 所以，我们务当受洗，好叫我们得胜；我们要分有水的洁净，它比牛膝草更干净，比祭物的血更纯洁，比小母牛的灰更圣洁，把灰洒给不洁者，只能给身体带来暂时的干净，断不能彻底清除罪③；否则，他们既得了洁净，为何还需要再洁净？让我们今天就来受洗，好叫我们明日不再遭受暴力（violence）④；我们不可推开恩福，似乎它是祸害，不可等到我们变得更恶，从而要求更多赦免的时候才去领

---

① 《诗篇》91：14。（和合本此节经文译为："神说：'因为他专心爱我，我就要搭救他；因为他知道我的名，我要把他安置在高处。'"另外，参看和合本11、12节："因他要为你吩咐他的使者，在你行的一切道路上保护你。他们要用手托着你，免得你的脚碰在石头上。"——中译者注）
② 参看和合本《诗篇》91：13。——中译者注
③ 《希伯来书》10：4。
④ 这里是个难以翻译的双关语。

受；我们不可成为出卖、嘲笑基督的人，免得背负沉重的担子，不胜负荷，免得我们与所有人一同下沉①，毁掉他的恩赐，因为指望太多，反而失去一切。在你还能主宰自己思想的时候就当奔向恩赐。当你的身体或心灵还没有疾患，没有被你周围的人看为有病（尽管你实际上心灵健全）的时候；当你的好处还没有掌控在别人之手，自己还能支配的时候；当你的舌头还没有打结或枯竭，或者（不必再说）还没有丧失宣称圣礼誓词之能力的时候；当你还仍然能成为忠心者，不是靠推测，而是靠认信；还能接受祝贺，而不是同情的时候；当你看恩赐还很清晰，对它没有疑惑的时候；当恩典还能到达你灵魂的深处，受洗得埋葬的不只是你的身体的时候，速速奔向恩赐；不要等到你的四周眼泪纷飞，宣告你的死亡——甚至眼泪也禁止流，也许是为了你的缘故——你的妻子和孩子迟迟不让你离去，要倾听你的临终遗言；不要等到医生也对你无能为力，只能给你几个小时的生命——这时间也不是他给予的——用点头来权衡你的得救，你死后就从学术上讨论你的疾病，或者退缩，绝望地暗示，以加重他的责任；不要等到要给你施洗的人与巴望你的钱财的人之间发生争执，一个想要让你领受临终圣餐，另一个则想把自己立为你遗嘱的继承人——然而两人都没有时间实现自己的愿望。

12. 为何要等一时的狂热给你带来福分，却拒不接受从神而来的

---

① 又是一个双关语。"*Baptizesthai*"有时用来指淹没。这个词原初意指浸入，当然用在船只上，意思就是使它沉没。在早期，在圣洗礼时全身浸入水中毫无疑问是普遍的做法，除非情势所迫，比如受洗者患病、判了死刑关在监牢里；在这些情形中，这种"诊室里的"洗礼，虽然被承认有效，因而不可重复，但被认为是非常规的，受洗者以后仍然没有资格纳入圣品（Holy Orders）。后来注水仪式渐渐被接受，很可能是出于气候的原因，成为西方的通行做法，但浸水礼推迟到12世纪才成为主流。然而令人瞩目的事实是，十二使徒遗训——使徒时代的一本教导手册，几乎所有人认为它不迟于2世纪早期——明确准许注水仪式，没有暗示这是非常规的做法，除非缺水，也没有提到需要什么其他必要条件。

恩福？为何要从时间的流逝中获得，而不根据理性获得？为何要把它归于某个算计的朋友，而不归于拯救的欲求？为何要用暴力来领受它，而不是出于自由意志？为何要出于迫不得已，而不是出于自主自觉？你为何一定要从别人那里听到自己的死讯，而不是现在就去思想死？为何要求毫无益处的药物，或者危机之甜美，纵然死之甜美可能临到你？趁你还未病入膏肓的时候医治自己；让唯一真正能治你病的医生来怜悯你；要服用真正救人的药物，要居安思危，当你还一路顺风的时候，就要忧虑沉船之灾，只要利用自己的忧虑作为帮助者，就会减少这样的危险。给自己庆祝这种恩赐的机会，要喜庆，不要悲泣；天赋要培养，不要让它埋入地里，让恩典和死亡之间有一段时间间隔，这样，不仅可能剔除罪的解释，还可能代之以对良善之事的记载；好叫你不仅有恩赐，还有奖赏，叫你不仅逃离火，还承继荣光，这是因培养恩赐而给予的。对灵魂渺小的人来说，能避开痛苦就是大事了，然而对灵魂伟大的人来说，还要致力于获得奖赏。

13. 据我所知，得救者有三类，奴隶、受雇用的仆人和儿子。你若是奴隶，必害怕鞭子；你若是受雇的仆人，只能指望得到雇用；你若不是这些人，而是儿子，就要敬他为父，行做善工，因为顺从父是善的；即使没有奖赏给你，你使父喜悦，这本身就是一种奖赏。因而我们要注意，不可轻看这些事。人若是抓住钱财，却扔掉健康，为洁净身体挥金如土，对灵魂的洁净却斤斤计较；为脱离地上的奴役得自由孜孜以求，对天上的自由却毫不在意，想方设法装饰房屋、打扮穿着，却从不曾想一想自己如何才能成为真正高贵的人；乐于助人，却不想助你自己，这是多么荒谬！善若是可以收买，你不会吝啬钱财，然而怜悯若是白白在你脚下，你却因它的廉价而弃之如敝屣。你任何时候都可以受洗，因为任何时候你都有可能死亡。我要与保罗一同大声对你说："现在正是悦纳的时候，现在正是拯救的日子"①；这里的"现在"不是指某个时候，而是指当下任何的时候。还有，"你这睡着的人当醒过来……基督就要光照你了"②，驱逐罪之黑暗。如以赛亚所说，黑夜里盼望是恶的，早晨被接受更有益处。

14. 在好的季节播种，一齐收割，在适当的时候打开谷仓；该种的时候种植，成熟时收割，春天大胆地让船下水，冬天一来，大海开始发怒，你就要把船再次泊在岸边。你也当有争战的时候，有和平的时候；嫁娶的时候，禁止嫁娶的时候；交友的时候，争吵的时候，如果有必要；总而言之，你若是听从所罗门的告诫，就当知道，凡事都有定期，万务都有定时。③最好按这样的告诫去做，因为它有百益而无一害。然而你得救的工作则是你须时刻投入的事；任何时候都是你受洗的确定时候。你若总是逃避今日，等候明日，你这样一点点拖延，就会在不知不觉中被那恶者（魔鬼）所骗，因为这正是他的行事方式。他说，把现在给我，把将来给神；把你的青春给我，把老年给神；把你的快乐给我，把你的无用给神。你周围潜伏着多大的危机啊，有多少不期而至的灾祸啊。争战就悬在你头上，地震会把你压垮，大海会把你吞噬，野兽会把你叼走，疾病会要了你的命，饭粒入口偏了路（非常细小的事，但更容易置人于死地，尽管你对自己作为神圣的形象极为自豪）；或一次放任的饮酒较量④过了度，或一阵风把你刮倒，或一匹马拖着你奔跑，或一种药充满恶意地与你作对，或原本为了健康，结果却使病情加剧；或一个毫无人性的审判官，一个冷酷无

---

① 《哥林多后书》6：2。
② 《以弗所书》5：14。
③ 《传道书》3：1以下。
④ 有些抄本（MSS）译为"涨溢的河"。

情的执行者，或任何导致迅速变化、人无能为力的事情，都可能使你死于非命。

15. 然而你若预先用印记坚固自己，以最好、最强的帮助力量确保自己的将来，让身体和灵魂都有圣油的记号，就如同古代的以色列人用初生羊羔的血和油作晚上保护他的记号①，那么你能发生什么事，结果会是什么呢？请听《箴言》，"你坐下，必不惧怕；你躺卧，睡得香甜。"②请听大卫给你的好消息："你必不怕黑夜的惊骇、不幸或午间的恶魔。"③就是在你的有生之年，这也大大地增加你的安全感（因为得了印记的羊就不易被网罗，而那未印记号的很容易成为偷盗的对象），死后就是你幸运的寿衣，比黄金更宝贵，比坟墓更壮观，比不结果子的祭酒④更可敬，比初熟的果子——死人给予死人的果子，这是出于习俗的一种律法⑤——更宜人。不仅如此，即使一切事物都弃你而去，或者被暴力剥夺，金钱、财产、王位、荣耀，以及一切属于这早年的骚乱的东西，你也必能使你的生命立在安全之中，完全无损于神为你的得救赐给你的恩助。

16. 然而你担心会破坏这恩赐，因为你不可能有第二次机会，因此推迟受洗。什么？在逼迫时代你岂不是不怕危险，不怕失去你拥有的最宝贵的东西——基督吗？那么岂能出于这个原因避免成为基督徒？该死的想法，这样的担心不是神智正常的人该有的；这样的观点表明你心智失常了。这是粗心大意的谨慎，或者可以这样说。这是恶者的

---

① 《出埃及记》12：22。
② 《箴言》3：24。"坐下"在和合本里为"躺下"。——中译者注
③ 《诗篇》91：5。（参看和合本此节及6节译文："……或是白日飞的箭；也不怕夜间行的瘟疫，或是午间灭人的毒病。"——中译者注）
④ 比利乌斯认为，文中没有采纳一种小小的推测性改变，即译成"比葬礼游戏和祭酒"，因为这种译法虽然意思很好，却是对MSS抄本的无谓背离。
⑤ 《路加福音》9：60。（参看和合本此节译文："任凭死人埋葬他们的死人。"——中译者注）

诡计！他其实是黑暗，却假装是光明；当他再也不能公开争战时，就偷偷设下陷阱，所给的建议看似好的，实是恶的，如果他至少可以借某种计谋得逞，我们看到，没有能逃脱他的算计的。在这事上他的目标是什么显而易见。因为他既不能劝你鄙视洗礼，就要用一种虚构的安全问题来使你患得患失；正是由于你的这种担心，在不知不觉中你所得的结果可能正是你所担心的事；因为你担心毁灭恩赐，正因如此你可能完全得不到这恩赐。这就是他的特点，只要他看到我们奋力向他所堕落的天国前进，就永不会停止这种骗人的伎俩。属神的人哪，你可认出你对手的阴谋，所发动的争战就是针对他的，这场争战涉及极为重要的利益。不要把你的仇敌当成你的谋士；不要小看成为信徒，被称为信主的人。只要你还是慕道友，就还只是在宗教的走廊上。你必须进到里面来，跨过庭院，观察圣洁的事物，洞悉圣中之圣，与二位一体为伴。你所争战的益处是何其大，你所需要的安定也何其大。要用信心的盾牌来保护自己。只要你用这样的武器作战，他必怕你，因而他想使你失去这种恩赐，使你手无寸铁，毫无防备，这样就更容易制服你。他攻击每个年龄阶段，每种生活形式；他必是人人都痛恨的。

17. 你很年轻吗？要与自己的情欲作战；数算神的军队里的联盟①，勇敢地与歌利亚作战②。带上你的千千或万万③；享受你的勇士气概。然而不要让你的青春枯萎，被你不完全的信心扼杀了。你已垂垂老矣，挨近你的命数了吗？要扶助你不多的时日，把洁净交给你的老

---

① 本尼迪克版编辑的断句与此不同，译为"在洗礼的协助下争战情欲，数算为神的队伍"。指出大卫打歌利亚时并无盟军，依靠神的帮助；圣格列高利这里的意思必是说，基督徒只要依赖于自己洗礼的帮助，就必能在与魔鬼的战斗中立稳脚跟。
② 《撒母耳记上》17：32。
③ 《撒母耳记上》18：7。

年。你既如此暮年，在最后的时日为何还要惧怕年轻人的情欲？难道你要等到死了之后才受洗，与其说是被人怜悯，还不如说被人厌恶？你要在生命的残留岁月里为残留的快乐遗憾吗？度过了年龄的花季，却没有除掉恶习，似乎仍然沉溺其中，或者至少看起来如此，因为你拖延自己的洁净，这实在是件可羞的事。你有婴孩吗？不要让罪有机可乘，让他从小就得圣洁，在初生之时就让他受圣灵的祝圣。你因本性的软弱惧怕印记吗？心胸多么狭隘，信心多么微小的母亲！须知，哈拿甚至在撒母耳还未怀上时①就许愿将他献给神，等他一出生就给他行祝圣礼，以祭司的惯例养育他，不怕人性里的任何东西，只信靠神。你不需要护身符或魔法妖术，魔鬼才要那些东西潜入到虚枉的人心里，引诱人不拜神，而拜自己。把你的孩子交给三位一体神，那伟大而高贵的保守者吧。

18. 还有呢？你是守着童贞吗？请印上这纯洁的记号，分有它，使它成为你生命的伴随者。让这引导你的生活，你的话语，每一个肢体，每一个活动，每一种感觉。尊敬它，它就会尊敬你；给你的头上戴上荣耀的冠冕，用喜乐的冠冕护卫你。②你有婚戒缠指吗？也要绕上这印记，让它与你同住，如同你自制的看护者，这比任何数目的太监或守门人更安全。你还未成亲吗？不要惧怕这祝圣礼，就是结婚后你也是纯洁的。我将冒那样的险。我会与你一同进入婚礼，我要打扮新娘。我们不会因为更尊敬童贞就鄙视婚姻。我要效仿基督，他是纯洁的男傧相和新郎，因为他既在婚礼上行了神迹，又亲自显现在婚礼上，以表示尊敬。③只是要让婚姻保持纯洁，不混合任何污秽的淫欲。

---

① 《撒母耳记上》1：10。（Anna 即 Hannah。——中译者注）
② 《便西拉智训》32 章 3 节。
③ 《约翰福音》2：1 11。

这就是我唯一要求的。请领受出于恩赐的安全，并在适当的时节，在固定的祷告时间来临之时，给予恩赐圣洁的膏油，这比事务要更珍贵。做这事是出于共同的意图和一致的认可。因为我们不是命令，乃是劝告；只要对你们有益，我们也会从中有所获，这安全保障是你我共同的。总而言之，没有哪种生活状态，也没有哪种职业，洗礼对它没有益处。你若是自主的人，就会受它制约；你若是受奴役的人，就成为与主人平等的人；你若是忧愁，就得安慰；它让快乐有所克制；让穷人得永不能失去的财富；让富人能成为他们财产的优秀管家。不要玩弄或阴谋反对你自己的得救事业。即使我们能欺骗别人，也不可能欺骗我们自己。所以，谋划反对自己是极其危险而愚蠢的。

19. 然而你得生活在公共事务中间，不得被它们玷污；若是浪费了这怜恤，那必是非常可怕的事。要解决这个问题很简单。若是能够，就逃避，甚至离开公开讨论的广场，与好的伙伴同行，使自己成为鹰的双翅，或者说得更恰当一些，鸽子的翅膀……因为你与凯撒或凯撒的事有什么相干呢？……直到你能在没有罪、没有黑暗、没有咬人的毒蛇在路上阻碍你虔敬的步伐的地方安息。从这世界夺过，救出你的灵魂，逃离所多玛；逃离焚烧的火；勇往直前，不可回头，免得变成一根盐柱。①逃向圣山，免得与平地一同毁灭。但你若是已经被必然性之锁链捆绑，受制约，那就要这样劝告你自己，或者毋宁说让我来这样劝告你。最好是既能得善物，又能保持洁净。然而，两全其美不可能，那么就算让你的公共事务沾一点污秽，也肯定比完全缺乏恩典更可取；正如我认为从父或主人得一点惩罚，比被赶出门去更好；得到一点亮光也比完全陷入黑暗要好。在好事中，智慧人选择的

---

① 《创世记》19：26。

是更大、更完全的善，同样，在恶事中，他选择的是更小、更轻的恶。因而不要过分担心洁净，因为我们公正而仁慈的审判者总是根据我们在生活中所处的位置来论断我们的成功；一个处于公共生活中，且取得了小小成功的人，往往比一个在享受自由中没有完全成功的人能获得更大的奖赏；在我看来，一个戴着镣铐的人前进一小步也比一个没有任何负荷的人大步奔跑更了不起；穿越泥泞之路只沾一点污秽的，比行在干净的大路上保持完全洁净的，要更了不起。关于我所说的观点，给你举个例子：妓女喇合只因一件事就称了义，那就是她接待了使者①，尽管她的所有其他行为都不配得称赞；税吏只因一件事，即他的谦卑②，就得赞美，尽管他的其他事并没有得到任何见证。我这样说是要叫你知道，对自己不可轻易绝望。

20. 不过，有人会说，我若是早早被洗礼控制，当我还有能力掌控快乐的时候，却匆匆地使自己脱离生活的快乐，然后去获得恩典，这于我有什么益处呢？须知，在葡萄园做工的工人，做工时间最长的并没有因此有额外所得，与最后进园做工的人得同样的报酬。③不论你是谁，说这话倒帮我解决了某个难题，因为你至少非常艰难地说出了拖延的秘密。虽然我不可能赞同你的狡猾，却实在认可你的坦率。然而到这里来听听关于这比喻的解释吧，免得你因缺乏知识而被圣经伤害。首先，这里绝不是关于洗礼的问题，而是那些在不同的时候信主并进入教会这个好葡萄园的问题。每个人哪天、哪时开始相信，就要求从那天、那时开始做工。其次，虽然先进入园子的人做工较多，然而对目标本身并没有更多的贡献。不仅如此，甚至最后一个做工的倒

---

① 《约书亚记》6：25，《雅各书》2：25。
② 《路加福音》18：14。
③ 《马太福音》20：1以下。

可能在这一方面贡献更多,尽管这话看起来有点自相矛盾。因为他们之所以后进来,是因为他们较后受召来做葡萄园的工。在其他方面我们来看看他们有什么分别。最先者原先不相信或没有进来,直到在雇用他们的条件上达成一致;其他人则没有什么协议就径直前来做工,这是更大信心的证明。最先者表现出嫉妒和唠叨的本性,然而对其他人没有这样的指控。给予最先者的是工价,虽然他们是毫无用处的家伙,而给予最后者的则是白白的恩赐。所以最先者被证明是愚拙的,理应剥夺更大的奖赏。我们来看一下他们若是姗姗来迟,那会发生什么。当然,工价是一样的。那么他们怎么可能因雇主对他们一视同仁而指责他不公呢?从所有这些方面来看,虽然他们是最早开始做工的,这最早做工却没有任何功劳可言。由此可见,若是按善意而不是按做工来衡量,那么凡做工的都得同等工价是公平的。

21. 假设那比喻确如你所解释的,是勾画洗礼盆的能力,那有什么东西能阻止你——你若最先进入,忍受酷热——不去嫉妒那最后进入的,从而凭着这种仁慈之爱获得更多报酬?当然这种报酬不是出于恩典,乃是出于债务。其次,得工价的工人是那些已经进入葡萄园的人,而不是那些错过了葡萄园的人;你的情形就可能成为后者。所以,如果可以肯定,你虽然有这样的想法,恶意地拖延一些工,但你仍会获得这恩赐,虽然求助于这样的观点,想要从仁慈的主人那里索取不正当的所得,仍会得宽恕,但是我可以向你保证,能做工这一事实是对一切还未完全唯利是图的人的更大奖赏。不过,你这样讨价还价,就有可能被完全关在葡萄园外,既停止拾捡小的谷物,就有可能丧失大的谷物,所以,请你务必要相信我的话,抛弃错误的解释和自相矛盾的观点,不要争论,径直向前领受恩赐,免得你们还未实现盼望就被抓走了，最终发现你设计出这些诡辩，输的正是你自己。

22. 你说，神不是仁慈的吗？他既知道我们的念头，洞悉我们的欲望，他为何不接受仅有洗礼的欲望，而非要有洗礼不可？如果你的意思是说，神既是怜恤人的，那么蒙昧者在他面前就得开化，人只要想到天国，就在天国里，无须行任何与天国有关的事，那你是在痴人说梦。不过，我要大胆地说出自己在这些问题上的看法，并且我认为，所有其他理智正常的人都会站在我这一边。那些已经领受了这恩赐的人中间，有些完全与神以及救恩格格不入，既沉溺于行各种罪，又怀着向恶的念头；有些半陷沉沦，处在介于善恶之间的可鄙状态；还有些虽然行了恶事，然而并不赞同自己的行为，正如发烧的人对自己的病并不喜欢一样。还有的甚至还未被照亮就值得称颂，部分是出于本性，部分是由于他们尽心预备接受洗礼。这些人受洗被接纳之后，肯定会精益求精，跌倒的可能性越来越小；有时候是为了追求善，有时候则是为了保存善。在这些人中间，屈服于**某种**恶的比那些彻底败坏的要好，不过，那些满腔热忱，在洗礼前就预备自己的人，又比这些有小小屈服的人要好；比起其他已经劳作的人，他们也有优势，因为洗礼盆并不会像除去罪一样除去善行。当然，那些仍在继续培养这恩赐，仍在磨炼自己，以求达到最大程度的美的人，比所有这些人都要好。

23. 同样，那些没有领受这恩赐的人中，有些完全是动物或者兽类，因为他们或者愚不可及，或者罪不可赦。我想，还得加上他们的其他罪，即他们对这恩赐全无敬意，只是把它看作一种礼物——如果给他们，就认识它，不给他们，就忽视它。还有些知道并尊敬这恩赐，然而把它往后拖延，有的出于懒惰，有的出于贪婪。有些不具备领受的能力，也许是因为太小①，或者某种完全意识不到的条件使他们无法领受这样的恩赐，即便他们自己有这样的愿望。正如在前一种情形中我们看到有许多不同类型的人，在这里也同样。完全鄙视它的人比出于贪婪或懒惰忽视它的人更恶。而后者比那些因疏忽或因暴力独裁而失去这恩赐的人更坏，因为独裁是一种非自愿的过错。②我想，第一类人必然受罚，这既因他们所有的罪恶，也因他们对洗礼的鄙视；第二类也须受罚，但可轻一点，因为他们未受洗礼与其说是因为邪恶，不如说是因为愚蠢。至于第二类，公义的审判者既不会荣耀他们，也不会惩罚他们，因为他们虽然未得记号，却不是恶人，其实他们不仅不是作恶的人，倒是受苦的人。并非每一个未恶到该受罚的地步的人，都是善的，善到可得荣耀的地步；正如并非每一个未善到可得荣耀的人，都恶到该受惩罚的地步。我还可以从另一角度来分析这个问题。你若是只从有杀人倾向的人其意志来论断他，而不顾杀人的行为，那么你也可以认为希望受洗的人就是受了洗的人，也不顾他是否有领受洗礼的行为。你既不能认定前者，又怎能认定后者呢？我不明白。或者如果你愿意，我们也可以这样说：如果在你看来有洗礼的愿望就等同于真实洗礼的力量，那么以同样的方式来论断荣耀，你可能会满足于对荣耀的渴望，似乎只要渴望就是荣耀本身了；你只要对荣耀有渴望就足够了，不必获得真正的荣耀。你这种论调是多大的祸害呢？

24. 既然你听到了这些话，就当走到它面前，被它照亮，你的脸就

---

① 圣格列高利不排斥婴儿洗礼，这一点从本演讲后面所制定的指南可以清楚地看出。他这里只是指婴儿没有能力自己来到洗礼盆前，由于父母的错误谨慎，必有许多婴儿不幸夭折时还未曾受洗。

② 即完全由于外在的暴力导致的罪可不追究罪责，因为它们是非自愿的，而罪责与意志相关。

不会因失去恩典而蒙羞。①所以，要在适当的时候接受启蒙，免得黑暗追逐你，抓住你，把你与光明分开。我们离开这里之后，黑暗临到，没有人能作为。②一者是大卫的声音，另一者是真光，照亮一切生在世上的人。③想想所罗门如何责备太懒惰或无精打采的人，说，懒惰人哪，你要睡到几时呢？你何时睡醒呢④？你以这个或那个为借口，"假托罪里的借口"⑤；我等候主显节；我更愿意在复活节；我要等五旬节。⑥最好在基督复活的日子与基督一同受洗，一同复活⑦，以荣耀圣灵的显现。然后呢？你没有指望的某一日，你没有意识到的某一时，突然就成了终局。到那时，你就没有恩典的伴随，身处那些美善的财富中却忍饥挨饿；你应当从相反的过程收取相反的果子，那是勤勉所得的果子，从洗礼盆得精力的恢复，就像饥渴的心⑧奔向泉源，让水消除他行程的劳累；不要像以实玛利那样，因缺水而干死⑨，或者如比喻所说的，遭受在泉中忍渴的惩罚。⑩让墟日过去，然后去找工作，

---

① 《诗篇》34：5。
② 《约翰福音》12 35。
③ 《约翰福音》1：4。
④ 《箴言》6：9。
⑤ 《诗篇》141：4。（和合本此节译为："求你不要叫我的心偏向邪恶……"。——中译者注）
⑥ 早在2世纪，为庄严地施行圣洁的洗礼，复活节和五旬节是分开的。大约在纳西盎的格列高利时代，罗马主教圣西里西乌（Siricius）说，所有的教会都同意把这两个节日分开过。然而这是一个错误［尽管凡 伊斯奔（Van Espen）说（II.，c. i.，tit. 2，c. 4）圣西里西乌承认存在着不同习俗，但指责这种不同，并引证 ad. Himerum Tarraconensem, c. 2］，因为有证据表明，许多教会也遵守主显节，有些还守圣诞节。不过，德尔图良（De Bapt.）说，没有什么时候是不适合的。然而，在西方教会，从6世纪到13世纪，教宗颁布的法令、公会议制定的教规、宗主国立的规章条例，大量文件都规定复活节和五旬节要在这两个时节执行，除了疾病可以例外，在两个节的守夜祈祷中仍提供弥撒。毫无疑问，当时来受洗的人基本上是成年人，并要求有预备的时候，大家感到这是非常有益的规定。 且这种情况不再存在，这一规定也就渐渐废止，现在则已经长期不用了。
⑦ 《马太福音》24：50。（经文出处似有误。——中译者注）
⑧ 《诗篇》42：1。
⑨ 《创世记》19：15以下。（和合本此章似乎没有相关内容的记载。——中译者注）
⑩ 暗指众所周知的坦塔鲁斯的故事。据说他在地狱里的惩罚是这样的：让他备受饥渴折磨，虽然站在水中，水却只升到他的唇下，永远喝不到，树上果实累累，唾手可得，他却永远摘不到。

这是可悲的事。任吗哪流失，然后去觅食，这是可悲的事。等到太迟的时候才去求策士，到了不可能恢复的时候才产生失落感，这是可悲的事。也就是说，当我们离开了这里，每个人的生命活动终止了，罪人得了惩罚，洁净者得了荣耀，那就为时太晚了。因而，不要迟迟不到恩典面前去，而要急急前去，免得盗贼走在你前头，通奸者把你撇在后头，贪婪者先于你得饱足，杀人者首先抢得恩福，或者税吏，或者奸淫者，或者任何以暴力攫取天国的人①，都先于你得着天国。因为它情愿忍受强力，让美善来专制统治。

25. 请听我的劝告，我的朋友，在作恶上要迟缓，在得救上却要迅捷；轻易作恶与迟钝行善同样可恶。若是有人鼓动你暴乱，不可不假思索就去；若是叫你背教，要躲开；若是一群恶人对你说："你与我们同去，我们要埋伏流人之血，要蹲伏害无罪之人"②，听也不要听他们的。这样你就有两样非常大的所得，你将使别人知道他的罪，也使你自己脱离恶人之群。然而若是伟大的大卫对你说，来吧，让我们在耶和华里喜乐③，或者另一位先知说，来吧，我们登耶和华的山④；或者我们的救主本人说，凡劳苦担重担的人，可以到我这里来，我就使你们得安息⑤；或者说，起来，让我们前进，闪出明亮的光辉，比雪更亮，比奶更白⑥，光辉胜过蓝宝石；那么我们不可抵挡，不可推延。我们要像彼得和约翰那样，速速前行⑦；他们往坟墓和复活奔

---

① 《马太福音》11：12。（参看和合本此节经文："天国是努力进入的，努力的人就得着了。"——中译者注）
② 《箴言》1：11。
③ 《诗篇》95：1。（和合本此节经文译为："来啊，我们要向耶和华歌唱。"——中译者注）
④ 《弥迦书》4：2。
⑤ 《马太福音》11：28。
⑥ 这里使用的是钦定本，因它比七十士译本更准确。此节经文直接引自《耶利米哀歌》4：7。
⑦ 《约翰福音》20：3。

去，我们则向洗礼盆奔去；一起奔跑，彼此竞赛，努力成为最先获得这恩福的人。你若今日可以得恩福，就不要说："去吧，明天再来，我必受洗。"①"我要让我的父亲、母亲、兄弟、妻子、孩子、朋友，我所爱的所有人都和我一起，那样就必得救；但现在还不是我成为明亮的时候。"你若这样说，就有理由害怕，那些你与他们希望分享你的喜乐的人，很可能会成为分担你忧愁的人。他们若能与你一起，那敢情好；但不要等着他们。不要说："为我的洗礼的祭品在哪里，我的洗礼袍子，我穿着成为明亮的袍子在哪里，为供给我的施洗者所需要的东西——好叫我也在这些事上成为令人瞩目的——在哪里？因为如你所知，所有这些事都是必不可少的，因此，没有它们，恩典必要减少。"说这样的话是可鄙的。在大事上不可这样吹毛求疵，也不可放任自己如此卑下地思想；须知，圣礼比可见的环境更大。献上**你自己**；把基督穿戴在你自己身上，用你的行为为我庆祝；我喜欢受到这样深情的款待，赐给这些恩赐的神也喜欢这样。在神面前没有什么是大的，唯有穷人所能给的东西，免得穷人在这里也被远远地甩在后面，因为他们不可能与富人比赛。在其他事上，贫富之间有分别，然而在这件事上，越是情愿的，就越是富有的。

26. 不要让任何事物阻碍你前进，也不要有什么东西使你失去雀跃之心。当你的欲求还很炽热的时候，抓住你所向往的东西。要趁热打铁，当铁还热的时候，就用冷水锤炼它，免得节外生枝，有什么其他事穿插进来，浇灭了你的欲望。假设我是腓利，你是干大基的太监②，你也会说："看哪，这里有水，我受洗有什么妨碍呢？"抓住机会，在恩

---

① 《箴言》3：28。（和合本此节经文译为："去吧，明天再来，我必给你。"——中译者注）
② 《使徒行传》8：36。

福里大大喜乐。既说了，就受洗；既受了洗，就得救；你虽然是埃提阿伯（Ethiopia）的身子，灵魂却成了洁白的。不要说："要主教来给我施洗，并且是宗主国的，耶路撒冷的主教（恩典不出于某个地方，乃出于圣灵），他要有高贵的出身，若是一个没有高贵血统的人来给我施洗，我的高贵受到侮辱，这岂不是可悲的事？"不要说："我不在乎他只是个祭司，只要他独身，虔敬，过着天使般的生活，因为我若受到玷污，即使是在我受洁净的时候，岂不是一件可悲的事？"不可要求布道者或施洗者有可靠的证书。因为论断他的是另一位①，这另一位察看他是察看你所看不见的东西。人是看外貌，耶和华是看内心。每一个人都值得信赖，为你施洗，他只是那些已经被核准的人之一，而不是那些被公开谴责的人之一，不是教会外的人。你是要医治的人，不要论断你的论断者；不要对那些可能洁净你的人的地位作细致区分，或者批评你灵性上的父亲。他们彼此之间会有高低，但全都比你高。要这样来看待这个问题：一个可能是金的，一个是铁的，但二者都是戒指，都刻上了某种高贵的像，因而当它们压在蜡上时，金的印记与铁的印记有什么分别呢？毫无分别。你若是非常聪明，就会分辨蜡里面的质料。告诉我哪个是铁戒指的印记，哪个是金戒指的印记。它们如何成为一个？分别在于质料，不在于印记。所以，任何人都可以作你的施洗者。虽然此人的生活可能比彼人成功，洗礼的恩典却是一样的，只要是在同一信心中形成的，任何人都可以作你的祝圣者。

27. 你若是富有的，不要鄙视与穷人一同受洗；你若是高贵的，也不要以与卑贱的人一同受洗为耻；你若是主人，与一直作你奴仆的人

---

① 《撒母耳记上》16：7。

一同受洗也无不可。就是这样，你也不可能使自己成为基督那样谦卑的人，你今天受洗归于他，要知道他是为了你的缘故才虚己，甚至取了奴仆的样式。从你新生的日子起，所有的旧记号都被除去，众人都以同样的样式穿戴上基督。不要羞于承认自己的罪，要知道约翰怎样受的洗，好叫你借现在的羞耻避免将来的羞耻（这也是将来惩罚的一部分）；要表明你是真的恨恶罪，那就公开承认它，鄙视它，胜过它。不要拒斥驱邪仪式的医治，不要因为它冗长而拒绝它。这也是一块试金石，看你是否真正渴慕恩典。埃提阿伯女王①从遥远的地方来见识所罗门的智慧，与她的劳苦相比，你要付出的努力算什么呢？看哪，在这里有一人比所罗门更大②，这是那些心智成熟之人的论断。不要因行程的遥远、茫茫的海洋而犹豫，就是面对火，或者其他大大小小的各种障碍，也不要犹豫，免得它们阻挡你去获得恩赐。如果根本无须劳作和辛苦，你就可以获得所渴求的东西，那为何还要推延这样的恩赐："你们一切干渴的，都当就近水来"③，以赛亚邀请你，"没有银钱的也可以来。你们都来，买了吃，不用银钱，不用价值，也来买酒和奶。"他的怜悯多么甜美，这约多么容易，这恩福你只要渴望它就能买了它，只要你有这种欲望，他就当它是大价钱，他渴望成为被渴望的；他赐给一切想喝的人可喝的东西；他视人对良善的渴求为一种良善；他随时随地预备白白地给予；他这施者比受者更加喜乐。④我们只是不要因为所求的卑微，所求的与施予者不相称而被指责为轻薄。耶稣向他要水喝的人有福了，如耶稣向撒玛利亚妇人要水喝，并赐予活

---

① 《列王纪上》10：1。（和合本此节为"示巴女王"。——中译者注）
② 《马太福音》12：42。
③ 《以赛亚书》55：1。
④ 《使徒行传》20：35。（参看和合本此节译文："……施比受更为有福。"——中译者注）

水泉源，直涌到永生。①在各水边撒种的人有福了②，今日各个灵魂虽然干渴无水，被非理性压制，被牛驴践踏，明日必要耕犁、浇灌。那虽然是"灯心草谷"③，然而，有泉源从耶和华的殿中流出来浇灌的人有福了；因为他要结果子，而不是长无用之草，要生出人的食物，而不是粗俗无用的东西。为此，我们必须非常当心，不要错过恩典。

28. 有人会说，就那些自己要求洗礼的人来说，确实如此，但就那些还是孩子，既不知何为失去，也不知何为恩典的人，你要说什么呢？我们也要给他们施洗吗？若是有危险迫在眉睫，自然要的；因为他们在无意识中得圣洁，也比未得印记、未被接纳就夭折更好。

对此的一个证据就是第八日的割礼，这是一个典型的记号，在孩子还未长成能使用理性之前就给予他们的。门楣上打上血④也是如此，是为了保护头生的，虽然他们毫无知觉。至于其他人⑤，我建议等到满3岁之时，可稍早或稍晚一点，当他们能听懂并回答关于圣礼的问题时；这样，即使他们还不能完全明白，总也可以知道个大概；然后用我们伟大的祝圣礼使他们在身体和灵魂上都得圣洁。因为事情就是这样的，当理性成熟了，他们就开始对自己的生活负责，他们渐渐了解生命的奥秘（由于年幼，他们不可能解释无知之罪），所以，无论如何，得到洗礼盆的坚固，比帮助我们的人更坚强，益莫大焉，因为危险会在突然之间临到我们头上。

29. 然而有人说，基督受洗的时候已是30岁了⑥，虽然，他原本

---

① 《约翰福音》4：7。
② 《以赛亚书》32：20。
③ 《约珥书》3：18。七十士译本译成"灯芯草"（*rushes*）的希伯来词，在我们的希伯来文本中为"什亭"（*Shittim*，即 *acacia trees*）。
④ 《出埃及记》12：22。
⑤ 即没有危险临到的人。
⑥ 《路加福音》3：23。

是神；那你凭什么命令我们急急地去领受洗礼呢？——你既说他原本是神，就已经解决了这个问题。因为他原本就是完全洁净的，他根本不需要再洁净；他得洁净乃是为了你的缘故，正如他原本没有肉身，然而为了你，穿戴了肉身。在他，没有洗礼也不会有任何危险，因为他有自己降生的日子，也有自己受难的日子。而你则不同，你若是只有可朽坏的生命，没有穿上不朽坏的，那这样离世之后，危险绝不会小。我还要进一步这样思考，即基督必须在那个特定的时间洗礼，而你却不是这样。他在降生后第三十个年头显明自己，而不是在此之前，首先是为了不至于显得那么引人注目，思想庸俗的人往往会这样；其次，因为那个年龄美德已得到彻底试炼，正是教诲人的时候。由于他必须受难以便拯救世界，所以一切属于苦难的事物也必须适合于受难；显明（Manifestation），洗礼，天上的见证，宣称（Proclamation），人群的聚集，神迹；这些事必须在人面前显得统一和谐，而不是四分五裂，被时间分割开来。从洗礼和宣告中产生的是聚在一起的人的震动①，圣经这样描述那个时候②；从众人产生的是表明神迹的记号，引导人走向福音。从这些产生了嫉妒，从嫉妒产生了恨恶，因恨恶有了设计谋害他，有了出卖；再就是十字架，以及其他促成我们得救的事件。就我们所知，这就是基督为何到 30 岁才受洗的原因。也许还可以找到其他神秘的原因。

30. 而就你来说，何必跟从如此高远、你力所不能及的例子，这岂非是无益于自己的不明智之事？要知道，福音历史中还有许多其他细节，与今天的情形完全不同，其时机也不是一一对应的。比如，基督

---

① "合城都惊动了。"钦定本直译"像受到了地震的晃动"。
② 《马太福音》21：10。

在他受试探之前禁食,而我们在复活节前禁食。就禁食的天数来说是一样的①,然而时机完全不同。他以这些日子来装备自己,抵挡试探;而对我们来说,禁食象征着与基督同死,是预备庆祝节日的一种洁净。他完完整整地禁食了 40 天,因为他是神;然而我们只能按自己的能力为之,尽管有些人出于热心奔向能力所不及的事。再者,他在自己受难的前一天,在一间上房,并晚餐后,把逾越节的圣礼给予门徒,而我们是在他复活后,用餐前,在祷告室庆祝这个节日。②他第三天复活;而我们的复活还要等很长时间。事实上,与他相关的事,既不是支离破碎,与我们无关,在我们之外的,也不是在时间上与那些关乎我们的事完全匹配,一一对应,它们传到我们手里,是作为我们当做之事的范型,所以要小心地避免一字不差,完全不变的复制。

31. 你若能听从我,就会对所有这些论证说再见,就会跳跃到这一恩福面前,开始为双重冲突而战:首先,洁净自己,预备洗礼;其次,保守洗礼的恩赐。因为获得我们所没有的恩福与获得之后保守它是同样困难的事。满腔热情获得的东西往往会因松懈怠惰而毁灭;犹豫不决所失去的东西也会借着勤勉努力重新获得。要获得你所渴望的事物,就要警醒、禁食、睡在地上、祷告、流泪、怜悯,并施舍给那些穷乏的人,这样做有很大的协助作用;为表示你对所获得之物的感恩,你要这样做,同时为保守它们,你也要这样做。提醒你记住许多诫命,这对你有益处,所以万不可违背它们。有穷人靠近你吗?要记住你曾是多么穷乏,你又是怎样致富的。看到某个饥饿干渴的人,要

---

① 这里表明,40 天的大斋戒在圣格列高利时代是众所周知的规定。在尼西亚大公会议上,这样的斋戒被认为是理所当然的。东方教会的大斋戒开始于星期日后的星期一,对应于我们的 "Quinquagesima",禁食有时甚至一直持续到星期日。
② 请注意,这是广为认可的禁食圣餐(Fasting Communion)的规定。

想到这也许就是另一个拉撒路①，被扔在你门口。要尊敬你所接近的圣礼台，你所分有的圣饼，你所领受的圣杯②，借基督的苦难而有的祝圣礼。如果有陌生人、无家可归的人、外邦人倒在你脚下，要把他接进来。主为了你的缘故成了陌生人，并且在他自己的人中间成为陌生人③，他借着主的恩典到来住在你们中间，引导你们走向属天的居所。学做撒该，他昨天曾是税吏，今天成了自由的人，献出一切，进入基督，好叫你虽然身材矮小，却能显明自己对基督伟大而崇高的沉思。若有患病或受伤的人躺在你面前，就要加倍珍惜自己的健康，因为基督把你从伤病中救了出来。若看到有人赤身露体，就要尊重自己不朽的外衣，那就是基督，因为凡受洗归入基督的，都是披戴基督了。④若看见欠债的倒在你脚下⑤，就把一切欠条都撕了，不论公平不公平。要记住基督免了你的一千万银子，不要对小小的债务斤斤计较，何况这欠你债的人是谁？岂不是与你同为仆人的人吗？而主人赦免你的债务又是何其多。否则，你就得偿还主的仁慈，这种仁慈是你无法效仿，不能复制的。

32. 不要让洗礼的水只洗你的身体，也要洗你里面神的形象；不只是洗去你里面的罪，还要纠正你的性情；不仅让它洗去旧污，还要让它洁净源头。让它不仅推动你获得荣耀之物，还让它教导你如何高贵地散财；或者这样说更容易做到，即把你的不当所得归还出去。试想，你的罪得赦免，你给别人造成的损失得弥补，受你损害的人得补

---

① 《路加福音》16：19 以下。
② 请注意，这里暗示圣餐的饼和杯是分开领受，像安立甘宗所行的，而不是像现今东正教会所行的面包蘸酒礼。
③ 《约翰福音》1：11。
④ 《加拉太书》3：27。
⑤ 参看《马太福音》18：23 以下。

偿，这是怎样的益处呢？你的良知上有两种罪，一种是你得了不当得的，另一种是你滞留这种所得；一种罪你得了赦免，但另一种，你仍然还在罪里，因为你仍然拥有属于别人的东西；你的罪还没有终止，只是被流逝的时间分割了。这罪部分是在你洗礼之前犯的，然而部分在你洗礼后仍然存留，因为洗礼带着对过去的赦免，不是对现在罪的赦免。所以这罪的洁净绝不是随随便便的事，必须让它真正降临在你身上。这样，你必成为完全明亮，而不只是彩衣；你必领受恩赐，不只是把罪遮盖住，而是把它们彻底清除。罪得赦免的人有福了①……这是靠完全的洁净成就的……有些人的罪是隐藏的……这些人属于心灵深处还未得医治的人。有些人主不归罪于他们，这样的人有福了……这是第三类罪人，他们的行为不值得称赞，然而他们的动机是无辜的。

33. 我该说什么，我能怎样论证呢？昨日你是迦南人，因罪病弯了腰②，今日你借着道挺直了腰。不可再弯腰了，受咒诅到地上，似乎魔鬼用木柱子把你压弯了，也不可得不可医治的弯曲症。昨日你患血漏流干了血③，因为你一直在喷流殷红的罪；如今你的血止住了，重新充满精力，因为你摸了基督的衣裳，你的喷流已经被阻止。我恳请你，要看守洁净，免得再患血漏，到那时，你就不可能再抓住基督，偷得救恩；因为基督不喜欢常常被偷，尽管他非常仁慈。昨日你被丢在床上，筋疲力尽，浑身麻木，水动的时候没有人把你放在池子里④；如今你有了神人合一的主，或者说既是神又是人的主。你被提

---

① 《诗篇》32：1。
② 《路加福音》13：11。圣格列高利显然把此经文与《马太福音》15：21合并在一起了。
③ 《马太福音》9：20。
④ 《约翰福音》5：1以下。

升,离开你的床,或者毋宁说,你拿走了床,公然承认所得的恩益。不可再犯罪被扔到床上,让因享乐而麻痹的身体在恶中沉迷。如今你既已痊愈,就走吧①,牢记诫命,你就成为整全的,不要再犯罪,免得你领受了恩典之后还显出自己的恶,那你遭遇的就要更加厉害了。你已听到那大声的呼叫,拉撒路,出来②,因为你躺在坟墓里;不过,不是四天,而是很多天;于是你的寿衣就得解开。不要再成为死人,不要再与那些常住在坟茔里的人③同住;也不要自己套上罪的镣铐④;因为到了末日,全世界都要复活的时候,你是否能复活,是不确定的;到了那时,人所做的事,无论是善是恶,神都必审问⑤,不是得医治,而是受审判,所积聚的事,无论善恶,一并做出说明。

34. 你若曾患满身麻风,那种无形的恶,就要刮掉恶的东西,重新领受整全的形象。把你的洁净显明给我,你的神父看,好叫我知道它比法律上的洁净要宝贵得多。不要让自己成为那九个忘恩负义的人之一,而要效法那第十个人⑥,他虽然是撒玛利亚人,却比其他人心地更良善。你要保证不会再让可恶的溃疡发作,使你的身体变得难以医治。昨日卑鄙和贪婪使你的手渐渐枯萎,今日让宽宏和仁慈使它再度伸展。⑦施舍钱财,周济穷人⑧,这是对弱者的高贵救治,我们要大大施舍自己的财物,直到所剩无几。也许这会为你涌出食物,就如为撒

---

① 《约翰福音》5:14。
② 《约翰福音》11:43。
③ 《马可福音》5:3。
④ 《诗篇》68:9。(和合本此节经文为:"神啊,你降下大雨。你产业以色列疲乏的时候,你使他坚固。"——中译者注)
⑤ 《传道书》12:14。
⑥ 《路加福音》17:12以下。
⑦ 《路加福音》6:6。
⑧ 《诗篇》112:9。

勒法妇人涌出食物那样①，假若你所给养的恰好是一位以利亚，那就更如此了。要知道，为基督的缘故成为穷乏的，这是一种美好的丰富，因为他就是为了我们的缘故才自己变为穷乏的。如果你曾耳聋舌结，就让道在你耳边呼叫，或者更确切地说，你要一直聆听呼叫的道。不要对主的教训，对他的劝告关闭耳朵，就像毒蛇不听咒语。②你若是瞎子，不见光明，就求神使你眼目明亮，免得沉睡至死。③在神的光中必得见光④，在神的灵里必得子的照亮，那是三而一不分离的光。你若是领受了所有的道，就是在你自己的灵魂里引入了基督的全部医治能力，他用这些能力把这些人一个个给治愈了。只是不要忘了恩典的尺度，不要让仇敌在你睡觉的时候恶意地将稗子撒在麦子里。⑤只是要知道，由于你得了洁净，就成了恶者仇恨的对象，所以要当心，不可再犯罪使自己成为怜悯的对象。只是要警醒，免得因恩福喜乐过度，自高自大，反而因骄傲而跌倒了。只是要对你的洁净尽心保守，"心中想往上升之路"⑥，十分勤勉地保守作为恩赐领受的赦免，这样，赦免虽是从神来的，对这赦免的保守却在于你。

35. 这如何理解呢？要时刻谨记污鬼的比喻⑦，这样才能最出色、最完全地帮助自己。不洁而邪恶的鬼被洗礼赶走，离开了你。他不会屈服于被驱逐，不会甘心成为无房可住、无家可归的；他在无水之

---

① 《列王纪上》17：8 以下。
② 《诗篇》58：4、5。
③ 《诗篇》13：3。
④ 《诗篇》36：9。
⑤ 《马太福音》13：25。
⑥ 《诗篇》84：6。（和合本"上升之路"为"锡安大道"。——中译者注）七十士译本和武加大本都有同样的记载。对这些步骤有各种解释，不过，区别只在于指明具体意指的美德和善工各有不同，我们完全可以把它们总括为三类，洁净的（purgative）、光照的（illuminative）与合一的（unitive）得救之路。人们可以借着恩典和自由意志的合作，在自己心里向往这样一条"上升之路"。——Neale & Littledale in Pss.
⑦ 《路加福音》11：24。

地,也就是没有神圣水流之地,来来回回,渴望住在那里。他四处徘徊,寻找安身之所,却发现无处可栖。他停留在受过洗的灵魂里,但洗礼盆已经洗去了他的罪。他惧怕水;对洁净感到窒息,就如投入了海里。①于是,他又回到所出来的房子里去。他是毫不羞耻的,他是争竞好胜的,他又发动新的进攻,又作新的尝试。他若是发现基督已经在那里建起了住所,已经把他腾出来的空间充满了,就被赶出来,无功而退,不得不游来荡去,成了可怜虫。然而他若在你里面找到一个地方,诚然打扫干净,修饰一新,然而空着闲着,谁先来谁就可以占据它,他就一下子跳进去,在里面建起自己的居所,还带来更多的同类。这样,末后的景况比先前更不好了,因为先前还有指望得改正,得安全,而如今,恶已经猖獗蔓延,从善坠入罪,因而住在里面的污鬼就能更安全地占据。

36. 我会再提醒你关于大光照的事,并时时提到,会从圣经来评价它们。我本人更是乐于记念它们,(对那些品尝过光的人来说,还有什么比光更甜美的?)我必会让你对我的话感到吃惊。散布亮光是为义人,预备喜乐是为正直人。②义人的光永久③;你从永久的山上闪耀出辉煌,这话是对神说的,我想到协助我们追求善的天使权能。你也听过大卫的话,耶和华就是我的亮光,我的拯救,我还惧怕谁呢④? 如今他恳求神从他发出亮光和真实⑤,感谢他在光上有分,因为神的光有记号在他上面⑥;也就是说,亮光的记号刻在他的身上,可以认出

---

① 《马可福音》5:13。
② 《诗篇》97:11。
③ 《箴言》13:9。(和合本把"永久"译为"明亮"。——中译者注)
④ 《诗篇》76:4。(和合本此节经文为:"你从有野食之山而来,有光华和荣美。"——中译者注)
⑤ 《诗篇》43:3。
⑥ 《诗篇》4:7。(和合本此节经文译为:"你使我心里快乐,胜过那丰收五谷新酒的人。"——中译者注)

来。唯有一种光我们要避开,那就是火把发出的光;我们不可行在我们的火光里①,不可行在我们点燃的火焰里。因为我知道唯有一种洁净的火,就是基督来丢在地上的②,他本人在比喻的意义上③也称为火;这火焚尽一切属质料的和出于恶习的,这样的火,他希望尽快点燃,因为他渴望速速对我们有益,甚至赐给我们烧火的炭来帮助我们。④我还知道一种不是洁净而是复仇的火;那或者是所多玛的火⑤,是耶和华降与一切罪人的,伴着硫酸与热风⑥,或者是为魔鬼及其天使⑦,或者离开主面的人预备的,这火必烧尽他四围的敌人⑧;比这更为可怕的是,不灭的火⑨连同不死的虫要永远吞噬恶人。所有这些都属于毁灭权能,尽管有人甚至在这个地方也更愿意对火持更仁慈的观点⑩,与叫人洁净的神相称。

37. 正如我知道有两种火,同样,我也知道有两种光。一种是我们的支配性权能,按着神的旨意指引我们的脚步;另一种是骗人的、干扰的光,尽管假装是真光,以其表象蒙骗我们,然而它与真光完全相反。这种光实际上是黑暗,只是有午日,即完全之光的表象。所以我念到那段经文,论及那些在午间如黑夜连连逃走的人⑪;因为这其实

---

① 《以赛亚书》50:11。
② 《路加福音》12:49。
③ 根据以下的押韵对句,类比是解释奥秘的三种方式之一:
　　Littera scripta docet; Quid credas allegoria;
　　Quid spers anagoge; Quid agas tropologia.
④ 参看《以赛亚书》47:14(七十士译本)。
⑤ 《创世记》19:24。
⑥ 《诗篇》11:6。
⑦ 《马太福音》25:41。
⑧ 《诗篇》97:3。
⑨ 《马可福音》9:44以下。
⑩ 即认为那时所论及的火是暂时的惩罚,目的是纠正、革新罪人。圣格列高利虽然承认这种观点有据可依,但这并不是他对这段话的理解。
⑪ 《以赛亚书》16:3。

就是黑夜,只是那些被奢侈败坏了的人以为是亮光。大卫是怎么说的?"黑夜包围了我,我却不知道,因为我以为我的奢侈就是亮光。"①他们就是这样的,就处于这种境况;我们却要为自己点燃知识之光。②要成就这样的事,必须撒播公义的种子,收割生命的果子,因为行为是对沉思的协助,叫我们在知道其他事的同时,也知道真光是什么,假光是什么,免得不知不觉中陷入披着良善外衣的邪恶之中。我们要成为光,如大光对门徒所说的,你们是世上的光。③我们要成为这世界上的光,将生命的道表明出来④;也就是说,我们要成为催促他人的力量。让我们紧紧抓住神性,让我们牢牢把握最先、最亮的光。我们要趁着脚步还没有跌倒在黑暗而可怖的山上⑤之前,走向荣光闪耀的神。趁着还是白昼,我们当诚实地行事,如行在白昼,不可荒宴醉酒,不可好色邪荡⑥,那是属于黑夜的不诚实。

38. 弟兄们,我们当清洗每一个肢体,洁净每一个感官;我们里面的一切不可有一样是不完全的,或者属于肉体生的;我们不可留下任何东西未得照亮。让我们来擦亮自己的眼睛,好叫我们向前直观⑦,免得东张西望在心里留下妓女的偶像;因为即便我们不会去敬拜淫欲,我们的心灵也仍可能受到玷污。如果眼中有梁木或刺⑧,我们就要把它除去,这样才能看见别人眼中的梁木或刺。让我们的耳朵得以

---

① 七十士译本对《诗篇》139:11 的最后一句的意译很奇怪:"所以我说,黑暗必定遮蔽我,黑夜显明我的奢侈。"
② 七十士译本《何西阿书》10:12 有"你们要开垦荒地"的话。
③ 《马太福音》5:14。
④ 《腓立比书》2:15、16。
⑤ 《耶利米书》42:16。(和合本此节经文译为:"你们所惧怕的刀剑,在埃及地必追上你们!你们所惧怕的饥荒在埃及地要紧紧地跟随你们……"——中译者注)
⑥ 《罗马书》13:13。
⑦ 《箴言》4:25。
⑧ 《马太福音》7:3。

照亮，让我们的舌头得以照亮，好叫我们听神耶和华所说的话①，使我们清晨得听他慈爱之言②，听欢喜快乐的声音③，这是说给虔敬的耳朵听的，免得我们成为快刀，或者锋利伤人的剃头刀④；我们的舌底也没有隐藏毒害、奸恶⑤，好叫我们传讲从前所隐藏、神奥秘的智慧⑥，敬畏如火焰的舌头。⑦我们还要在嗅觉上得医治，免得我们缺乏男子气概，沾染灰尘，而不是甜美的馨香之气。相反，我们要有浇灌在身上的膏油，这是从属灵的意义上领受的，并被它塑造和改变，叫我们身上也可闻到甜美的香气。我们要洁净触觉、味觉、咽喉，不是轻柔地触及它们，不是让它们沉迷于圆润的东西，而要磨炼它们，使它们与神，与为我们成为肉身的道相称；在这点上要学多马⑧的榜样，不要用美味佳肴和各种调料来纵容娇惯它们，这些东西是纵容的弟兄，比之更加有害⑨，而要尝尝主恩的滋味，便知道他是美善⑩，有佳美而永久的味道；对那忘恩负义的可恶尘土，不是滋润一时，因为尘土把握不住赐给它的东西，任其飘散，而是要让它品尝那比蜜更甜的言语⑪，以至乐不思蜀。

39. 此外，让我们的头得洁净也是好的，因为头是感觉的作坊，它得洁净了，就能紧紧抓住基督的头⑫，全身都靠这头联络得合适，彼

---

① 《诗篇》85：8。
② 《诗篇》143：8。
③ 《诗篇》51：8。
④ 《诗篇》57：4；52：2。
⑤ 《诗篇》10：7。
⑥ 《哥林多前书》2：7。
⑦ 《使徒行传》2：3。
⑧ 《约翰福音》20：28。
⑨ Quia qula est parens immuneditiae et luxurae.
⑩ 《诗篇》34：8。
⑪ 《诗篇》119：103。
⑫ 《以弗所书》4：16。（和合本此处为"连于元首基督"。——中译者注）

此相助，除去我们的罪，就是身体的自夸——假如它夸口自己胜过我们更美部分的话。叫肩头成圣得洁净，也是好的，使它能够扛起基督的十字架，这并非每一个肢体都能轻易为之的。叫双手，还有双脚得祝圣也是好的，就一者来说，叫它们随处举起都是圣洁的①，叫它们能抓住基督的行为准则②，免得主什么时候发怒；叫道借行为赢得更多的信任，就如借某个先知之手所行的事。③就另一者来说，免得它们速速地去流血，奔向恶④，而叫它们快快奔向福音，得神从上面召它们来得的奖赏⑤，领受清洗它们、洁净它们的基督。倘若还能洁净吸收、消化道之食物的肚腹，那就更好；不要让它因奢侈品和必坏的食物⑥成为神，而要尽一切可能使它洁净，使它更宽敞，能在心里领受神的道，真诚地痛悔以色列的罪。⑦我还发现心灵和内在部分应当配得荣耀。大卫使我相信这一点，因为他祈求神为他造清洁的心，使他里面重新有正直的灵⑧，我想，这是指心灵及其活动或思想。

40. 还有腰或肾呢？我们也不能忽略它们，也应让它们得洁净。让我们的腰束紧，守节，就如律法盼咐古代以色列人在分有逾越节羊羔时当行的。⑨凡从埃及出来的，没有一个是洁净的，也不可能逃脱毁灭者的毁灭，除非他炼净了这些部位。让肾借着那好的转向得改变，使它们把一切情感都转向神，这样他们就能说，主啊，我的心愿都在你

---

① 《提摩太前书》2：8。
② 《诗篇》2：12。（和合本此节经文译为："当以嘴亲子，恐怕他发怒，你们便在道中灭亡，因为他的怒气快要发作……"——中译者注）
③ 《哈该书》1：1。
④ 《玛拉基书》1：1以下，《箴言》1：16。
⑤ 《腓立比书》3：14。
⑥ 《约翰福音》6：27。
⑦ 《耶利米书》4：19。
⑧ 《诗篇》51：10。
⑨ 《出埃及记》12：11。

面前①，我不向往人的日子②，因为你必是所向往的人③，而它们必是那些灵。因而，你要除灭大龙的时候，因他把大部分力量集中在脐部和腰部④，你就杀死从这些部位出来的权能。对我们不体面的肢体⑤，我要大大地表示尊敬，你不必感到吃惊，我要借我的话克制它们的欲望，使它们圣洁，起来反对肉身。我们要把我们的所有在地上的肢体⑥都献给神，我们要把它们都祝圣；不是肝的裂片，不是带脂的肾⑦，也不是时而是我们身体的这部分，时而是那部分，（我们为何鄙视其余部分？）而要献出整个身体，我们的侍奉要成为理所当然的⑧，完全的献祭；我们不可只使肩或胸成为祭司永得的分拿走⑨，那只是微不足道的东西，我们要献出整个自我，因为我们若是把自己完全地献给神，作为我们得救的献祭，那我们必完整地领受恩典。

41. 除了这些之外，在所有一切之先，我恳请你要保守这佳美的矿藏，这是我生活、劳作的目的，也是我渴望自己离世时能伴随的东西；它使我能忍受一切困苦艰辛，鄙弃种种享乐；认信圣父、圣子和圣灵。今天我将这交给你，我要为此给你施洗，使你成长。我把这给你分享，保护你的一生，在统一性中的三位所具有的是同一的神性和

---

① 《诗篇》38：9。
② 《约伯记》17：16。（和合本此节经文为："等到安息在尘土中，这指望必下到阴间的门闩那里去了。"——中译者注）
③ 《但以理书》10：11。
④ 《约伯记》39：16。（经文出处似有误。——中译者注）
⑤ 《哥林多前书》12：23。
⑥ 《歌罗西书》3：5。
⑦ 《利未记》3：4。摩西律法规定，肝或肾的上部分连同脂，要在某些祭祀中献给神，指出愤怒（肝产生胆汁，表示愤怒）和欲望（肾和脂表示欲望）要特别献给神。摩西还规定，肩和胸在某些祭祀中要给祭司，隐约暗示我们应当尽心认信，将心交给祭司（因为保护心脏的胸表示心），还有我们的行为，肩就意指行为，好叫它们借着祭司得见神。然而使徒吩咐我们治死我们在地上的所有肢体，把我们全人献给神作为祭物，以神道之剑毁灭我们的一切邪恶而败坏的情感。——尼西塔
⑧ 《罗马书》12：1。
⑨ 《利未记》7：34。

权能,是有分别但并非不同等的三位,不论在本体还是本性上都是同等的,既没有谁比谁优越,也没有谁比谁低劣,各方面都是同等的,各方面都是一样的;正如诸天的美和大是一,同样,三个无限的一彼此无限连结,就其本身来说,每一个都是神,父是神,子也是神;子是神,圣灵也是神。若是合起来思考,那三位是同一位神;说每一位都是神是由于他们同一本质;说三位其实是同一位神,是因为神只有一位。我一想到一就同时被三位的光辉照亮,我一看到他们的区分就同时被带回到一。我若是在思考三位中的任何一位时,就把它看作整体,我的眼睛就充满,那么我所思考的对象的更大部分就逃离了我。① 我不能认为那一位是大的,而其他两位是更大的。当我沉思二位的整体时,我只看到一个火把,不可能把不可分的光分开或匀出来进行度量。

42. 你是否不愿论及生育,恐怕会把苦难归于不能受苦的神? 我倒相反,不愿论及创造,恐怕产生无礼而虚假的划分,把子从父分割出去,或者把圣灵的本体从子分离出去,从而毁灭神本身。因为这一悖论必然包含,不仅有受造的生命被那些恶意度量神性的人偷偷地植入神性,甚至这种受造生命本身也是自我分离的。正如这些卑鄙属地的心灵使子次于父,同样,他们认为圣灵的地位也在子之下,最终产生一种新的神学,使神和受造生命都受到侮辱。不,我的朋友,二位一体中没有哪一位是卑下的,没有受造的,没有偶然的,如我所听到的一位智者②所说的。使徒说,我若仍旧讨人的喜欢,就不是神的仆人了③;我说,我若仍然敬拜受造物,或受洗归入一受造物,就无法

---

① 即,我若是只思考一位格,没有同时思考其他两位,那么神的更大部分就离我而去。
② 行奇迹者圣格列高利。
③ 《加拉太书》1:10。

成为神圣的，也没有改变我从肉体生的生命。有些人敬拜阿斯塔蒂（Astarte）或切摩什（Chemosh），这些西顿人（Sidonians）的可恶东西，或者敬拜某种星宿的样子①，这种神祇只比这些拜偶像者略高一点，仍然是受造物，人工制造的作品，我该对他们说些什么呢？我自己若是不把两位归入那我借以受洗的合一的名来敬拜，那就是敬拜与我同为仆人的存在物，因为他们即使在等级上略高于人，也仍然是仆人，众仆人中不可避免地总存在着某种差异。

43. 我愿意称父为大，因为从他源出同等性和同等者的存有（Being of the Equals）——无论如何这都是理所当然的——然而我不愿使用"源头"这个词，恐怕使他成为低级存在者的源头，预设在先的荣耀，从而侮辱他。因为从他所来之物的卑微与源泉毫无荣耀可言。而且，我疑惑地看着你贪得无厌的欲望，担心你会抓住"更大"（Greater）这个词，并且在"一切"意义上使用这个词来分割本性，其实，它不适用于本性，只适用于"源起"（Origination）。在同一本质的位格中，根本不存在谁的本体大，谁的本体小的问题。我倒想崇敬子，把子看作先于圣灵，然而洗礼是借着圣灵为我祝圣的，它不允许我这样做。那么你是否担心被人指责为三神论呢？你尽可坚守这件美事，即二位一体，让我去为之争战。让我来做造船者，你只管使用船只。或者如果另有人来造船，就把我当作建房的人，尽管你没有尽任何劳力，只管安心地住在里面。你不会因为没有花力气造船建房，航程就没有我这造船者那样顺利，居住就没有我这建房者那样安全。看，我多宽容，看，圣灵多良善，争战是我的事，成果是你们的事；我去赴汤蹈火，你们安享

---

① 《阿摩司书》5：26。（和合本此节经文译为："你们抬着为自己所造之摩洛的帐幕和偶像的龛，并你们的神星。"——中译者注）

和平，只是要与你们的守护者一起祷告，请用你们的信心支持我。我有三块石头要扔给非利士人①，我有三口灵气针对撒勒法的儿子②，能使死人复活；我有三满盆水，要祝圣献祭，升起完全意料不到的火③，我要借圣礼的大能推翻污名的先知。

44. 我还需要再说什么呢？现在是该教训的时候，而不是争论的时候。我在神并蒙拣选的天使面前嘱咐你④，要在这信心里受洗。倘若你的心里是以另外的方式写的，而不是如我的教训所要求的，那就要改变你心里所写的，对这些真理我绝不是拙劣的书写者。我写的是刻在我自己心里的真理，我教导的是我所领受，并从起初一直保守到如今白发苍苍之时⑤的真理。冒险是我的事，但愿作你们灵魂的引导者，并用洗礼来给你们祝圣的奖赏也是我的。你们若已经修直正道，刻了好的印记，就要注意保持所刻的内容，在一个变化的时代使不变之事保持不变。要在好的意义上学彼拉多的做法，因为他写的是错误的，而写在你们心里的是正确的，所以要从正面效法他。要对那些以另外方式劝告你们的人说，我所写的，我已经写了。⑥倘若那错误的东西被持久不变地保守，而正确的东西却弃之如敝屣，那我实在要感到羞愧。相反，我们应当轻易地从那恶的东西转向善的东西，而且永不动摇地坚守善的，舍弃恶的。果真如此，而且你们照着这样的教训来接受洗礼，耶和华啊，我必不止住我的嘴唇⑦，耶和华啊，我要把

---

① 《撒母耳记上》17：49。
② 《列王纪上》17：21。
③ 《列王纪上》18：33。
④ 《提摩太前书》5：21。
⑤ 假设圣格列高利生于 325 年，这似乎是所能推测的时间中最早的，那么 381 年，就是发表这篇演讲的时候，他还不到 60 岁，因而，文中的说法必可理解为修辞上的夸张。不过，苏伊达把他的生日溯回到 299 年或 300 年，只是这与他本人所列出的生平时间表不能完全吻合。
⑥ 《约翰福音》19：22。
⑦ 《诗篇》40：9。

双手举向圣灵;让我们速速奔向你的救恩。圣灵是急切的,授圣礼者在等待,恩赐预备就绪。然而你若仍然止步不前,不领受神性的完全,转身去寻找另外的人给你施洗——或者毋宁说把你浸入水中——那么我没有时间切断神性,使你在你重生之际死去,好叫你既没有恩赐,也没有恩典的盼望,在如此短暂的时间里使你的得救之事破灭。无论你从二一之神里抽出什么,你就是毁灭整体,使你自己的存有不得完全。

45. 当然,也许你的灵魂中还没有写任何好的或坏的东西,你今天希望我们为你写上,以便得完全。让我们走入云层,把你的心版给我,我必做你的摩西,尽管我这样说过于大胆;我要用神的手指在你心版上写下新的十诫①,我要写上更短的得救之路。若有异教或非理性的兽类,就让他留在低处,否则他就可能冒险,可能被真理之道的石头打死。②我要给你施洗,奉圣父、圣子和圣灵的名使你成为门徒③;圣子、圣父、圣灵这三位有一个共同的名,那就是神性。你会知道,无论是从外表,还是从话语,你都要拒斥一切恶,与整全的神性联合。要相信,世上的一切,无论是可见的,还是不可见的,都是神从无中所造,受创造主的神意所治,必向更好的状态改变。要相信,恶没有任何本体或王国,既不是非源起的,或自我存在的,也不是神所创造的,而是出于我们的作为,出于恶者魔鬼的作为,由于我们的不经心才临到我们身上,绝不是出于我们的造主。要相信,神子,永恒的道,是在一切时间之前从父所生,没有形体,只是在后

---

① 《出埃及记》38:19。(参看和合本34:28译文:"摩西在耶和华那里四十昼夜,也不吃饭,也不喝水。耶和华将这约的话,就是十条诫,写在两块版上。"——中译者注)
② 《出埃及记》19:13。
③ 《马太福音》28:19。

来的世代为了你们的缘故才成为人子,由童女马利亚所生,他的出生难以言表,纯洁无瑕(有神的地方,救恩所出的地方,没有什么能被玷污),在他自己的位格里,既是完全的人,也是完全的神,为着全部的患难者,以便把救恩给予你们整个人类,毁灭对你们罪的所有谴责;他的神性是不受苦的,但他所穿戴的人性是可以受苦的;他为你们成为人,就如你们为他要成为神。要相信,他为我们罪人被引向死,第三日复活,升天,以便把躺卧在低处的你们与他一同带走;他将带着荣耀再临,审判活人和死人;照着唯有他知道的律法,他不再是肉身,然而也不是没有形体,而是带着更像神的身体,好叫那些钉他的人看见他①;另一方面,他仍然是神,不包含一点可朽性。此外还要领受复活,神按公义而来的审判和奖赏。相信这对那些心灵得洁净的人必是光(也就是说,叫他们借此看见并认识神),按他们洁净的程度向他们显现,我们称之为天上的国。然而对那些丧失支配能力、陷入黑暗的人,也就是远离神的人,则按照他们在地上的无知程度作他们的光。这样之后,也就是第十条,要将那基于这教义根基上的善行出来,因为信心若没有行为就是死的②,正如行为没有信心也是死的一样。这可能就是这种圣礼所宣称的信条,许多人都可以聆听。其他的事,你们可以在教会里借着圣二位一体的恩典得知;那些事你可以隐藏在自己心里,加上印记,以保平安。

46. 还有一件事我要对你们讲。你们在伟大的圣坛③前洗礼后所处

---

① 《启示录》1:7。
② 《雅各书》2:17。
③ 这里所用的语言是"*Bema*",实际上是指一个平台(Platform)。在东正教教堂楼东端,往往在唱诗班的高坛上砌起一个或多个台阶。离这些台阶往东不远处是一个大屏幕,称为"*Iconostasis*",这源于盖在它上面的圣像(*Icons*)。它有三个门,一个在中央,称为君王之门,通向圣坛;一个在左边,通向圣餐台,或圣餐桌;还有一个在右边,通向圣器室。整个高起来的部分称为"*Bema*",有时候也称为圣坛,专指神的宝座。

的状态，是将来荣耀的预表。你们要领受的诗篇是天上诗篇的前奏，你们要点亮的灯是照明的圣礼，我们要以此与新郎相会，就是闪亮而纯正的灵魂，高举我们点亮的信心之灯，不可懈怠入睡，免得我们所期待的新郎突然临到，我们会与他擦肩而过；也不可缺油少薪，不积善工，免得我们被扔出新房。我可知道这种情形会是多么悲惨。当呼喊声响起，他就会来临，谨慎的人就会见到他，因为他们的灯光明亮，供应充足，至于其他人，要从有油的人那里去找油，那就太迟了。他必速速到来，前者就要与他同进，后者则被关在门外，枉费时间预备。等到他们得知自己的懈怠要受怎样的惩罚，等到无论他们怎样祈求，新房都不再开启放他们进去，因为是他们自己跟从另一种方式，学那些错失婚宴①的人，这婚宴是良善的父为良善的新郎所设的，从而犯罪，再次把门关上的，当他们知道这一切之后，已经为时太晚，他们必痛哭流涕。他们之所以懈怠，错失婚宴，有的是由于新娶了妻，有的是由于新买了块地，还有的是要去试试牛。这是他们自己招致的不幸，因为他们为小利失去了大利。须知，在那里，没有一个是倨傲的，也没有一个是懈怠的。那些衣衫褴褛，不穿婚礼盛装的人，尽管他们在这里时自以为到了那里就配穿光鲜的袍子，偷偷地擅自定位，以虚妄的盼望自我欺骗，然而，在那里这样的人一个也没有。然后怎样呢？当我们进入之后，新郎就知道他要教训我们什么，该如何改变随他进入的灵魂。我想，他必与他们交谈，教训他们更加完全，也更加纯洁的事。愿我们众人，教训人的和受人教训的，都于我们共同的主基督有份。愿荣耀和王国归于他，直到永远。阿们。

---

① 《路加福音》14：16 以下。

第四十三篇 称颂巴西尔的演讲

前　言[*]

圣巴西尔死于公元379年1月1日。圣格列高利由于身患重病，再加上一些别的原因　没能去参加他的葬礼（第七十九封书信）。本诺伊特（Benoit）认为，圣格列高利所说的他的"双唇被锁住了"（Epitaph, 114.38）表明他当时仍然退居在塞琉西亚（Seleucia）。这一推论未经证实。在本篇演讲第二节中，圣徒提到自己的疾病时不屑一顾，指出他在君士坦丁堡的工作是他没有出席葬礼的最重要原因，他说他是按照圣巴西尔的判断履行职责的。这暗示圣格列高利是在巴西尔死前去君士坦丁堡的，或者他早已接受这位朋友的建议　正准备踏上行程——前者的可能性更大，因为我们可以肯定，如果圣格列高利当时还在塞琉西亚，那么除非身体不能动弹，否则他没有理由不在朋友身边。他在君士坦丁堡的迫切任务以及长途旅行的困难，是他之所以写信给尼撒的格列高利的"其他原因"。而且我们知道，他在君士坦丁堡感染了重病（《诗集》11.887；"演讲录"23.1）。格列高利于公元381

---

[*] 英译本前言。——中译者注

年离开君士坦丁堡，提勒蒙特（Tillemont）认为这篇演讲的时间是在他返回纳西盎后不久所作。本诺伊特则认为，这很可能是在巴西尔逝世的周年纪念时发表的。这篇演讲，如所有评论家公认的，是激情澎湃、优美流畅的作品之一。这篇演讲篇幅很长（62页），演讲者当时的身体又很虚弱，另外，就是感兴趣的听众的耐心也是有限的，综合这些因素，我们可以推测现在我们看到的样式并不就是当时演讲时的原样。我们无法清楚地分辨出哪些话是当时实际演讲的，哪些是后来扩展的。

卡帕多西亚的凯撒利亚主教大巴西尔葬礼上的演讲

1. 大巴西尔过去常常为我的演讲提供题目，这些题目都是他非常自豪的，就如同时代的其他人那样，而如今他本人已经注定要成为我作为一个演讲者所要担当的最崇高的主题。我想，如果有人想要试试自己的演讲能力，拿他所喜欢的一个主题的标准来试验这种能力（就如画家创作划时代的作品），那他必会选择最前沿的题目，而把这一个弃之一旁，认为它不是人的演讲能力所及的。要赞美这样的人是多大的任务，不仅对我来说如此，因为我早已没有了任何争胜念头，就是对那些终身从事演讲，唯一的目标就是借着这类主题获得荣耀的人来说，恐怕也是如此。这就是我的看法，并且我相信，这种看法是完全公正的。然而这个题目我若不能演讲，我就不知道还有什么题目能施展口才了；除了向这个人表达我们的敬意，我不知道还能对自己、对敬仰美德的人行什么更大的善事，或者对口才本身有什么更大益处的事了。在我，这是为了卸去最神圣的债务。我们的讲话首先是欠那些在口才上有特别天赋的人的债务。对敬仰美德的人来说，一场演讲既是一种愉悦，也是对美德的一次激励。当我学会了如何赞美人，我就对他们的进步有了一种清晰的认识。如今，在我们所有人中间，没有哪个人不是致力于在自己力所能及的范围内追求那种进步。至于演讲口才本身，不论哪种情形，都能发挥得淋漓尽致，因为演讲若是与题目完全相称，口才就能充分显示出自己的力量。然而，两者若是相差悬殊，称颂巴西尔的演讲必是这样的情形，口才就会显得捉襟见肘，这必反衬出题目的卓越，胜过一切言语的表达。

2. 这些原因促使我开口，投身于这场竞赛。许多人早就已经发表对他的赞美，公开或私下里对他致敬，而我姗姗来迟，对我的迟到希望不会有人吃惊。是的，愿那神圣的灵魂，我时刻崇敬的人能宽恕我！当他还在我们中间时，时时以朋友的权利和更高的法则，在许多问题上纠正我，我这样说并不感到羞愧，因为他原本就是我们众人的美德典范。如今，他从高处俯看我，必会对我宽宏大量。另外，我也要恳请在座各位衷心敬仰他的人原谅，就算有人对他的敬仰真的能比其他人更热烈，我们的热情也不能完全与他的美名相提并论。要知道，我之所以缺乏人们所指望的能力，不是出于轻视，我也没有无视对美德或友谊的宣扬，也从不认为还有人比我更适合赞美他。不！我的第一个原因是我对这样的任务望而生畏，我必须说实话，就如祭司那样①，在接受圣礼职责之前，声音和心灵都得洁净。其次，尽管你们知道得很清楚，我还是要提醒你们，我所从事的事业②是为着真正的教义，它适当地被加在我的身上，而且使我离开了家。我想，这都是出于神的旨

---

① "如神父那样"，或者更普遍的说法，"如那些进入我们圣殿的人那样。"在东正教里，教堂门口设有洗礼盆，供意欲敬拜的人洗濯之用。
② 即恢复君士坦丁堡的正统信仰。

意，当然也是根据我们高贵的真理捍卫者的意见。他终生的事业唯有敬虔的教义，即促使全世界的得救。至于我的健康状况，也许我提也不该提及，因为我的主题是这样一个完全控制自己身体的人，就是在他还未离世时就是这样，他还坚持认为灵魂的任何力量都不能受到我们这桎梏①的妨碍。这就是我的辩护。我演讲的对象既然是他，我想我就不必再费力解释了，因为他对我了解至深。现在我必须开始我的颂词，把我自己举荐给他的神，免得我的赞美倒成为对这样的人的侮辱，免得太拖其他人的后腿。尽管我们大家都同样地与他的荣耀大大地不相配，就如那些仰视诸天或者阳光的人一样。

3. 假若我看到他曾对自己的出生、出生的权利，或者那些定睛在地上之人的极微小的东西引以为豪，那我们得检查一下新的英雄范畴。关于他的祖先的事迹有这么多，我不可能一一尽录呀！由于我拥有这种优势，即完全知道他的正直不在于杜撰、传说，乃在于实际的事实，是由许多证据作了见证的，所以就是历史也不比我更有优势。在他父亲一边，本都给我提供了许多细节，这些细节一点也不逊色于其古代的奇迹，及其整个历史和诗篇里所充满的那些奇事②；还有许多人都注意到，我的家乡，就是卡帕多西亚杰出人士的家乡，不仅以它的马匹闻名，更以它的年轻后代闻名。③所以，在我们看来，他父亲的家族与他母亲的家族是完全相配的。还有哪个家族比这个家族拥有更多或者更显赫的将军、行政官、司法官，或者更多的富豪、高贵的王位、公众的尊敬，以及演讲上的知名度？我若是可以如我所愿地一一提及它们，宁愿把佩罗比德（Pelopidae）、塞克罗比德（Cecropidae）、

---

① 即身体。
② 历史和诗篇，即色诺芬（Xenophon）、波利比乌（Polybius）以及阿波罗纽（Apollonius）。
③ 闻名等等，参见荷马《奥德赛》第9章第27节。

阿尔克曼尼兹（Alcmaeonids）、埃阿西德（Aeacidae）、赫拉克莱德（Heracleidae）以及其他非常高贵的家族弃之一旁。因为他们没有在家族里创建公共业绩，致力于难以预料的领域，只能以半神半人、圣人这些纯神话式的人物来传称他们祖先的荣耀，所传说的他们最引以为豪的事都是不可信的，而可以相信的那些事又往往是不名誉的。

4. 但我们的主人公主张各人应按各自的价值定其高贵，就如样式和颜色一样，我们最有名和最无名的马匹是根据它们自己的属性来定论的，所以我们也不应借别人的漂亮衣服包装自己。我们提到了他的一两个特点，这些虽然有他祖先的遗传成分，但他自己的人格是从他的生命中形成的，这可能更能使我的听众高兴，所以接下来我要论及这个人本身。不同的家族和个体都有不同的特点和兴趣，这种不同就像或长或短的血统家谱，或大或小地传到后代身上。他的家族特点，包括父亲一边的和母亲一边的，就是敬虔，现在我要表明的就是这一点。

5. 那时曾有过一次大逼迫，是所有逼迫中最可怕、最严厉的。你们应该知道，我所指的就是马克西米努（Maximinus）逼迫，这次逼迫与前面的那些逼迫挨得很近，是直接从那些逼迫而来，只是这一次残忍至极，似乎急切地想赢得不敬和暴力的冠冕，倒使前面那些看起来都显得非常的仁慈。我们的许多勇士没有在它面前屈服，他们与它斗争至死，或者几乎至死，只留下足够的生命力活到胜利之后。他们没有在争战中离去，留下来成为美德的训练者①，作活的见证，是活生生的纪念碑，没有声音的告诫。这样的勇士数不胜数，在长长的名单

---

① "训练者"，直译是"膏油者"，就是那些身体上并按照他们的意见预备好参加训练的运动员。

中就有巴西尔的父辈。由于他们种种敬虔的行为，那个时代给予他们许多美名。他们的装备如此完备，决心如此坚毅，能欣然忍受那些事中的任何事，由此，基督把冠冕给予那些为我们而效法他的争战的人。

6. 然而，他们的争战必须是合法的，殉道的律法禁止我们刻意去殉道（出于对逼迫者的考虑，也是为软弱者考虑），当情势要求我们殉道时，也不可退缩。否则，一者显得鲁莽，另一者显出怯懦。在这一点上他们对立法者（Lawgiver）表示了应有的尊敬，然而他们的目标是什么，或者毋宁说，在一切事上引导他们的神意要把他们带往何处？他们集中于本都山上的某处密林，密林中有许多地方深不见底，极少有同道与他们同行，或者照顾他们的需要。他们的行程极其漫长，实在令人吃惊，持续时间大约有七年，或者更长。而他们的生活方式，可以说没有什么营养，可以想象，长期暴露在风霜、日晒、雨打之下，是何等窘迫而非同寻常；荒山野林也不可能有友谊，与朋友谈心，对习惯了有一大批随从服侍、敬重的人来说，这无疑是巨大的考验。但是我还要谈到更大、更非同寻常的事，除了那些由于心理软弱、判断能力有限，几乎想象不出为基督所遭受的逼迫和危险是什么的人，谁也不会不相信这样的事是事实。

7. 这些高贵的人，因时间流逝而痛苦，对日常食物感到无味，渴望更有味道的东西。他们诚然没有像以色列人那样说①，因为他们不像以色列人那样发怨言②，以色列人逃出埃及后，在旷野受苦时就发怨言——就是埃及也比在旷野好，那时坐在肉锅旁边吃得饱足，还有

---

① 《出埃及记》16：2以下。
② 《哥林多前书》10：10。

其他奢侈享受，如今都抛在身后。当时在他们的愚拙看来，造砖业和泥土算不得什么——而是以更加敬虔而忠实的态度说话。他们说，神在旷野喂饱他的那些无家可归、饥饿困乏的百姓，降下食物给他们，还有多多的鹌鹑飞来，不仅满足他们的饥饿，而且有余；他分开海，留住太阳，分开江河，以及其他种种所行的事。这样的神，怎么能不相信是行神迹奇事的神呢？在这样的境况中，心灵往往会回忆历史，歌唱神的许多奇迹。他们接着说，那么今天他难道用浮华奢侈来喂我们敬虔的卫士吗？许多万幸没有成为丰富餐桌上的美味佳肴的动物，把窝做在这些山的洞穴里，许多可食用的鸟儿飞过我们渴望的眼睛，只要神意允许，抓住任何一只都易如反掌！话一出口，他们的猎物就呈现在眼前，带着适合各自的食物，不费吹灰之力就预备了完备的盛宴。小鹿立即出现在山上的某种地方，它们是这般优美，如此肥壮！简直唾手可得！完全可以设想，它们甚至会因为没有早一点召唤它们而恼怒。它们中有些发出信号引导其他的随从，其他的就以它们为首而跟随。有谁在追赶它们，驱逐它们呢？没有。有什么样的骑手，什么样的狗，什么样的吠叫，或呼喊，或者按照捕猎规则把守出口的年轻人吗？没有，它们只是被祷告和公义的请求所降服。谁曾知道这样的人中间有这样的狩猎，或者哪一天有过这样的狩猎？

8. 何等的奇迹啊！他们自己就是猎物的管家，想要什么，只凭着这愿望就可以获得。他们把所留下的送到密林里，作下一餐之用。饭食当即做好，菜肴美味精致，客人因为得预先品尝所盼望的美味而感恩不尽。因而他们愈加热切地投身于自己所从事的争战，以回报他们所得到的这份恩福。这就是我的历史。而逼迫我的人，你是否敬仰传说，谈论你的女狩猎者①，奥里翁（Orions）、阿克泰翁（Actaeons），那些命运不济的猎人，以及替代少女的石斑鱼②，就算我们承认这类故事不是传说，这样的事难道能激发你去效仿？然而，寓言的结果太不体面。试问，救起一个少女原来是要教她去杀客人，以非人性去求人性，这种交换有何益处呢？就我来说，以上所述只是一例，事实上是从许多事例中挑选出来的，可以窥一斑而见全豹。我叙述它不是为了增加他的名誉，须知，海并不需要流入它的江河，尽管它们又多又大，我现在所赞美的对象也不需要任何东西提高他的美名。不！我的目的只是想表明他祖先的特点，他眼前的榜样，事实上，就目前来说，他比他们更优秀。如果就其他人来说，从自己的先辈多少得一些荣耀就是一种巨大的额外益处，那么他为自己的家族增添了如此巨大的荣耀，使溪流似乎奔向山上，这岂不是更伟大的事。

9. 他父母的结合，与其说是借着同居为伴，不如说是借着共同的美德，因着许多原因而令人瞩目，尤其是因着对穷人的慷慨、好客，自律而形成的纯洁灵魂，把一部分财产献给神——在当时大多数人并不在意这样的事，如今由于这样的先例，出于这样的示范，才渐渐地多起来——以及其他种种，这些事已经在整个本都和卡帕多西亚公开传扬，以飨众人。然而，在我看来，他们可宣称的最大成就是他们非凡的孩子。传说中诚然有这样的例子，孩子众多，貌美出众，然而呈现在我们面前的是活生生的现实，这对父母，不要说他们的孩子，就是他们自己的品德也足以使他们美名远扬，而他们孩子的品德，就算他们自己没有在美德上有任何突出之处，也能使他们借着孩子的品德

---

① 女狩猎者，尤其是阿耳忒弥斯，奥里翁和阿克泰翁对她的情欲是致命的。
② 少女，指伊菲基尼娅（Iphigenia），阿伽门农之女。

卓越不群，超出所有人。孩子们一两点成就的获得可能可以归功于他们自己的本性，然而若是各方面全都出类拔萃，这荣誉显然只能归于那些培养他们的人。那些祭司和童女的名单就是证明，他们嫁娶之后，不允许他们的结合中有任何东西妨碍他们获得同等的名誉，免得使他们之间产生差异——条件上的差异，而不是指他们生活方式上的差异。

10. 谁不知道巴西尔？我们宗主教的父亲，凡得到过某个父亲的祷告的人都知道这个大名——若是有人得到过，我不能说没有这样的人。他在美德上超过众人，唯有他的儿子比他更杰出，使他没有拿到冠军的奖牌。谁不知道埃梅利娅（Emmelia），她的名字就是她的为人的预表，不然，谁的生活能是她名字的具体体现？因为她对包含恩典的名字拥有权利，简言之，她在妇女中具有的地位就如同她丈夫在男人中具有的地位一样。所以，一旦时辰已定，人性的结合就把他——我们就是为纪念他而聚在一起的——贡献给了人类，就如同神为共同的利益赐给古代的那些人（这样的父母就配有这样的儿子，这样的儿子就得出生在这样的家庭）。无论是他出生于另外的父母，还是父母拥有另外的儿子，都不适合；于是这两件事恰到好处地合在一起发生了。如今，我顺服要求我们全心尊敬父母的神圣律法，将我赞美的初果给予那些我所纪念的人，然后讨论巴西尔本人。其实我们只需要他自己的声音来宣读他的颂文，这是前提，我想，凡认识他的人都会这样认为的。因为他既是绝佳的赞美对象，又是演讲能力高超，配作这种赞美演讲的首选之人。我知道，大多数人都喜欢优美、强壮、巨大，我承认人的这种喜好——就是在这些方面，他当时虽然年纪尚小，还不曾因苦行而使肉身变弱，也不比任何心胸狭隘、终日忙碌于属体之事的人逊色——然而我希望避开不明智的运动员的命运，他们把自己的力量浪费在对并不重要的对象的追求上，而在关键的争战中却显得力不从心。经过这种争战才有胜利的果实和得冠冕的荣耀，所以，我对他的赞美是有依有据的，追溯一下这样的根据，我想，没有人会认为这是多余的，或者超出了演讲的范围。

11 我认为凡有理智的人都承认，我们所得的最先的益处是教育。这不仅包括我们这种具有高贵形式的文化，它使我们鄙视修辞的装饰和荣耀，坚守救恩和我们所沉思的对象的美，甚至许多基督徒出于错误判断，视之为险恶、有害，使我们远离神的外邦文化也如此。正如我们不应当因为有些人错误地抓住诸天、大地、空气，以及诸如此类的事物，敬拜神的作品，而不是神本身，就忽视这些事物，而当尽我们所能，从它们得益处，服务于我们的生活和愉悦，同时避开它们的危险；不是抬高造物，如愚蠢的人所做的，违背造主，而要从自然造物中领会造主①，如圣使徒所说，将人所有的心意夺回，使他都顺服基督②；再者，我们知道，火、食物、铁，以及其他任何东西，其本身都既不是非常有益，也不非常有害，全在于使用它们的人的意志，正如我们从某些毒蛇身上合制出有利于健康的药物。同样，我们也从世俗文化中接受探究和沉思的原理，同时摒弃它们的偶像崇拜、恐怖、毁灭的深坑。不仅如此，这些文化甚至有助于我们的宗教，使我们知道善恶之间的对比，使我们从他们的软弱中获得力量坚守自己的教义。我们万不可辱没教育，因为有些人喜欢这样做，倒不如设想这些人是粗俗的，没有文化的，希望所有人也像他们一样，以便将自己隐身于大众之中，免得叫人看出他们缺乏教养。不过，现在我们既已

---

① 《罗马书》1：20、25。
② 《哥林多后书》10：5。

概述了我们的主题和这些条件，就让我们来沉思巴西尔的生平吧。

12. 他一出生就在他的伟大父亲的影响下，浸润在最好最纯的样式里得塑造，就是大卫所说的日复一日地流出①的样子，与黑夜的样式相反，那时本都公认他父亲是它共同的美德老师。在父亲的指引下，他一天天长大，思维也一天天成熟，于是我们这位非凡的朋友就开始接受教育。他不是夸口某个塞萨利（Thessalian）的山洞是他美德的工厂，或者某个爱吹牛的半人半兽②是他那个时代的英雄的老师；他也没有学习猎兔、追鹿、捕兽（马），或在战争或驯马中争胜，把同一个人既作老师，又作马；也从不用令人吃惊的鹿、狮骨髓作滋养补品；他接受的乃是一般的教育，学习怎样敬拜神，简言之，就是对他进行基础教育，引导他走向将来的完全。因为对我来说，那些只知如何生活，或只知迂腐治学却不知生活的人，无异于"独眼龙"。"独眼龙"的损失固然大，但是不论在他们眼里，还是在别人眼里，他们的缺陷却更大。而那些在双方面都卓有成效、左右逢源的人却既能达到完全，生活又充满属天的福分。这就是降在他身上的命运，在家里就已经有行善之美德的榜样立在那里，这样耳闻目睹，使他一开始就非比寻常。我们看到，马驹和牛犊一出生就在母亲身边跳跃，他也一样，像马驹一样受宠爱，紧跟在父亲身边，离他高贵的追求美德的意图不会相距太远，或者如果你愿意，此时就可以勾勒出他将来的德行之美的轮廓，表明它的踪迹，在完全之时还未到来之前就描画出完全的概貌。

13. 他在家里受到了足够的训练，应该不缺乏任何形式的美德，不

---

① 《诗篇》139:16。(和合本此节经文为："我未成形的体质，你的眼早已看见了。你所定的日子，我尚未度一日，你都写在你的册上了。"——中译者注)
② 暗指奇龙（Chiron），阿奇莱斯（Achiles）的老师。

会比忙碌的蜜蜂逊色——蜜蜂从每一种花里采集最有益的东西——然后他就出发去凯撒利亚①,就读于那里的学校。我指的是我们这个杰出的城市,她是我学习的向导和情人,文学的大都市,一点也不逊色于她所管辖的其他城市,甚至比它们更优秀。如果有人剥夺她的文学能力,就是夺走了她独特的美名。其他城市以其他装饰为豪,有的以古代的东西为豪,有的以现代的东西为豪,无论如何,总有某种东西可描述,或可叫人看见。而文学构成了我们这里的特点,是我们的旗帜,似乎就竖在战场上或舞台上。他后来的生活让那些教导他或与他一同受教的人津津乐道,述说在他的老师们看来他是怎样的,在他的同学们看来又是怎样的;在任何方面的修养上都可与前者相提并论,与后者相比,则可说鹤立鸡群;在短短的时间里他受到众人怎样的赞誉,闻名于普通民众,也传诵于统治者中间。他一方面表现出了超越他年龄的教养,另一方面表现出超越他教育的坚毅品格。他甚至还未在修辞学家中占一席之地②,就成了演讲家中的一位;甚至还未学习哲学家的理论,就已是哲学家中的一名;甚至还未得神父之职就成了基督徒中的神父。大家在每一方面都对他表现出极大的尊敬。演讲只是他的次要工作,他取其精华,使它有助于他的基督教哲学,因为要表达我们所沉思的对象需要这类能力。一种无法表达的思想就如同患麻痹症的人的动向。他的追求在于哲学,隔断与世界的联系,建立与神的美好关系,虽然身在世事中,但是只关心上面的事,在诸事变动不居的地方获得稳定永久的事物。

14. 此后去了东方的都城拜占庭(Byzantium),这个城市以杰出

---

① 凯撒利亚,从上下文看显然是指卡帕多西亚城。但提勒蒙特和比利乌斯倾向于认为这是指巴勒斯坦的凯撒利亚。
② 即还未开始学习修辞学和哲学。

的修辞学和哲学老师而独树一帜。他不久就凭着自己的敏捷和勤奋吸收了大多数有价值的课程内容；此后受神的差遣，也出于他对文化如饥似渴的追求，去了学问的故乡雅典。雅典在我心目中，如在任何人心目中一样，是真正的黄金之城，一切美善之物的扶持者。它使我更完全地认识巴西尔，虽然在此之前我并非不了解他。我在追求学问的过程中获得的是幸福，以另一种方式经历了扫罗的体验①，他在找父亲的驴时，发现了一个王国，不经意之中得到了比他原来想要找的对象更重要的东西。迄今为止我的路线一直很清晰，使我的赞颂沿着一条平坦而轻松的道路前进，事实上是一条高速大道。但是自此之后我就不知道该怎么说，或转向哪里，因为我的任务变得越来越艰巨。我有点焦虑，于是就抓住这一机会，看看能否从我自己的经历中找到一点什么东西添加到我的演讲中。我要稍稍着重叙述一下使我们之间产生友谊的原因和条件，或者更准确地说，我们的生活和本性合一的原因。正如我们的眼睛不乐意转离吸引人的东西，如果硬是把它们拉开，往往会习惯性地转回去，同样，当我们描述对自己来说最甜美的东西时，情形也是如此。我恐怕这件事太困难，不过，我会尽可能克制。只是我若被自己的遗憾之情压倒，请原谅一切情感中这种最公义的情感。在有感情的人看来，没有这种情感，倒是一种巨大的损失。

15. 我们都被雅典包容，就像一条河流的两个支流，在离开了我们共同的源泉家乡之后，我们曾分道扬镳，各自追求不同的文化，而如今又重新联合在一起。与其说这是出于我们自己的合意，不如说是由于神的推动。我比他稍早来到雅典，然而他不久就跟上了我，我们都怀着极其美好的期待融入到雅典之中。他还未到来之前，已经精通多

---

① 《撒母耳记上》9：3。

种语言，对我们两人来说，在学习目标上超过其他人都是一件大事。这里，我最好还是作点补充，作为我演讲的一点润色，对那些知道的人是一种提醒，对不知道的人是一种信息之源。雅典的大多数年轻人愚蠢地追求修辞技艺——不仅那些出身卑微、名不见经传的人如此，就是那些高贵而显赫的人也不例外，年轻人一般都缺乏良好的自控能力。他们就像沉溺于赛马或表演的人，如我们在赛马场上看到的，跳跃①、叫喊、扬起阵阵尘土，他们在自己位置上驾驭，用手指作鞭子击打空气（以代替马匹），虽然根本没有轭，却装作给马上轭下轭的动作，他们随时变换驾驭者、马匹、姿势、领头者；他们是什么人，这样做？往往是穷困潦倒，连一天的生活所需都没有的人。这正是学生对他们自己的老师和他们的竞争对手的感觉，他们急切地要增加自己的数目，以便使他们变得丰富起来。这是完全荒谬而可笑的。城市、道路、港口、山峰、海岸线都被占据，简言之，阿提卡（Attica），或者希腊的其他城市的每一部分，都挤满了这样的人，他们甚至为这些分成两个对立的派别。

16. 只要有初来乍到的人，他们就要争先恐后地把他抓到手，不论是强迫的，还是自愿的，然后遵守这条阿提卡律法行事，半是玩笑，半是真诚。他先是被引到一个最先接待他的人的家中，这人可能是他的朋友或亲戚，也可能是同胞，或者是那些有突出辩才的人，提供论证的人，因而在他们中间特别受尊敬，他们的回报就是赢得支持者。然后他受到他们的戏谑，任何人，只要愿意，都可以善意地嘲笑他。我想，其动机是为了抑制新来者的骄傲自大，马上使他们顺服。这种

---

① 这一段描述的是观众的情状，他们专注投入，激动万分，尽可能效仿那些驱赶马车进行比赛的人的动作。

戏谑可能很无礼，也可能是说理式的，要看戏谑者是粗暴的，还是有修养的。这种做法，在不明就里的人看来非常可怕和野蛮，然而在深谙其道的人看来是非常好玩而仁慈的，因为其威胁只是假装的，而非真实的。然后，他被游行队伍引着穿过集市来到浴室。队伍由那些对这新来的年轻人表示敬意的人组成，他们分成两列，彼此分开一定间隔，引着他向浴室前进。但当他们接近浴室时，就开始疯狂地叫喊、跳跃，就像有鬼附身，虽然叫喊，却必须在原地打住，不得前行，因为他们不可进入浴室；同时他们拼命敲门，以恐吓年轻人；然后让他进入，现在他们给他自由，洗浴之后就接受他为同类，视为他们中的一员。他们把这一步看作是整个仪式中最好玩的部分，因为这是一种心理迅速转换的过程，从不安到释然的过程。正是基于这一背景，出于对我的朋友大巴西尔庄重的性格和成熟的理智能力的尊重，我不仅自己不能使他蒙羞，而且要说服所有其他不认识他的学生也都这样对待他。因为他一开始就受到大多数人的尊敬，人未到，名声已经远播，所以他是唯一避开了普遍规则的人，被尊为更大的荣耀者，而不在新生之列。

17. 这是我们友谊的序曲，点燃了我们两人联合的火光；由此也让我们感到出于彼此相爱的伤痛。后来又发生了一起类似的事，我想最好也不要忽略这件事。我发现亚美尼亚人不是个单纯的民族，而是非常机智甚至狡猾的。他的一些特殊的同道和朋友，早在他父亲教导的时候就与他关系亲密的人，因为他们原本就是他学派里的成员，这一次这些人以友谊为名跟随他而来，其实却心怀嫉妒，来者不善，向他提出的问题不是合乎理性的，而是颇具争议的，企图一开始就把他压倒，给他来个下马威，因为他们了解他的自然禀赋，无法容忍他当时所受到的尊敬。他们感到奇怪的是，那些已经穿上了长袍（当了律师)、在叫喊中受过训练的人,竟然比不过一个初出茅庐的外来者。我当时也妄然地爱着雅典人,相信他们的表白,即使他们退却,转过背去,也没有意识到他们的嫉妒。由于我对雅典人的名誉在他们手里被破坏,如此迅速地蒙羞感到愤慨,所以也支持年轻人,使争辩得以恢复。有了我这份外力的支持——在当时这样的情形中,一点小小的外力就会产生巨大作用——双方又变得势均力敌,如诗人所说,"在争辩中不相上下。"① 然而当我意识到争论的秘密动机之后,这动机不可能再秘密保守,最后清晰地暴露出来,我就立即回转过来,退出他们的行列,站到他的一边,从而取得了决定性的胜利。他当时就对所发生的事非常高兴,因为他的洞察力是令人瞩目的,而且他充满热情,善用荷马的语言详尽描述,喜欢在混乱中②与精力充沛的年轻人论辩,用三段论攻击他们,直到把他们彻底击败才停止,所以他凭自己的能力赢得荣誉。于是友谊之火再次点燃,这次不再是一点火星,而是耀眼的火焰。

18. 这样,他们的努力化为乌有,尽管他们也严厉地指责自己的鲁莽,而对我更为恼怒,这种恼怒终于爆发为公然的仇恨,一场邪恶的指控,不只是针对我们,还针对雅典本身。因为他们一开始就被击败,相形见绌,对手只是一个学生,一个甚至还没有时间树立自信的学生。另外,他也感到不快和恼怒,对自己的这次来到不可能欢欣雀跃。其实,从人的感情来说,我们若是一下子实现了我们的至高盼望,就会认为所得的结果低于我们的期望值,我的意思是说,这种挫折对他有好处。他要寻找他所期望的东西,并称雅典是一种空洞的快

---

① 荷马,《伊利亚特》第2卷,第11章72节。
② 同上,11:496。

乐。而我力图消除他的烦恼，一方面通过见面辩论，另一方面借着推论的魅力，事实上也就是指出，正如对一个人的品格不可能一下子识别，没有长期而频繁的接触怎能知根知底，对一种文化也一样，就那些考验她的人来说，只在短暂的时间里作几次有限的努力是不可能了解她的本质的。这样，我使他愁眉舒展，经过这次共同的经历，他与我更加紧密地联合在一起。

19. 随着时间的流逝，我们承认彼此之间的感情，也承认哲学①是我们的目标，我们心心相印，相依为命，同住一室，同吃一锅，知交密友，生活中奔向同一个目标，或者可以说，彼此之间的感情与日俱增，越来越炽热和强烈。追求身体上的迷人之物，由于对象转瞬即逝，这样的爱就如春花一样短暂。一旦燃料耗尽，火焰就难以为继，只能油尽灯灭，欲望的动机一旦消失，欲望本身也无法持久。至于虔敬而节制的爱，由于其对象是稳定的，所以不仅更加长久，而且它对美的认识越全面，与自己维系得更紧，那些爱同一个对象的人的心就彼此靠得更近。这就是我们超越人间之爱的法则。论及此处，我感觉自己正在不适当地改变航向，我不知道该如何处理这一点，但是我忍不住要描述它。我宁愿忽略更重要更有成果的事，也不愿不提这一点。若是有人强拉我向前，我就会像水螅虫一样，当它们被人从洞穴里拽出来时，它们的吸盘仍然紧紧地吸住岩石，无法使之分离，使劲地拽，用尽了本能的力量，直到最后。所以，如果你们允许，我会继续讲述巴西尔的详细生平；即使你们不允许，无论如何，为了我自己，我也必须这样做。

---

① 这里的哲学即一种真正的基督徒生活。

20. 这就是我们彼此之间的感情，就如品达（Pindar）①所描述的，"精美的房间，黄金的柱子"，我们披戴着神的恩典，和我们自己彼此的爱，合力前行。提到这些事，怎能叫我不流泪啊！

我们被同样的盼望驱使，追求特别容易遭人嫉妒的事业，即学问。然而我们自己却不知道嫉妒为何物，只知道彼此效仿对我们有益。我们勤奋努力，不是要为自己赢得第一，而是要让对方成为冠军，因为我们都把对方的荣誉看作自己的荣誉。我们似乎只有一个灵魂，住在两个身体里。就算我们不可相信那些教导"万物②在于大全"的人，也应当相信我们的情形就是这样的，相依为命。我们两人的全部事情就是美德，为将来的盼望而活，即使还没有真的离开此世，也已经远离了世界的纷繁。我们的全部生活和行为都是出于这样的目标，在诫命的指导下，彼此磨利我们美德的兵器；我们彼此制定法则和标准，辨别何为正确，何为错误，这难道不是我值得一说的大事吗？我们的联盟也许不是最牢不可破的，然而我们的朋友关系是最严肃的；不是最强烈的，然而是最平和的，这样的亲密合作是最有益的。须知，沾染邪恶要比分有美德容易得多，正如我们更容易感染疾病，要保持健康却没那么容易。我们最珍惜的学习不是最快乐的，然而是最杰出的；这是塑造年轻人美好心灵或者邪恶心灵的一种方式。

21. 我们知道有两种方式，第一种有更大的价值，第二种效果较小；一种引导我们走向神圣的建筑和那里的老师，另一种引向世俗的老师。至于其他的，比如庆祝、戏院、聚会、筵席，就留给那些追求它们的人去探讨。在我看来，除了引向美德以及有利于提升献身于美

---

① Olymp. Od. vi. 1.
② 万物等等，即恩培多克勒（Empedocles）和阿那克萨戈拉（Anaxagoras）。

德者的东西之外,其他的全都毫无价值。不同的人有不同的名字,出于他们的父辈、家族,各自的事业和追求,而我们唯有一件大事和一个名字——成为和被称为基督徒——我们时时想着这样的事,胜过巨格斯(Gyges)①想着转动他的手镯——倘若这样的事不只是一个寓言,他对吕底亚(Lydia)的统治依赖于此;胜过弥达斯(Midas)②对黄金的想念——他祈求自己能把一切都变成黄金,结果自己毁灭于黄金,这是又一个弗里吉亚(Phrygian)寓言。我又何必论及极北乐土的阿巴里斯(Hyperborean Abaris)③之箭,或者称为阿尔基乌的佩迦苏斯(Argive Pegasus)④?在他,穿越空气的飞行不像我们那样,是由于向神的上升,借神的帮助,以及彼此的帮助。雅典在属灵的事上对别人是有害的,然而对敬虔者没有任何影响,这个城市在那些邪恶的财富——偶像——方面比希腊其他地方更丰富,要避免同流合污,不与它们的敬拜者和拥护者行同样的事,是很难的,但是我们不曾受到任何伤害,因为我们的心灵紧紧依靠,彼此坚固,共同抵挡这一切。相反,也许显得有点奇怪,我们倒因此在信心上更加坚定,因为我们了解了他们的戏谑和虚假,使我们就在这些神圣之物大受敬拜的中心鄙视它们。如果有,或者相信有一条河⑤,有新鲜的水流过大海,或者有一种动物,能在火里跳舞,吞噬一切,这就是我们,在我们所有的朋友看来,我们就是这样的。

22. 最幸运的是,我们周围有一群远不是卑微的人,在他的教导

---

① 据说巨格斯有一个手镯,他可以用它使自己隐形,所以只要用它就能夺取吕底亚王位。
② 据说弥达斯具有把触到的每一件东西变成金子的能力,结果把他要吃的食物也都变成了金子,自己就饿死了。
③ 阿巴里斯,极北乐土的阿波罗(Apollo)祭司,据说他得到一支箭,可以乘着这箭飞越空气。
④ 佩迦苏斯,称为阿尔基乌,因为系在阿耳戈斯(Argos),就是长翅膀的马上,据说柏勒洛丰(Bellerophon)借着它的帮助毁灭了奇美拉(Chimaera)。
⑤ 一条河等等,阿尔菲乌斯(Alpheus),阿卡迪亚(Arcadia)的一条河。

和指示下，追求同样的目标，乐此不疲，因为我们赤脚奔跑在那吕底亚车（Lydian car）①旁边，他自己的跑道和位置。所以我们不仅在自己的老师和朋友中有了名声，就是在整个希腊，尤其是在它最杰出的人眼里，都变得赫赫有名。我们甚至越过了它的边界，如许多证据所表明的。因为凡知道雅典的人都知道我们的老师，凡知道他们的，也知道我们，我们常常被作为谈论的主题，实际上被仰望，或者被传讲，当作是杰出非凡的一对。在他们看来，俄瑞斯忒（Orestes）和庇来德（Pylades）②与我们相比，黯然失色，摩利奥娜（Molione）的儿子们，荷马史书里的流浪者，庆祝他们在不幸中的联合以及他们精彩的驾驭方式，因为他们同拉缰绳，同使鞭子，然而与我们相比，也算不得什么。你们看，我在不知不觉中就自吹自擂起来了，若不是他，换了别人，我是不会同意这样做的。毫不奇怪，我在这里得益于他的友谊，正如在生活上他对我的美德有益，同样，自他离去后，也对我的名声起了正面作用。不过，我得回到正题上来。

23. 谁能像他这样在头发远未花白之前就有了老年人的这份谨慎？所罗门就是这样界定老年的。③谁能这样既受到年轻人的尊敬，也受到年长者的尊敬？不要说我们同时代人中没有，就是漫长的历史中也属罕见。谁像他这样不需要教化，自己的品性就已完全？然而，即使有了这样的品性，他的满腹经纶又有谁能望其项背呢？哪一门知识他不曾涉猎，而且无一不是绝无仅有的成功？哪一门不是取得卓越成就，似乎是他唯一的研究领域？艺术和科学的两大力量之源，即能力和应用，在他同等地结合在一起。由于他非常刻苦，几乎不需要天性上的

---

① 吕底亚车，一个谚语，意指速度极快，远远超出所有竞争者的事物。
② 希腊悲剧里亲密朋友的范例。
③ 《所罗门智训》4章8节。

敏捷，然而他的天性又是如此敏捷，他根本不需要如此刻苦；然而，他两者兼而有之，合而为一，以至于很难看出在他身上哪个是更突出的。谁有他这样的修辞能力，能吸纳火的能量①？须知，他的品性不同于修辞学家。谁在语法上如此精通，使我们能说完美的希腊语，编撰历史，灵活掌握诗歌的韵律？谁在哲学上有如此高深的造诣？这是真正高尚而高雅的学科，不论是实践的，还是沉思的，或者其中以逻辑证明为争战手段的那一部分，即所谓的辩证法，在这一领域里，要避开他文字上的罗网，如果需要这样做，真的比逃离莱贝林士（Labyrinths）②还要难。至于天文学、几何学、数学，他亦有很深的理解，就是那些在这些学科上有天赋的人也不可能难倒他。他鄙视过分应用它们，这对那些全心渴望敬虔信神的人来说无用。所以，敬他所选择的胜过他所忽视的，或者敬他所忽视的胜过他所选择的，都有可能。医学源于哲学和艰苦，由于他的身体虚弱，也由于他对病人的关怀，对他来说这是必不可少的知识。他在这些学科上都从入门达到精通的程度，不仅在经验和实践的知识上如此，在理论和原理上也如此。不过，这些知识诚然重要，比起人的道德法则来，又算得了什么呢？对那些见识过他的人来说，弥诺斯（Minos）和剌达曼提（Rhadamanthus）③微不足道，尽管希腊人认为他们配得阿斯弗德（Asphodel）草地和埃吕西亚（Elysian）平原，这是他们对我们所说的乐园的描述，源自摩西的那些经书，也就是我们的圣经，虽然他们的术语与我们的不同，只不过是以另外的名称指向同一个意思。

---

① 荷马，《伊利亚特》第 2 卷，第 6 章 182 节。
② 克里特神话里的迷宫，弥诺陶（Minotaur）的家。
③ 弥诺斯和剌达曼提，分别是克里特和吕西亚（Lycia）的王，寓言说他们因在地上行公义，死后就在阴司里当判官。

24. 事实如此，他的大船装满人所能获得的所有知识；卡底兹（Cadiz）之外①就没有任何通道了。再也没有别的需要了，唯有上升，走向更完全的生活，抓住我们共有的那些盼望。我们离开的日子临近了，随之而来的是告别的话，送行的话，邀请再来，伤感叹息，拥抱和眼泪。对那些已经在雅典成为亲密朋友的人来说，没有比离开此地，彼此分离更痛苦的事了。由此可看到一场悲情的场面，值得一记。把我们团团围住的有我们的同学、学友，以及我们的一些老师，他们恳求中有抗议，劝说带着强制，无论如何，他们都不愿让我们离开，凡人在烦恼时所能说能做的都说尽做尽了。这里我要责备我自己，也要指责——虽然未免大胆——那个神圣而无法企及的灵魂，因为他把他急于回家的原因一一道来，终于把他们留他的愿望压制下去，虽然极不情愿，然而还是不得不同意让他离开。但我被留在雅典，部分是因为盛情难却，部分则是因为他出卖了我，在他们的要求下，他抛弃了拒绝抛弃他的人，把这猎物交给捕猎者。这样的事在未发生之前，是不可思议的，令人难以相信。因为这就如同把一个身体分成两半，对两部分来说都是毁灭；或者如同把吃同一个食槽、担同一副轭的两头牛分开，彼此可怜地吼叫，抗议这种分离。不过，我的缺失没有持续很长时间，因为我无法长期忍受身陷困顿的情状，还得向每个人解释我们的分离，所以，在雅典逗留了短暂时间之后，渴望之情使我就像荷马书里的那匹马一样，冲破那些强留我的人的捆绑，跃过平原，奔向我的伙伴。

25. 我们在世界和舞台上稍稍放纵了一下，足以满足普遍的愿望，当然这不是出于对剧院的演出有什么喜好。然后就回来，不久就完全

---

① 古代人普遍认为，卡底兹之外的大西洋是不可到达的。

独立了，自己也从嘴上无毛的小伙子成长为成人，在哲学之路上进行了大胆的探索，取得了进展。尽管我们不再住在一起，世人的嫉妒使我们不得不分开，然而我们热烈的渴望仍把我们连在一起。凯撒利亚城抓住了他，把他看作第二个奠基者和庇护人。然而随着时间的流逝，他也不时地离开，这是由于我们的分离，也为了我们决定要从事的哲学事业。我必须照顾我年迈的父母，再加上一连串不幸事件的发生，使我一直与他分离，也许没有什么对不对或公正不公正，只是事实如此。为此，我想说说临到我生命中的种种变故和艰难以及哲学之路上的障碍，这些都是与我的渴求和目标不相称的。至于我的命运，神愿意引向哪里就引向哪里，只愿它更有益于他的代求。至于他自己，既在种种不利环境中做出自己的功绩，甚至更辉煌，神就借着向人所施的诸多慈爱①，借着对我们人类的护佑看顾，立他为教会明亮而可敬的光，把他提升到神父之职中的圣洁宝座，借着凯撒利亚这一座城市向全世界照射。以什么方式呢？不是一下子提升，不是立即洁净他，使他充满智慧，如现在许多候选人常常喜欢的那样，而是根据他的灵性进展给予他相应的荣耀。

26. 我不会赞美我们中间时时存在的混乱和无规则的情形，这种情形就是在那些主持圣礼的人中间也未能避免。我不想大胆指责他们所有人，这也是不公平的。我很赞赏海员的做法，即前任舵手把船桨交给未来的舵手，随后领着他到船尾，一起驶行很长的航程，让他感受大海，观察海风，然后再把指挥权交给他，让他坐到掌舵的位置上。在军事上也是这样，从下士到中尉再到将军。这种顺序对他们的副手是最好的，极其有利。我们的情形中若也是这样，那必是大为有益

---

① 《提多书》3：4。

的。然而事实上,在我们中间有一种危险,最神圣的职责有可能变成最可笑的事。因为提升不是依赖于美德,而是依赖于恶行;神圣的宝座不是落到最有资格的人,而是落到最有权力的人身上。撒母耳能预知未来事件,算为先知,然而扫罗是被拒斥的人,也在先知行列。所罗门的儿子罗波安被列为王,但耶罗波安是所罗门的臣仆和背叛者,也在王中间。没有哪位医生不是先学习疾病的性质,没有哪位画家不是先调色,或者练习素描。然而现在,成为临督(Prelate)易如反掌,不需要任何艰苦练习,就如关于巨人的传说①里那样,播种和生长只在瞬间完成。我们在一天之内就把圣人生产出来,命令那些人变得聪明,不需要任何教育,也无须为他们的名誉做出什么努力,只要意念一闪,事就成了。所以,有的人对卑微的位置心满意足,固守着自己微薄的地产,却完全是高尚的人,更多地沉思圣灵默示的话语,借许多法则降低身体的需求,使它顺服于灵;有的人则傲慢地拿到优先权,在比他优秀的人前面趾高气扬,对自己的位置毫不心虚,看到受过良好训练的人在他下面,也毫不担心,错误地以为自己的地位比那些人高,智慧也比他们高,占据高位使他丧失了理智的判断能力。

27. 我们伟大而杰出的巴西尔却不是这样。在这恩典上,如在其他恩典上一样,他是大家共同的学习榜样。他先是对会众诵读圣经,虽然也有能力解释,然而并不自认为配得圣礼中这样的品级②,因而继续在长老的位置上赞美主③;然后过渡到主教的位置上赞美主,他得那个位置既不是靠偷,也不是靠抢,不是为了求名求利,而是荣誉自动找上门来的;他接受它不是把它看作是人的恩惠,而是看作出于神

---

① 即卡德摩斯(Cadmus)传说,他在底比斯种下龙的牙齿,就长出了巨人。
② 即读经员(Lector)或读经者的品级。
③ 《诗篇》107:32。

的神圣恩惠。关于他的主教生涯，我们得放一放，现在对他的次级教职略作叙述，因为我在演讲过程中，差点把它遗漏了。

28. 他与他的前任①在管理教会上产生了分歧，关于分歧的缘由和特点，最好略过，总之出现了分歧。这位前任在其他方面都绝非卑鄙之人，他的敬虔是受人敬佩的，他那个时代的逼迫和他的对手都见证了这一点，然而，他对巴西尔的反感是人们很容易产生的那种反感。莫摩斯（Momus）不仅能够抓住普通的民众，也会抓住最优秀的人，唯有神能完全不受这种情感的影响，有免疫能力。教会里所有较为杰出的智慧人都起来反对他，倘若那些与世隔绝、献身于神的人比大多数人更富智慧的话。我指的是我们时代的修士们②以及那些献身于这种追求的人。他们的领袖③受到忽视、侮辱和排斥，他们感到愤怒，于是冒险举行了一次非常危险的游行。他们决定造反，脱离教会体系，因为它不接受任何派别，把他们自己与很大一部分人分离开来，既包括位卑的人，也有那些位尊的人。这是很容易做到的事，原因有三，每一个都十分充分。第一，这人声名显赫，我想，比我们时代其他任何一个哲学家都更受人尊崇，只要他愿意，完全能够激发叛变者的勇气。其次，他的对手④因其机构里出现的骚乱而受到当局怀疑，怀疑他的晋升是以独断方式，而不是依据法律和教规取得的。另外，还出现了一些西方的主教⑤，把教会的所有正统成员都吸引到自己身边。

29. 那么我们高贵的朋友，和平者（Peaceable One）的门徒是怎么

---

① 他的前任，即凯撒利亚宗主教优西比乌（Eusebius）。
② Nazarites，即修士们。
③ 即巴西尔。
④ 他的对手，直译是"找他麻烦的人"，即优西比乌。
⑤ 无法确定这些主教是谁。

做的？阻挡诋毁者或支持者，这不是他的习惯，迎战或分裂教会体系也不是他的性格所能为，尽管由于其他原因，教会常常成为异端分子攻击的对象，几乎在他们的强大力量下陷于困顿。关键时刻，他听从我的建议和热切鼓励，离开那个地方与我一同到了本都，主持本都的沉思所。他还自己创建了一个①，挺有影响力的，因为他与以利亚和约翰②，那些严格隐修上的行家一样欢迎旷野；比起参照当前形势制作与他的哲学不相配的计划，比起在疾风暴雨的时候摧毁他正在修直的道路，他认为这更有益处。他就在那里隐修，直至一切争论的波涛归于宁静。他的引退可谓奇特，富有哲学意义，不过，我们将会看到，他的回归更为奇特。这一点就讲到这里。

30. 正当我们沉浸在这种隐修中时，突然乌云压城，雷声滚滚，带着毁灭性的咆哮，所到之处，压倒每个教会：一个皇帝③，爱黄金最为热切，恨基督最为入骨，在患了这两种最严重的疾病后，一方面变得贪得无厌，另一方面亵渎神圣。这位逼迫者之后是另一位逼迫者，这背叛者之后倒不是背叛者，然而并没有改善基督徒的境况，或者准确地说，对于更虔敬、更纯洁的基督徒，即敬拜二位一体，就是我称之唯一真正的献身和救赎教义的人来说是如此。我们不能把神性量出几个部分，也不能用逆性的疏离把同一而不可领会的本性从它自身中弃绝，不能以恶治恶，用更不敬的疏离和分裂来毁灭撒伯里乌的不敬虔之混乱；那是阿里乌的错误，他的名字就表明了他的疯狂，他扰乱并破坏了教会的很多方面。因为阿里乌不敬拜父，认为子的神性与父是不等同的，既贬低子，也就是不崇敬父。而我们认

---

① 即修道院。圣巴西尔会规在今天的东方修道院中还得到广泛遵循。
② 指圣施洗约翰。
③ 指瓦伦斯。

识到父的同一荣耀①，独生子的同等性；子的荣耀是相同的，圣灵的荣耀也是如此。我们认为，贬低三位一体中的任何一位，就是毁灭整体。我们敬拜、承认他们在各自的属性上是三②，但神性上是一。然而，他毫无这样的思想。由于不能够仰望神，就被那些引导他的人贬低了，他甚至胆敢将神性的本性也与他一同贬损，从而成为一个可恶的造物，把高贵降低为捆绑，把非受造的、无时间性的本性降为与造物同列。

31. 这就是他的心灵，他以这样的不敬来反对我们。我们必须把它看作不是别的，而是野蛮的入侵，只是他毁灭的不是城墙、城市、房屋，以及其他微不足道的、人手所造的、可以恢复的东西，而是掠夺人的灵魂。一群不可小觑的人加入了他的攻击队伍，那就是教会邪恶的领袖，他那遍及世界范围的充满仇恨的帝国统治者。有些教会已受他们掌控，有些他们正在伺机攻击，还有的他们希望借着皇帝已经施展出来的力量，以及他威胁要使用的力量争取过来。然而他们之所以如此自信，意欲推翻我们自己的教会，主要原因在于我所提到的那些人的狭隘心胸、我们主教的缺乏经验，以及盛行于我们中间的软弱。斗争将是激烈的，人数众多的队伍，热情也高涨，绝不是可以忽视的。然而他们的队伍是软弱的，因为没有一位以神道和圣灵的大能武

---

① "doxa"这个词既有"教义"的意思，也有"荣耀"的意思。
② 属性，希腊词是"*isiotetes*"（Petav. de Trin. iv. Proem.）。拉丁术语是"*notions*"（S. Thom. Aq. Summa. I. xxxii. 2）, "*proprietates*"或者"*relations*"。如果它们并不实际构成三个神圣位格的位格性，其意就指那些相关的"attributes ad intra"，区别于位格。它们有五种：非受生性（Unbegottenness）、父性（Paternity）、父子关系（Filiation）、主动和被动的呼气（Spiration）。英语里最接近的对等词可能是"独特的（或明确的）关系"。（参看《演讲录》第四十篇第十五章。这里需要对"Spiration"这个词的意思做出解释。"Spiration"这个语词来自圣灵作为"气息"这个概念。由于圣灵被认为是发自父的"气息"，因此他的源起就是借着"Spiration"的方式或者说是"呼气"的方式。这里所谓的"被动的呼气"是指被呼出者与那呼出者的关系。——中译者注）

装起来的领袖和谋略家为他们争战。那么这个高尚、宽宏、真正热爱基督的灵魂做了什么呢？无须用很多话劝说他出来助一臂之力。他一看到我准备履行使命——因为代表信心的争战是我们两人共同的事——立即就答应了我的恳求。因为出于一种极为优秀的品质，也基于属灵的原因，他认识到寻求谨慎（倘若我们确实可以放任这样的情感）在安全的时代，必要的时候才应当克制。于是，他立即与我一同离开本都回转，作为一名热情的自愿者投身于为陷于危机的真理而战的事业，献身于对母亲即教会的事奉。

32. 那么他的实际努力是否没有了最初的热情？他们是否只是凭着一腔勇气，并无谨慎或谋略，而他是否见到危险就退缩了呢？或者他们在这些方面都非常完美，而他身上则表现出一些恼怒的痕迹呢？远非如此。他立即就完全卷入其中，参与计划的每一部分，尽他自己的一切努力。他把挡在我们面前的所有荆棘和绊脚石都一一除去，敌人就是借助于这些东西来攻击我们的。他抓了一个又一个，扔了一个又一个。在一些人，他成了坚固的墙和堡垒①，在另一些人，他是粉碎磐石的大锤②，或是焚烧荆棘的烈火③，如圣经所说的，轻而易举就摧毁了那些侮辱神性的柴捆草束。若说保罗有巴拿巴协助他争战，传讲并记载这些事，那应当归功于保罗选择了他，并使他成为争战中的亲密战友。

33. 于是敌人溃败了，他们虽是卑鄙的人，却是第一次被有失身份地击败，相形见绌，知道不可轻看卡帕多西亚人。在世上的所有人中，他们的独特品质是信心坚定，忠诚地献身于三位一体，他们的联

---

① 《耶利米书》1：18。
② 《耶利米书》23：29。
③ 《诗篇》118：12。

合和力量归于这二一真神,他们从这位神所得到的恩助甚至比他们所能给予的更大、更有力量。巴西尔的下一个目标是与临督和解,平息怀疑,小心地遵照关于顺服的律法和属灵的指令,说服众人相信,早先所感到的恼怒源于恶者魔鬼的试探和作梗,魔鬼这样做是出于对美好的和谐的嫉妒。于是他拜访了主教,晓之以理,动之以情。只要与他的愿望一致,他就成为他(临督)举足轻重的人,优秀的策士,机智的助手,神圣旨意的解释者,行为的向导,是他老年用的拐杖,信心上的支持,是教内人中最可信赖的,教外人中最有现实作用的。总而言之,原先认为他如何充满敌意,事实却表明他如何充满好意。所以,教会的权力落到了他的手上,即使不是全部,也是基本上如此,他的地位相当于主教。作为对他的好意的回报,他获得了权威。他们在权力上的分配和联合非常和谐默契。一个是百姓的领袖,另一个是他们领袖的领袖,就像看守狮子的人,机智地限制掌权者。由于这位临督近年来一直就职于主教之位,而且多少还受世界的一些影响,还没有配备圣灵之事,所以在敌人时起时伏的攻击教会的浪潮中,需要有人协助他,支持他。于是,他接受了联盟,以为自己征服了曾经征服过他的人。

34. 关于巴西尔对教会的关心和保护,还有很多其他事迹。他对城市执政者和其他至高权贵无所畏惧,对挑战和争论毫不犹豫地接受,寥寥数语就定出胜负,他的意向被人奉为决定因素;他支持穷乏人,大部分支持都属于灵性上的,然而物质困难上的资助也不在少数,因为身体也往往影响到灵魂,所以要使它变温顺,服从灵魂;他支持穷人,接待外人,关心妇女;为隐修生活立法,包括成文的和不成文的;安排祷告①,装饰圣所以及其他真正属神的人为神所做的事。对

---

① 圣巴西尔以及圣克里索斯托的祷告书至今仍然是东方教会的权威祷告书。

人有益的工,其中有一件特别重要,值得一提。当时曾有一次饥荒,是有史以来最严重的一次。整个城市陷入困境,得不到任何帮助,无从缓解灾难。若是沿海城市,还可能毫无困难地忍受这种匮乏时期,因为可以拿自己的特产出口,交换所需物品,然而对一个内陆城市来说,我们既不可能把我们多余的东西转化为利益,也不可能囤积所有的东西,或者进口所缺的东西来满足自己的需要;而这种困境中最麻烦的一点是,那些拥有供应品的人冷漠无情和贪得无厌。因为他们窥见自己的大好机会,把别人的困境转为自己的利润,大发国难之财:注意他们不是施怜悯给贫穷的人,就是借给耶和华①的人,他们是囤粮不卖的,民必咒诅他②的人;不是其他任何应许仁慈的,反抗非人道威胁的人。然而他们太贪得无厌了,决策太不明智了,不知道当他们对同胞塞住怜悯心肠的时候,神也不怜悯他们,忘了他们需要神远远大过别人需要他们。这就是买卖粮食的人,既不尊重自己的同胞,也不对神表示感恩,须知,当别人陷于困顿时,他们所拥有的无不出于神。

35. 诚然,他不可能借着祷告从天上降下食物③,给在旷野避难的人吃④,也不能无偿提供食物之源,使器皿底部空了就充满,总不见少⑤,因而借着对她的款待的奇特回报,支持曾支持过他的人;他也不可能用五个饼喂饱五千人,剩下的零碎还可以喂养很多人。⑥这些是摩西和以利亚行的事,也是我的神的作为,他们的大能也是从神而来

---

① 《箴言》19:17。
② 《箴言》11:26。
③ 《出埃及记》16:15。
④ 《诗篇》78:24。
⑤ 《列王纪上》17:14。
⑥ 《马太福音》14:19。

的。也许他们也有时代的特点和局限,因为记号不是为信的人作证据,乃是为不信的人。① 然而,他确实以同样的信心设计并实施了与它们相对应的事,并趋向于同样的方向。因为他凭着语言和劝告打开了那些人的粮仓,从而按着圣经把食物分给饥饿的人②,用饼使穷人饱足③,并使他们在饥荒中存活④,使心灵饥饿的人得饱美物。⑤那么以什么方式呢?因为这会大大地增添对他的赞美。他把忍饥挨饿的人都集中起来,包括一些稍得缓解的人,无论男女还是老少,所有身陷困境的人都集中到一起,拿出捐献的各种能充饥的食物,在他们面前架起汤盆,再把我们中间所能找到的肉都放进去,作为穷人维生之用。然后,效法基督的做法,基督以毛巾束腰,不耻为门徒洗脚,他也为这个目的利用他自己仆人的帮助,还有与他同为仆人的人们的帮助,关照需要之人的身体和灵魂,既照顾到个人尊严,也满足他们的生活必需,以便使他们得到双重宽慰。

36. 这就是我们年轻的供粮者,第二个约瑟。关于这一点,我们还可以谈论更多。因为一个从饥荒中得了益处,以他的仁慈买下了埃及⑥,为饥年筹备丰年,为那个目标转而解释别人的梦;而另一个的事奉是无偿的,对饥荒的救助没有得到任何益处,他所做的只有一个目的,借友善待人赢得友善的情感,以地上的粮赢得属天的祝福。他还进而提供道的滋养,更完全的礼物和分给,是真正属天的,从上面来的——若说道是天使的食物⑦,使灵魂得饱足,得解渴,那么他

---

① 《哥林多前书》14:22。
② 《以赛亚书》58:7。
③ 《诗篇》132:15。
④ 《诗篇》33:19。
⑤ 《诗篇》107:9;《路加福音》1:53。
⑥ 《创世记》41:1 以下。
⑦ 《诗篇》78:25。

们渴想、切慕神①，寻找不会消失或减少，而是永远存留的食粮。他是我所认识的人中最贫穷、最缺乏的人，却大量提供这种丰富的食物，不是要解除无饼之人的饥饿，无水之人的干渴，而是要慰藉那些渴求真正赐生命和营养的道的人，使得到适当喂养的人在灵性上长大成人。

37. 这些以及诸如此类的事件之后——我何必一一提及它们呢？——这位他本人的名字就显示出其虔敬之心的临督②，在巴西尔的怀里安详地咽下了最后一口气。他被提升到主教（Bishop）的高位上，并非轻而易举，并非没有来自他本土的临督的嫉妒，从那些人身上可以看到这座城市最大的羞耻。然而圣灵必然得胜，事实上胜局已定。因为圣灵从远处领来杰出而渴慕敬虔度日的人③来给他膏油，与他们同来的还有新亚伯拉罕，亚伯拉罕是我们的先祖，我说的这位是我的父亲，关于他，一件非同寻常的事发生了。随着他年事渐高，身体日趋衰弱，再加疾病缠身，让他几乎命悬一线，然而他仰仗着圣灵的帮助，冒险上路投票以表示支持。简言之，他原本躺在担架上，就像尸体安放在坟墓里，突然之间似乎一下子恢复了体力和青春，能够直立起他的头，在按手礼和涂抹圣膏礼中变得强壮起来，说他借受膏者的头变强壮也并非太过分。这必可增加为古代例子的一个新例，证明劳动使人健康，热切的目标使死者复生，一旦受到圣灵的膏抹，老年人也能青春焕发。

38. 他既被认为配得临督的职位，事实上，这是遵循这样的生活方式，赢得这样的爱戴和尊崇的人应得的，所以他以后的行为没有使自

---

① 《诗篇》63：1；《马太福音》5：6。
② 即优西比乌，意思是"敬虔"、"虔诚"。
③ 指撒摩撒他的优西比乌（Eusebius of Samosata）和老格列高利（S. Gregory the Elder，纳西盎的格列高利的父亲）。原英文注中把 Eusebius of Samosata 写成 Eusebius of Samosaba，疑有误。——中译者注

己的哲学蒙羞，也没有使那些信任他的人的盼望落空。他甚至远远超出了自己，就如他迄今为止远远超越于别人一样，他在这一点上的思想极其杰出而深邃。他认为，就个人来说，能避免恶就是品性正直的，在一定程度上也是善的，然而对一个领袖和统治者来说，尤其是担当这种职位的人，若不能大大胜过大多数人，并且经过不断进步使自己的美德与他的尊贵和位置相称，那就是恶。对身处高位的人来说，要达到中庸，并以自己杰出的美德把民众也提升到黄金中庸（golden mean）①，并非易事。或者把这个问题表示得更令人满意一点，我想结果与我在我们的救主身上看到的，在每一个特别富有智慧的人身上看到的是一样，即他与我们同在，既超越于我们，又是我们中间的一位。如福音说，他除了身量上增长，还有智慧，神和人对他的喜爱之心也一齐增长②，不是因为他的这些品质能够生长，须知，那一开始就是完全的事物怎可能变得更加完全？而是因为它们渐渐展开、显露出来。所以我想巴西尔也一样，他的美德本身并没有增长，只是此时有了更广泛的发挥之地，因为他的权力使他有了更丰富的物质材料。

39. 他首先清楚地指出，他得到这个职位不是出于人的恩惠，乃是神的恩赐。我的行为也将表明这一点。须知，关于那个时代的哲学研究，有哪一点他不是与我一同从事的？所以每个人都认为他任职之后我应当马上跑去见他，表示对此事的喜悦（也许换其他人，谁都会这样做），并要求分有他的权威，而不是协助他治理，这是他们从我们的

---

① 翻译成"黄金中庸"在中文里面似乎并不非常妥当，然而从字面和实际的意思讲，似都应译成"黄金中庸"，因为 mean 是适度、中庸、中道的意思。后面，纳西盎的格列高利引巴西尔的话说，"万事万物中，适度就是最好"。这个"适度"就是 mean。巴西尔和格列高利的意思是，要恰如其分地守住那个中道/中庸。——中译者注
② 《路加福音》2：52。

友谊中推导出来的结论。然而,我当时最深切的愿望就是要避开时事的困扰和嫉妒,更何况他的位置仍然充满痛苦和麻烦,所以,我仍留在家里,极力克制自己的急切冲动。巴西尔虽然责怪我,然而还是接受了我的推诿。后来我到了他身边,出于同样的原因,又拒绝了这一职位,长老中的一个高贵位置①,他非常体谅,没有责备我,反而称赞我,宁愿被一个不了解我们策略的小派系指责为骄傲,也不愿做任何违背理性以及他自己决意的事。事实上,他这样对待我,他看作第一朋友和同事的人,恰恰最充分地表明他的灵魂远远超越于一切谄媚和奉承之上。

40. 他接下来的任务是以宽宏的态度平息、减少反对他的意见,他那样做时没有一点谄媚或奴颜婢膝,而是显得非常谦恭有礼又宽宏大量,目的不只是为了急眼前之急,还要培育将来的顺服。他清楚地知道,太柔弱就导致松散、懈怠,而过分严厉则会产生刚愎自用,自我中心,所以他中和两者,这样就能避免两个极端的危险:纠正中包含体谅,温和又不失坚定;大多数情形下主要是以他的行为而不是争论来影响人;不是用技艺来支配他们,而是以和善来赢得他们;不是滥用权力来吸引他们,而是对现有权力的使用慎之又慎。最重要的是,他们渐渐地认识到,他的智力卓尔不群,他的美德非常人所能企及,认为他们能得安全的唯一方法就是站在他的一边,在他的领导之下,唯一危险的事就是与他对立,认为与他相悖就必然与神疏离。因而,他们心甘情愿顺服,举手投降,似乎一个晴天霹雳把他们震醒,一个个急匆匆地预先请求原谅,抛弃原有的深深的敌意,换成同样深深的善意以及美德的提升,他们发现这是真正有效的捍卫。极个别没有这

---

① 就是后来的 Vicar General Thomassin 之位。

样做的人就随他去吧,不必在意,因为他们的恶性不可治愈,在自我耗损中浪费自己的能力,就如生在铁上的锈连同铁一起自我销蚀。

41. 这样,他把家里的事务一一安顿完毕,这在那些不了解他的不信之人看来是不可思议的。接下来他的设想要进一步扩大,范围更广。当所有其他人的眼睛只盯着自己的脚底下,注意力只集中在与己直接相关的事上,只要这些事没有受到威胁,他们就不再费心劳神,不可能再有宏伟的计划或充满豪气的追求。而他虽然在其他事上很节制,但在这一点上却无法节制。他高高昂起头颅,用心眼到处搜寻,把救恩之道所穿越的整个世界尽收眼底。他看到神伟大的产业,借着他自己的话语、律法和苦难来赎买,圣洁的国度,有君尊的祭司①,在如此险恶的困境里,被撕扯成一万种意见和错误;从埃及挪出并转栽的葡萄树②,充满不虔不敬、黑暗无知的埃及,它原本长得如此佳美而硕大无比,使整个世界都遮蔽在它的阴影之下,它虽然高过群山和雪松,如今却受到那邪恶的野猪和魔鬼的蹂躏,所以他不可能只满足于静静地叹息不幸,把双手伸向神,求他驱散迫在眉睫的厄运,而自己还睡意蒙眬,不,他认为自己必须付出代价才能得到他的帮助。

42. 因为还有比这样的灾难更令人不安,或者更能强烈地唤起那极热切地为公众谋求福利的人的忧虑吗?个人的成败得失于共同体无足轻重,然而共同体的成败则必然涉及个人的生存状况。怀着这样的观念和目标,他作为共同体的管家和保护者(正如所罗门的真知灼见,灵敏的心是骨中的虫蛾③,迟钝是可喜的自信,而多愁善感是痛

---

① 《彼得前书》2:9。
② 《诗篇》80:9。
③ 《箴言》14:30(七十士译本)。(见和合本此节译文:"心中安静,是肉体的生命;嫉妒是骨中的朽烂。"——中译者注)

苦的源泉，不停思量费尽心力），我是说，他最终多处受伤，陷于痛苦和不安之中，于是就像约拿和大卫那样，他也为自己求死①，不容他的眼睛睡觉，也不容他的眼目打盹②。他把剩下的体力全用来反思，直到找到治恶的方子，然后寻求神和人的帮助，遏止蔓延的大火，驱散笼罩在我们心头的忧郁。

43. 他的其中一种方法大为有用。经过一段时间的反省、回忆，私下里的灵性讨论，思考了人的所有论证，渗透到圣经里的深邃之事，最后他建构出一套敬虔教义的框架，通过与对手的争战，击退了异端分子的大胆进攻，在正面交锋中用言语推翻了那些近处的对手，至于远处的对手，则用长了墨水之翅膀的箭把他们击倒，这箭一点不逊色于刻在刻版上的文字；不只是给某个像犹太国这样的小国家就日常的饮食、暂时的祭祀、肉身的洁净③立下规矩，而是为世上的每一个国家和地区就真理的道、我们得救的源泉指明方向。另外，由于不合理的行为与不可行的理论都同样毫无果效，所以他为他的复诊加上出于行为的帮助；他拜访，送信，接见，训导，责备，警诫，劝勉④，威胁，保卫国家、城市和个人，设计各种救援方案，从各种渠道为疾病寻找特效药；我们知道比撒列（Bezaleel）是神圣幕帐的建筑师⑤，能利用各种材料，调动各种技艺来做工，把所有东西都结合得和谐匀称，产生超凡之美；他就是第二个比撒列。

44. 我何必再进一步详述呢？我们又受到敌基督的皇帝⑥，那个信

---

① 《约拿书》4：8。
② 《诗篇》132：4。
③ 《希伯来书》9：10。
④ 《提摩太后书》4：2。
⑤ 《出埃及记》31：2。
⑥ 即瓦伦斯。

心暴君的攻击，他带着更多的不敬，发动更猛烈的进攻，因为争论必然是与一个更强大的对手进行，就像那不洁的恶鬼，他离了人身，游来荡去，然后带着更多的鬼来住在里面，如我们在福音书里看到的。① 他效法的就是这样的鬼，以前被击败的争论重又提起，还在原有的兵力上增加力度。使他感到奇怪而不能忍受的是，他统治着这么多的国家，赢得过这么多的荣誉，凭着邪恶的权力降服了所有那些围绕着他的人，战胜了一切对手，如今竟然被一个人、一个城市公然击败，从而招来人的嘲笑，不仅他那些邪恶的顶头上司嘲笑他，而且如他所认为的，所有人都嘲笑他。

45. 据说波斯国王②出于愤怒和傲慢远征到希腊，一到那儿，看到各个民族人数众多，就得意洋洋，不仅无节制地威胁他们，还想进一步恐吓他们，想出一些奇特的方式对付他们，使他们惧怕他。传说一个陌生的大陆和海洋，那是新造主的作品；有一支军队行过干地，越过大洋，夺走岛屿，围困海域，以及其他种种疯狂行为，这些虽然使无知的人感到惊恐万分，在勇敢而心意坚定的人看来，却是荒唐可笑的。在远征攻打我们的时候，根本没有必要做出这种行为，然而更为糟糕而有害的是，报告说皇帝就是这样宣称并且这样做的。他向天张口，亵渎至高者，他的舌毁谤全地。③早在我们时代之前的大卫，受圣灵感动，入木三分地描述这样的人：他们使天向地弯腰，把那超卓的事物，受造界甚至不可能容纳的事物——尽管它出于仁慈确实在一定意义上来到我们中间——当作造物，以便把它本身归于我们这些躺卧

---

① 《路加福音》11：24。
② 指薛西斯（Xerxes）。
③ 《诗篇》73：9。（见和合本此节译文："他们的口亵渎上天，他们的舌毁谤全地。"——中译者注）

在地上的存在物中的一个。

46. 他最初的恶行诚然是狂暴的，然而最后对我们的攻击更为猛烈。关于第一次我要说什么呢？流放、革除、没收，公开和秘密的计谋，可能的时候也劝告，不可能的时候就用暴力。那些信靠正统信仰的人，比如我们就是，受到自己教会的压制；另一些人则被迫接受帝国关于灵魂必死的理论，祈求不敬神的证明书，签名陈述比这更苛刻的话。那些在海上烧死长老的不敬神的指挥官，不是那些征服了波斯人的人，打败了锡西厄人（Scythians）的人，降服了其他野蛮民族的人，而是那些攻击教会，在祭坛上跳舞庆贺，用人和牲口的血来玷污无血的祭物，侮辱童女之贞洁的人。他们这是出于什么目的？逐出先祖雅各①，强行让以扫这个还未出生就被恨恶②的人取而代之。这就是我们对他起先的恶行的描述，就是现在，只要一回忆、一提起这些事，我们大多数人还是会禁不住泪流满面。

47. 所以，当他把一切角落都扫荡了一遍之后，开始发动新的攻击，以便征服这固若金汤、令人望而生畏的教会之母，这是唯一剩下的还未熄灭的真理之火花，此时，有史以来他第一次觉得自己行事鲁莽，考虑欠周。因为他就像一枚投射物打在某个更强大的物体上被反弹了回去，就像被折断的绳索退缩了回去。这就是与他相遇的教会的临督，这就是使他的一切努力化为灰烬的堡垒。其他细节还可以从那些传讲、述说这些事件的人，从他们的亲身经历中听到，其实凡叙述这些事的人没有一个不是经历丰富的。人只要知道那个时代的争战，必然会满怀敬佩。攻击、许诺、威胁，派来企图说服我们的使者、法

---

① 雅各即阿塔那修。以扫相当于乔治（George）。
② 《罗马书》9：11。

官、军官、被女人围绕的男人、被男人围绕的女人,他们唯一的气概就在于不敬神,因为无法行合乎本性的房事,唯一能做的,就是用他们的舌头行奸淫之事;首席厨师尼布扎拉丹(Nebuzaradan)①,用他的手艺作武器威胁我们,然而他被自己的火毁灭了。不过,我只能尽可能简洁地描述最能激起我的好奇,并且即使愿意也不可能忽略的事。

48. 谁不曾听说那时的行政长官②极端傲慢地对待我们,接受另一党派——也可能是被交给他们——给他施洗;一方面超越权限行事,另一方面想方设法讨好主子,以保证自己能保住权力。虽然他对教会怒不可遏,具有狮子般的暴烈脾性,并且就像狮子般咆哮不止,直到大多数人都不敢靠近他,然而我们高贵的临督被领进或者毋宁说跨进他的法庭时,似乎是去赴宴会,而不是受审判。我如何才能恰如其分地描述这长官的骄横,以及他所遇到的这圣徒的慎独呢?他说,"巴西尔先生,"直呼其名,没有加上他的头衔称他主教,"其他人都不敢,你却为何敢抵抗、反对如此伟大的一位君主?""何以见得?"我们高贵的斗士说,"我的鲁莽体现在哪里?这一点我还得向你请教。""其他人都已经顺服,事奉掌权者,你为何拒不敬拜你统治者的宗教?""因为这不是我真正的掌权者的旨意,"他说,"我既是神的造物,而且自己被要求成为神,那就不能去敬拜任何造物。"长官又说,"那么,我们在你看来是什么呢?我们这些对你发号施令的人,难道一钱不值吗?你对此说什么呢?与我们为伍难道不是一件大事吗?""我不否认,"他说,"你是一个长官,并且是一个显赫的长官,然而不可能比神更高

---

① 狄摩西尼(Demosthenes),瓦伦斯的一个仆人,受指使去劝巴西尔归服皇帝。
② 即摩德斯图(Modestus)。

贵。没错，与你为伍很了不起，因为你本人就是神的造物；然而与我的其他任何臣民为伍都同样了不起。因为信心，而不是个人的重要性，才是基督教的独特标志。"

49. 于是，这位行政长官变得非常激动，从座位上跳了起来，暴跳如雷，言辞也变得更加粗鲁。"什么？"他说，"你不怕我的权威？""怕什么？"巴西尔说，"它怎么能影响我呢？""怕什么？就是怕从我权力而来的种种作为。""那是什么呢？"巴西尔说，"请你指教。""没收、流放、折磨、死亡。""还有别的威胁吗？"他说，"这些没有一样能影响我。""此话怎讲？"长官问。他回答说："因为对一个一无所有的人来说，无所谓没收充公；除非你要我的破布烂衫，仅有的几本书，这些就是我的财产。流放对我也是不可能的，因为我不受制于任何一个有限的处所，既不把我现在居住的土地称为自己的家，无论以后可能漂到哪里，也不会以之为家；或者更确切地说，我把每个地方都看作是神的地方，我是他的客人和依赖者。至于痛苦折磨，对一个身体已经不再存在的人来说，它们有何作为呢？除非你指的是第一次击打，唯有这是你的权力能为的。死亡是我的恩惠者，它会更快地送我到神那里，我活着是为他，存在是为他，死也是为他。我一直在向他疾驰。"

50. 这位行政长官听了这样的话，大为惊异，说："从来不曾有人说过这样的话，这样大胆地对待摩德斯图（Modestus）。"巴西尔说："那也许是因为你不曾遇到一位主教，否则在捍卫这样的利益上，他必会使用完全相同的语言。因为我们一般都是谦卑的，根据我们律法的诫命，彼此顺服。就是对待普通人，我们也不会傲慢无礼，更不要说对待如此伟大的掌权者了。然而若是神的利益受到威胁，我们就无所顾忌，把这些利益作为我们唯一的目标。火、剑、野兽、撕碎肉身的钩叉，我们习以为常，毫不畏惧。你可以进一步侮辱、威胁我们，你可以任意妄为，尽管使用你的权力。皇帝本人可以听听这话——无论用暴力还是用巧舌，你都不可能使我们与不敬虔者同流合污，就算你的威胁更加可怕，也是如此。"

51. 这次对话结束时，这位行政长官已经从巴西尔的态度相信他是绝对不可能被威胁和压力吓倒的，于是就把他放了，原先咄咄逼人的气势也已经荡然无存，反倒显出几分尊敬和佩服。他本人还全速去觐见皇帝，说："陛下，我们被这位教会临督打败了。他对威胁无动于衷，在观点上不可动摇，怎样劝诱都无济于事。我们得提审某个比较软弱一点的人，而且要诉诸公开暴力，否则就只能对这种漠视我们威胁的态度听之任之。"皇帝迫于巴西尔的美誉，不得不对自己的行为表示谴责（就是敌人也会敬佩人的美德），不许用暴力反对他；不过，就像铁，虽然被火软化了，依然是铁，他虽然从威胁巴西尔转向敬佩他，然而不会与他联合，因为耻于改变自己的道路，于是力图用他所能找到的最似是而非的理由来为自己的行为辩解，如随后所表明的。

52. 他带着全部随从来到了教会。那时是主显节，教会里人山人海，他在人群中坐下，以此表明合一。事情并没有悄悄过去。他一进来，就被振聋发聩的赞美诗、人头攒动的会众、弥漫于整个圣礼及其周围区域的天使般的而非人间的秩序所吸引。巴西尔在引领会众时，昂首挺胸，就如圣经里论到撒母耳所描述的，身体不动，目不转睛，心灵平静，似乎没有任何新的事情发生在眼前，全心全意只凝视神和圣坛，可以说，就如一座雕像一样矗立不动，而他的助手们满怀敬畏地立在他的周围。看到这一幕，这一幕实在是无与伦比的，他身体虚弱至极，视力模糊，脑袋晕眩，心里惊惧。然而这些并没有被大多数人所注意，只是当他不得不去神的桌上献礼——他必须亲自去献，按常规，没有人帮助他，因为不能确定巴西尔是否会接受他——时，他的情绪才暴露无遗。他脚步踉跄，若不是圣坛上有人伸出手扶住他，使他站稳，恐怕会不雅地跌倒在地。这事就说到这里。

53. 皇帝一直渴望与他会谈，于是半心半意地与我们联合，进到会幕里来看他，与他说话，他在这次会面所体现出的智慧，我只能说，与他们一同进入的大臣和我们所听到的话都是受圣灵感动说出的话，此外，我还能说什么呢？那是皇帝第一次对我们产生友善的情感；这次接待产生了良好的印象，终于结束了像河水泛滥所造成的更大范围的逼迫。

54. 另一件事比起我所提到的那些事，其重要性一点也不逊色。恶人得了胜，流放他的法令已经签署，使那些推进此事的人大为满意。夜晚来临了，马车备好了，我们的恨恶者欢欣雀跃，敬虔者陷入绝望，我们围绕着热忱的远行者，他的耻辱也是高贵的，没有什么不相称的地方。接下来发生了什么事？神解开了这个结，因为以前因埃及恶待以色列而击打埃及地所有的长子的神①，如今也用疾病击打了皇帝的儿子。速度是何等的快！那边刚有流放的判决，这边就有了得病的命令；邪恶文士的手被止住，圣徒得到保护，敬虔的人出现在我们面前，因着发烧皇帝放下了自己的骄横。还有什么比之更公正或更迅速？这是一系列事件：皇帝的儿子得了病，身上疼痛不已；父亲为此痛苦万分。他能做什么呢？他寻找一切方面的帮助来解除他的痛苦，他召来了最好的医生，自己炽烈地祷告代求，全人俯伏在地。就是皇帝也在困境中变得谦卑，这毫不奇怪，圣经为我们记载了大卫为

---

① 《出埃及记》12：29。

自己的孩子也忍受了类似的痛苦。①由于任何地方都找不到可以祛邪的方子，他转而求告于巴西尔的信心，然而并没有亲自召他，因为新近如此恶待他，又怎好意思亲自召唤他，而是把这任务交给了他最亲近、最贴心的朋友。换作别人，很可能会犹豫或拖延，然而巴西尔立即欣然前往，马上使病得到缓解，父亲就寄予更大的希望。若不是他在召请巴西尔的同时，又信异教，把盐水与清水混合起来，孩子原本可以恢复健康，继承他父亲的权位。当时在场并分担这场灾难的人确实都这么坚信。

55. 据说同样的灾难也临到这位行政长官头上。他也因疾病折磨不得不谦卑地求圣徒帮助。事实上，对有理智的人来说，一个异象就意味着某种指示，所以，患难困苦往往比繁荣昌盛更有利于人。他病倒了，眼泪汪汪，痛苦不堪，他派人来找巴西尔，恳求他，叫喊说："我承认你当时是对的，只求救救我！"他的请求得到应允，如他自己所承认的，使许多对此事一无所知的人也相信此事不假；因为他一直对这位临督的权柄感到迷惑，所以不停地叙述。这就是他在这些情形中的行为，这就是结果。那么他是否以不同的方式对待别人，参与关于琐事的争论，或者行为过程中没有把毫无意义可言、最好在沉默中忽视的东西提升到哲学高度？绝不是。神曾使邪恶的哈达（Hadad）兴起反对以色列②，兴起反对本都省的这位行政长官③，名义上与厌恶一个妇人家的可怜家畜有关，实质上是邪恶反对真理之战的一部分。我把他对巴西尔的其他侮辱都忽略而过，侮辱巴西尔，其实与反对神是一回事，因为争战正是在反对神和代表神的人之间发起的。然而，有

---

① 《撒母耳记下》12：16。
② 《列王纪上》11：14。
③ 即优西比乌。

一件事我要详尽叙述，因为它给攻击者带来了特殊的羞耻，使对手彰显了美德，如果哲学以及因哲学而闻名是件伟大而高尚的事的话。

56. 一位法官的助理企图强迫一位出身高贵、刚死了丈夫的女士答应一桩令人厌恶的婚姻。她不知道如何逃避这种专横跋扈的行为，就求助于一种与其说大胆还不如说是谨慎的方法。她来到圣台前，将自己置于神的保护之下来对付强暴。我若可以在颂文中引入一点雄辩风格，以三位一体本身的名，那该会成就怎样的事？我不是说伟大的巴西尔，他在诸如此类的事上为我们立下了法规，而是说其他人，虽然地位远比他卑微，然而也是祭司。他难道不应许可她的要求，对她负责，关照她，举起他的手捍卫神的仁慈以及赐给圣坛荣耀的法律吗？他难道不应心甘情愿地做任何事，忍受一切，而不是参与非人道的阴谋反对她，同时毁灭圣坛以及使她得到圣礼的信心？不！恼羞成怒的法官说，所有的人都应服从我的权威，基督徒得背弃自己的律法。然而，他要求带走的恳求者被巴西尔不顾一切地留了下来。于是，他愤怒至极，最后派了一些行政官来搜查圣徒的卧室，目的是想羞辱他，而不是出于任何必要性。什么！搜查一个完全摆脱情欲，连天使也敬他三分，妇女甚至不敢瞄他一眼的圣人的家？但是他并不满足于此，还把他召来，让他自己辩护，态度当然绝不可能是彬彬有礼或友好诚恳，而是把他当成一个犯人。巴西尔来了，就像耶稣一样，站在彼拉多的审判台前。一看到他出现，他就坐上法官席，充满愤怒和傲慢。然而，霹雳并没有落下，神的剑仍然闪着寒光，等待着，他的弓虽然已经弯下，却引而未发。这实在是神的行事习惯。

57. 想一想我们的斗士与他的逼迫者之间的另一场争战。他破碎的披肩被要求撕掉，他说，"如果你愿意，我可以把我的衣服也撕掉。"他瘦弱的身体受到拳头的威胁，他则提出愿意受五马分尸的刑罚，他说，"用这种方法撕裂，你就可以治愈我的肝，你知道，它正在消磨着我。"这就是他们的争论。当城市意识到暴行和众人共同的危险——每个人都认为这种无礼对自己是种危险，此时，众人都变得怒发冲冠；就像蜂群被烟熏起，一个接一个都激动起来，每个种族，每个年龄的人都揭竿而起，尤其是那些小武器工厂和经验作坊的人。在这些领域干活的人脾气特别火暴，胆子也特别大，因为他们有一定的自由。每个人都把手中正在使用的工具，或者当下能抓到的东西当作武器。他们手举火把，身藏短棍，在倾盆大雨中奔跑，情绪高昂地汇合在一起，喊声如潮。愤怒能驱使可怕的战士和将军。在这种场合，妇女一旦被唤起，也勇敢地投入战斗。她们的别针就是匕首，她们不再是柔弱的女子，渴望的力量使她们产生出男子汉的勇气。这是一个短小的故事。她们觉得她们应共同有那使他招来杀身之祸的敬虔，并且把他看作是极为敬虔的人，第一个对抗如此胆大妄为者的人。那么，这位鲁莽、大胆的法官的反应是什么呢？他身处困境，可怜巴巴地祈求怜悯，在他们面前卑躬屈膝到无以复加的地步，直到没有流血的殉道者到来，他其实早已不战而胜了，此时又以自己个人的魅力阻止了人们的冲动，使原先侮辱他、如今求他保护的人从困境中解脱出来。这就是众圣徒的神的作为，他总是使一切事成为并转变为最好的结果，阻挡骄傲的人，赐恩给谦卑的人①，他既分开海洋，留住江河，统治风雨，一伸手就立起一座胜利纪念碑，为何不能救他流浪的百姓，为何不能让属他的人脱离困境？

58. 这就是在神的护佑下与世界争战的结局，大好的结局，与他的信心相配的结局。然而同时又开始了一场与主教及其联盟的争战，这

---

① 《雅各书》4：6。

场战争包含了极大的耻辱，而对他们的会众的伤害就更大了。试想，他们的主教行为尚且如此，怎么可能去说服别人自制呢？有很长一段时间，他们一直对他非常不友善，原因有三。在信心问题上他们与他意见不一，除非大多数信徒的信仰如此，他们不得不完全被迫服从。他们对他的晋升也不能完全摆脱嫉妒之心。而最让他们感到难过，当然也使他们感到羞愧的是，目前他的声望远远超过他们。另外还有一个不和的原因，再次激发了其他人。当我们的地区分成两个省和两个宗主城市的主教教区，前者的一大部分将要划给新区时，又唤起了他们的党派之心。一个①认为教会的界限应当由政府的界限决定，所以宣称那些新增加的教会归属于他，脱离其原来的宗主城。另一个②坚持古老习俗，要保持我们的祖先一直传承下来的划分方式。许多令人痛苦的结果不是实际产生了，就是在未来的母腹里挣扎。新的宗主城不合时宜地召集了教会会议，税务机关也抓住机会。有些教会长老拒不服从，还有一些则被争取过去。最终，教会的事务陷入了可悲的分歧和分裂状态。新奇对人确实有一定吸引力，他们预备使事件转而对自己有利，而且推翻已经确立的事，要比破坏之后恢复更容易。然而，最令他愤怒的是，陶鲁斯（Taurus）的税收③在他眼皮底下转移，积聚到他对手的手上，圣俄瑞斯忒④的奉献也是这样，他急切地想要坐享其成。他甚至还做出极其出格的事。有一次，巴西尔正骑着骡子行走，他就与一伙抢劫团伙勒住缰绳，抓住骡子，挡住通道。多么冠冕堂皇的借口：对他属灵的孩子们以及交托给他的灵魂的关怀，

---

① 即提阿那（Tyana）主教安提姆斯（Anthimus）。
② 即巴西尔。
③ 教区里的民众应缴的税和奉献。
④ 纪念圣俄瑞斯忒的一座小教堂，位于陶鲁斯山（Mt. Taurus）脚，负责收集奉献。

对信仰的捍卫——掩盖着最共同的邪恶，永不满足的贪婪的借口——还有，由于异端分子而产生的不当开支。在他看来，任何使他不高兴的人就是异端分子。

59. 然而，这属神的圣人，乃是天上真正耶路撒冷的宗主教（metropolitan），既没有为那些倒下的人的失败冲昏头脑，也没有任自己忽视这种行为，也不愿拿不适当的方法来对付这种邪恶。让我们来看看这是多么伟大，多么了不起，或者毋宁说，与他的灵魂多么相称。他使分裂成为教会增加的起点，灾难在他精心的处理下，结果变成了地区主教的大量增加。由此包含了三个最可取的结果：对灵魂的更多关怀，每个城市处理自己的事务，这个地区停止了争战。我得说我自己倒被看作是这个计划的累赘。我找不出别的术语来描述这一观点。我对他的整套行为敬佩至极，实在无法用言语来形容，只是就这一件事来说，我觉得无法表示赞成，因为我得承认我对这个计划是有感情的，然而这感情是出于你们大多数人并非不知道的其他原因。我指的是他对我的态度的变化和不信任，这是连时间的流逝也没有减少的痛苦之因。这是我生命中一切不和谐与麻烦的源头，它使我无法从事哲学的实践，或者至少失去了哲学的名誉，当然后者要稍后才成为事实。你们也许会允许我为他辩护，我可以这样说，他的思想是超乎常人的，在他死前，已经超越于世俗的影响，他唯一的兴趣在于圣灵。当然他对友谊的关心当时并没有因自己的兴趣而有所减少，唯有当它们与他对神的至高无上的职责发生冲突，当他所看到的目标比他不得不放在一边的兴趣更重要时，他才会不考虑友谊的要求。

60. 我担心，为了避免那些想要知道关于他的一切可谈论之事的人所指责的冷漠恶名，就可能招来那些以黄金中庸（golden mean）为理想的人所指责的冗长啰唆。巴西尔本人对黄金中庸推崇备至，尤其醉心于一句谚语："万事万物中，适度①就是最好"，并终生贯彻。然而，对那些希望过分简单或过分冗长的人的要求，我们也同样放在一边，于是我这样开始我的讲述。不同的人以不同的方式获得成功，有些人致力于许多美德中的一种，然而就我所知，迄今为止，没有一个人在一切方面都达到最高点，获得最高成就。在我看来，只要在最广泛的领域获得了桂冠，或者在某个领域获得了最高成就的，就是最好的。然而，巴西尔的名声是如此之高，甚至成了整个人类的骄傲。让我们来思考这个问题。是否有人致力于贫困以及一种没有任何财产，完全没有多余之物的生活？他除了自己的身体，必不可少的衣服之外，还拥有什么？他的财富就是一无所有，他认为十字架，这伴他一生的事物，比巨大的财富更宝贵。因为人不论对财富有多大的欲望，都不可能拥有一切，但是任何人都可以学会鄙视一切，从而证明自己高于一切。这就是思想，这就是他的生活，他不需要祭坛，不需要虚荣，也不需要诸如"克拉特斯（Crates）释放了底比斯的克拉特斯（Crates the Theban）"②的公开宣告。因为他的目标确实是卓绝非凡的，而不是看起来如此。他没有住在木桶里③，在集市中央，从而尽情享受抛头露面的乐趣，把贫穷转化为财富；他乃是贫穷的，不修边幅的，然而毫无作秀之意；他喜乐地把曾经拥有的一切扔出船外，轻松地航行在生活之海。

61. 有一样奇异的事物就是自制，保持最低的需要，完全不受快乐的控制，不受残忍而无耻的情妇即肚腹的束缚。谁能如此免于食物的捆绑，而且，毫不夸张地说，更不受肉身的制约？他把一切饱腻和过

---

① 适度等等，七贤人之 克莱俄布卢（Cleobulus）的一句名言。
② 克拉特斯，他在抛弃自己的所有财产时说了这样的话。
③ 就像犬儒学派哲学家第欧根尼（Diogenes）。

度饮食都扔给那些缺乏理性的人,他们的生活挥霍无度,卑鄙无耻。他对那些不算食欲但属于同类的事物也几乎毫不关心,尽可能把生活必需降低到最微乎其微的程度,他唯一奢侈的事就是表明自己不是奢侈的,因而,没有更大的需要。然而他效仿百合花和飞鸟①,它们的美是天然的,它们的食物是随机的,这是我主基督的重要告诫。他本来富足,却为我们成了贫穷②,好叫我们享有他神性(Godhead)的富足。所以,他只穿一件单衣,披着破烂不堪的斗篷而来,他的床是光秃秃的地面,他彻夜祷告,蓬头垢面(这就是他的修饰),他最甜美的饭菜,饼加盐,他的新佳食,适度而充足的饮品,源源不断地供给那些脱离困境的人。这些东西的结果,或者说与之相伴随的,是对病人的照料和医学的实践,这是我们共同的智性追求。我虽然在其他方面都不如他,然而在困苦方面,我与他乃是同等的。

62. 有一样伟大的东西是童贞,还有单身,被列在天使和单一本性(the single nature)之列;我不敢称之为基督的童贞,他虽然为了我们这些由生而来的人甘愿受生,但是由童女受孕而生的,他颁布③了童贞的法则,引导我们离开此生,割断世界的权柄,或者准确地说,从一个世界转向另一世界,从现世转向来世。那么,有谁比他更加尊崇童贞,或者更能控制肉身,不仅树立他个人作典范,还使那些在他关怀之下的人也成为榜样?他的童贞是盟约,是成文法,他借克制感官,规范肢体,最终把真正的童贞美德行出来,把美的视界转向内在,从有形之物转向无形之物;把外在之物抛弃,把油料从火中撤出,向神显明内心的秘密,唯有神才是纯洁灵魂的新郎,只要她们警

---

① 《马太福音》6:26。
② 《哥林多后书》8:9。
③ 由他的宗教法规颁布,或者如某些人所说,由关于童贞的一篇论文颁布。

醒，拿着灯出去迎接他，又预备足够的油在器皿里①，就能与他一起进去同席。而且他调和得非常出色，把独身生活和社群生活很好地结合起来。这两者在很多方面都是大相径庭，彼此殊异的，当然哪个也不是绝对而纯粹地拥有善或恶；一者比较安详、镇定，倾向与神的合一，然而没有摆脱骄傲，因为它的美德在试炼或比较之外；另一者更有实际作用，然而不能避免受困扰的可能性。他为隐修者和僧侣建了小居室②，但是与他的住院修士团相距不远，也没有用什么隔离墙将两者彼此区分和隔离，而是将它们合在一起，联合起来，免得使沉思之灵从社会中分离，实际生活也不受沉思生活的影响；它们乃像海洋和陆地，唇齿相依，彼此交换礼物，共同促进同一个目标，即颂扬神的荣耀。

63. 还有呢? 还有一样高贵的东西是博爱，支持穷乏的人，帮助软弱的人。离城不远处，可以看到一个新城③，那是敬虔的仓库，富人的共同宝库，贮藏着他们多余的财富，甚至生活必需品，这是他劝告的结果，免得有虫子来咬④，不再让盗贼的眼睛发亮，既避开了嫉妒的效法，也避开了时间的败坏。那里，疾病受到敬虔之光的关怀，灾难被认为是一种祝福，同情要受到考验。我何必把这一作品比作希腊七门的底比斯⑤，埃及的底比斯，巴比伦的城墙，卡里（Caria）的摩索拉斯（Mausolus）陵墓，埃及的金字塔，举世无双的巨大铜像，或者无论就其大小还是精美程度都是独一无二的神龛，以及其他人所惊

---

① 《马太福音》25：4。
② 这一段话有力地支持克莱门凯（Clemencet）的观点，即圣格列高利在字面意思"独居者的住所"上使用"monisteria"，而且"koinonikoi"与"migases"之间根本没有什么大的分别。参阅 ii. 29. xxi. 10—19。
③ 新城，即为病人而设的医院。
④ 《马太福音》6：19。
⑤ 底比斯等等，即"世界七大奇观"。

异，历史所记载的事物，这些东西的创建者除了得到可怜的一点名誉之外，并不能从中得到任何益处。而我所论及的事物是一切奇观中最不可思议的，是得救的捷径，上天的佳途。我们眼前不再有行尸走肉般生活的人的可怕而可悲的景象：他们肢体的更大部分已经死去，从他们的城里、家里、公共场所和出生地搬走，也从他们自己最亲近的人中赶走，只能根据他们的名字，而不是按其特征辨认；他们不再在我们聚会的时候被引到我们面前，出现在我们共同的交往和联合中，不再是憎恨的对象；不再因他们的疾病而成为可怜的对象。如果还有人能发出声音，那也是编写怜悯之歌的作者。既然没有任何语言能描述他们的苦命，我又何必试图将我们的所有经验用悲剧风格来表达呢？无论如何，他率先给那些大人物施加压力，他们不可鄙视自己的同胞，不可羞辱基督，他是众人的头，不可以非人道的手法对待他们；而要将别人的不幸当作坚定地确立自己命运的机会，把怜悯借给神，因为他们正需要神的怜悯。因而他虽然高贵，出身也高贵，名声显赫，但并不鄙视用双唇荣耀这种疾病，而是把他们敬为弟兄，不是像某些人设想的，是为了虚荣，（说实话，迄今为止有谁能完全克服这种情感呢？）而是率先接近他们，关照他们，这也是对他的哲学的一种实践，从而不仅给予语言上的指导，也身体力行，为人师表。他这样做所产生的效果不仅可见于城里，在整个地区和更远的地方也比比皆是，甚至社会的领袖们相互比赛，看谁对他们更仁慈，更宽宏大量。其他人享受精美的菜肴，甜点师的美味珍品，精致的马车，柔软而飘逸的袍子，巴西尔关心的是病人，帮他们解除痛苦，效法基督，洁净麻风病，不是用话语，乃是用行为。

64. 关于这一切，那些指责他骄傲，目空一切的人会说什么呢？他们是严厉的批评家，却做出这样的行为，将那些根本不能算为标准的人的生活拿来衡量他，不知道他的生活才是那些人的标准。他亲吻麻风病人，降卑到这种程度的人，怎么可能去傲慢地对待那些身体康健的人？他既禁欲弃绝自己的肉身，怎么可能以空洞的骄傲膨胀自己的灵魂？他怎么可能去指责法利赛人，揭示傲慢的可耻下场？因为他知道基督，降卑取了奴仆的样式，与税吏同吃，洗门徒的脚，不鄙弃十字架，以便把我的罪钉在它上面；他还看见更不可思议的事，神被钉十字架，而且是与盗贼一起，被围观者轻视，尽管他不可能受苦，事实上完全超越于一切苦难之外。然而，正如他的诽谤者所设想的，他高高地飞上云层，也如他们所认为的那样，没有任何事物能与他相提并论。不仅如此，我想，他们所界定的骄傲其实就是他性格上的坚定、坚毅和稳健。在我看来，这些人很可能会将勇敢称为鲁莽，谨慎称为胆怯，自制称为厌恶人类，公正称为偏执不容的异说。以下这句哲学格言实在说得妙，它说，邪恶与美德靠得很近，某种意义上，它们毗邻而居①；对那些在这样的题目上缺乏训练的人来说，对一个人的品质做出错误认识，是完全可能的事。有谁比他更尊崇美德，更严厉地鞭挞罪恶，或者有谁比他本人对正直者更温和，对作恶者更严厉？他的微笑往往就表示赞赏，他的沉默就是责备，在隐秘的良知里抨击邪恶。既然一个人从不曾喋喋不休，讥笑嘲弄，说二道四，不是人人都喜欢的人，因为没有向什么样的人就做什么样的人②，取悦于人，那么这人是什么样的人呢？这样的人在明白事理的人看来，岂不是值得赞美的人，而不是该受指责的人吗？除非有人认为，狮子威严如王，不像猴子乖顺灵巧，他出身高贵，神奇宝贵，这全是狮子本身的

---

① 这是米南德（Menander）和亚里士多德的理论。
② 《哥林多前书》9：22。

错；而表演者应当得到我们的敬佩，因为他们有令人喜欢、关爱人类的性格，他们取悦于粗俗者，在自己脸上啪啪有声，引发阵阵笑声。如果这就是我们的目标，那么当你遇到他，据我所知，拥有最长经历的人，谁如此令人高兴？有谁比他的为人更仁慈，比他的理智更成熟，比他的责备更温和的？他的责备不会产生傲慢，他的松弛不会导致分裂，而是避免在两者上过分，根据所罗门的规则，既利用理性，又讲究时节，因为所罗门为万事万务都安排了定时。①

65. 没错，他的口才早已名扬四海，他的教导之能也受到世界各地的喜爱，然而这些于他何益呢？就如我们已经包围了山脚，却忽视了山峰；已经跨过了海峡，却没有注意海洋的浩瀚和深邃。我想，如果有人曾变成，或者能变成一个号角，用他悠扬动听的回声，或者神的声音，环绕宇宙，或者以某种从未听说过的奇迹引发世界大地震，那么他的声音和智力就配得这些名称，因为正如我们远远高于非理性的造物，同样，他也远远超乎人类，比其他所有人都更优秀。有谁像他那样用圣灵来洁净自己，使自己配行神圣之事？有谁比他更得知识之光的照耀，更深入地洞悉圣灵的深度，借神的恩助来看待属神的事？有谁能比他更好地表达属理智的真理，而丝毫没有像大多数人那样，有得有失，有高有低，双足不能平衡，不是无法表达自己的思想，就是让自己的口才胜过自己的推理能力？他在这两方面都获得了同样的美名，证明自己在两种能力上都是同样的出色，十分完美。没错，参透万事，就是神深奥的事也参透②的，照着圣保罗的见证，那是圣灵的职事，不是因为他不知道它们，而是因为他以沉思它们为乐。而巴

---

① 《传道书》3：1。
② 《哥林多前书》2：10。

西尔则对圣灵的一切事作了充分的考察,因此他可以为任何性格的人做出指教,他的教导高尚庄严,他的劝告使我们放弃眼前之事,以适应将来之事。

66. 大卫赞颂太阳之美,之大,之快速行程,之大能,像新郎一样辉煌,如勇士一般威严①;它虽然从此极到彼极环行,然而它有如此能力,无论哪里都能同等地发射光辉,热量不会因距离而有所减少。巴西尔的美在于美德,他的大在于神学,他的行程在于永恒向上升腾,甚至到达神,他的大能在于播种并传扬道。由此,我甚至可以毫不犹豫地说,他的言语传遍天下②,他言语的力量传到地极,如圣保罗论及众使徒时借用大卫的话所说的。在今天的各种聚会中还有什么别的吸引力呢?在宴会上、法庭上、教会中还有别的快乐吗?那些掌权的,那些被掌管的,何乐之有?隐居的(hermits),或隐修的(cenobites),有何快乐?闲散之族,或者百事缠身之人,有何快乐?那些渎神的哲学学派,或者我们自己的学派,有何快乐?有一种快乐,贯穿一切,也是最大的快乐,那就是他的作品和劳作。写作的人只要有他的教导或作品,就不再需要别的材料。古代在神圣谕言上的辛苦研究是无声无息的,而新的研究则挂在每个人口上;他就是我们最好的老师,对自己的作品有最深刻的了解,亲口讲解它们,叫我们亲耳聆听。对那些特别渴望得到指教的人来说,唯有他不只是介绍别人的观点,更热切地阐述自己的见解。

67. 我只说他的以下一点。每当我拿起他的"创世六日",诵读这

---

① 《诗篇》19:6。(参见和合本 5 节的译文:"太阳如同新郎出洞房,又如勇士欢然奔路。"——中译者注)
② 《诗篇》19:5。(参见和合本 4 节的译文:"它的量带通遍天下,它的言语传到地极。"——中译者注)

些文字时，我把我的老师视为观察的唯一途径，就被带到造主面前，就比以前更理解创造的记载，更敬佩造主的工作。每当我拿起他的论辩作品，就看到所多玛的火①，把恶人、悖逆者的舌头化为灰烬，或者以不敬的方式建造的巴别塔②，被以公义的方式毁灭。每当我读到他论圣灵的作品时，就能发现所拥有的神，就能更大胆地传讲真理，因为有他的神学和沉思作后盾。他的其他作品，通过刻在他坚实心版上的二重刻文，为那些目光短浅的人阐释的论文，引导我从单纯的字面或象征解释走向更广阔的视野，使我从一个深度潜入到另一个深度，深渊与深渊响应③，光与光相接，直至达到最高顶点。当我研究他赞颂我们的运动员的文章时，我就鄙视身体，喜爱与他所赞颂的那些人在一起，唤起自己争战的勇气。他的道德和实践演讲，洁净灵魂和身体，使我成为适合神居住的殿，圣灵弹拨的乐器，用它的旋律来庆祝神的荣耀和大能。事实上，他使我变得和谐而有序，使我经历神圣的转变。

68. 既然我提到了神学，他在这一领域的最高结晶，我就在以上所说的之外再作点补充。这对他生活的群体大有好处，免得他们因不合情理地轻看他而受到伤害。我的话指向那些歹毒的人，把自己的恶意掩盖在对别人的诽谤之中的人。他在捍卫正统教义、三位一体的统一性和同等神性（divinity）时，若能使用尽可能准确而清晰的术语，我想，无论是把他从教职上驱逐，对这样的职位他原本就没有想要得到，还是流放，甚至加给他死亡以及死前的种种折磨，他都会把它们看作是益处，满心欢迎，而不会视之为危险，避而远之。这可以从他

---

① 《创世记》19：24。
② 《创世记》11：4。
③ 《诗篇》41：8。（参看和合本此篇7节："你的瀑布发声，深渊就与深渊响应。"——中译者注）

的实际行为和苦难中看出来。当他为真理被判处革职时，他对此事唯一的反应是命令随从之一拿上他的手稿跟上他。他认为，根据圣大卫的告诫，语言慎重①，暂时忍受争战的日子和异端的兴起，这是必要的，直到自由而安宁的时代到来，带来言论自由。敌人对毫无保留地主张"圣灵是神"非常警惕，虽然这话是对的，但他们以及支持他们之不敬的恶人认为这话是不敬神的。所以他们很可能会把他以及他的神学教导的影响力从城里剔除出去，以便他们自己能控制教会，并以此为起点，以教会为堡垒，使他们的邪恶理论传遍天下。于是，他就使用别的术语，使用含义完全相同的陈述，必然导致同样结论的论证，把对手击败，使他们哑口无言，无以反驳，只有承认这是确凿的事实——这是对辩证法之力量和技巧的最大证明。他就这个题目所写的作品显然是借了圣灵宝库里的笔而写的，这些作品进一步表明了这一点。他推迟使用准确的术语，祈求圣灵的恩惠，也恳请热情支持他的人谅解，免得他们对他的策略感到恼怒②，在信仰陷于困境的危机时期，他没有表现出毫不妥协的倔强脾性，免得死缠住一个术语，而毁了整个理论。他说服他们相信，表达上的一点点变动，用另外的术语教导同样教义，不会使他们受到任何伤害。因为我们得救与其说在于言语，还不如说在于行动；只要他们愿意与我们联合，暂时使用"受膏者"而不使用"基督"，我们就不会把犹太人拒斥在外。而教会若是被异端控制了，那整个共同体就会遭受严重的伤害。

69. 他与其他任何人一样，承认圣灵就是神，这是显而易见的，因

---

① 《诗篇》112：5。（参看和合本此节经文为："施恩与人……他被审判的时候，要诉明自己的冤。"似乎与此处上下文意思相去甚远。——中译者注）
② 策略，即没有直截了当地说"圣灵是神"。有些人因此指责圣巴西尔，但这种做法得到圣阿塔那修的赞赏。

为只要有机会，他就常常公开传讲这个真理，私下里有人提问时，也热切地承认这一点。但他在与我的谈话中把这一点讲得更加清楚，在我们讨论这个题目时，他对我毫无保留。他不满足于只是提出论断，还进一步——以前也有过但极少——说，他若不把圣灵看作与父和子同一本质，同等受敬拜，那就让他遭受最可怕的命运，即与圣灵分离。如果有人愿意承认我在这一事业上是他的同工，我将提出一个迄今为止鲜为人知的观点。迫于时代的重重困难，他本人采取了策略，然而对我讲话却无所顾忌，因为没有人会莫名其妙地拖我去受审或把我革除，这样，我们就可以共同努力，使我们的福音得以坚固。我提到这一点，不是为了维护他的名誉，他比攻击他的人更强壮，如果有这样的攻击者的话；而是为了防止有人以为他作品中出现的术语就是真理的最大界限，使得他们的信心变弱，认为他们自己的错误得到他的神学的支持——他的神学乃是时间和圣灵联合孕育的结果——而不思考他作品的意义，写这些作品的目的，从而接近真理，能够让那些渎神的党徒闭嘴。无论如何，让他的神学成为我的神学，成为我最珍爱的宝贝！我对他在这一点上的纯洁充满信心，所以在这方面，就如在其他所有方面一样，我都把他看作我的伙伴；但愿我所是的归属于他，他所是的也归属于我，两人所有的都在神的手里，最智慧者的手里！我们知道，福音书的作者有的更关心基督的人性方面，有的更注意他的神性方面；有的从我们自己的内在经验开始他们的历史，有的始于在我们之上的东西，由此他们分有信息的本体，得着那些领受信息的益处，并顺从在他们里面的圣灵的影响。我们不会说他们彼此之间是完全不同的。

70. 是的，古代曾有许多在敬虔上非常杰出的人，如立法者、掌权者、先知、教师以及不怕流血的勇士。让我们拿他们来与我们的临督做个比较，好认识他的功德。亚当因是神所造①，享有伊甸园之乐②，得享神第一条法规③，这是他的荣耀，然而我若是没有诽谤我们的初祖的名誉，我得说，他并没有谨守诫命。而巴西尔既受了诫命，也遵守了诫命，没有受到知识之树的伤害，避开了闪着火焰的刀剑，而且我完全相信，他已经到了乐园。以挪士是第一个大胆求告耶和华名的。④巴西尔不仅自己求告主，更非同寻常的是，还将主传讲给别人。以诺被神取去⑤，因为一点的敬虔（那时信心还在影子里）就得了升天的回报，脱离了余生的毁灭，而巴西尔的整个生命就是一种升天，在完全的生命中经受了完全的考验。挪亚被托以方舟⑥，把新世界的种子交给一个小小的木房子，让它们在洪水中保存下来。巴西尔避开了不敬的洪水，把他自己的城市变成安全的方舟，轻轻地驶过异端，随后恢复整个世界。

71. 亚伯拉罕是个伟人，一个族长，新祭物的奉献者⑦，把神所应许给他的独生子献在神面前，甘愿杀他作祭。然而，巴西尔的祭献绝不比之逊色，因为他把自己献给了神，没有任何同等的替代品，（那怎么可能呢？）所以，他的祭献是无与伦比的。撒拉还未怀胎就得了应许要生以撒⑧，巴西尔则自我应许，娶了利百加作妻子，我的意思是指教会，这不是盼咐仆人从遥远的地方找来的⑨，而是神交给他、托付他的，近在家里；他也没有对哪个孩子偏爱，被计谋智胜，而是按照

---

① 《创世记》1：27。
② 《创世记》2：8。
③ 《创世记》2：16。
④ 《创世记》4：26。
⑤ 《创世记》5：21。（参看和合本24节。——中译者注）
⑥ 《创世记》6：13。
⑦ 《创世记》22：1。
⑧ 《创世记》18：10。
⑨ 《创世记》24：3。

圣灵的判断,给予每个人应得的份,没有任何欺骗。我称颂雅各的梯子①,他向神浇油的柱子,以及与神的较力,不论那是什么。在我看来,这是人的形象与神的高度的对比和反衬,最终表示他的族类的失败。②我也称颂他在喂养牲口上的聪明和成功,他的孩子,十二族长,他的分别祝福,以及他们将来的精彩预言。但是我更赞颂巴西尔的梯子,他不仅看见了美德,而且一步一步地登向卓越。对于柱子,他不是浇上油,而是向神立起来,因为他把渎神者的教义向公众揭示出来;他不是与神较力,而是为神争战,推翻那些异端分子;还有他的教牧关怀,使他渐渐变得富足,为自己赢得大量有印记的羊,使其数量多于未有印记的羊,他在属灵孩子上的杰出成就,用来坚立许多孩子的祝福。

72. 约瑟是粮食的供应者③,然而仅限于埃及,并且不是经常的,所提供的也只是属体的粮食。巴西尔为所有人供应粮食,并且任何时候都供应,供应的还是灵性的食粮,因而在我看来,他的作用是更受人尊敬的。他就像乌斯人约伯④,受到试探,战胜了试探,在战场上赢得了辉煌的荣耀,那么多攻击者没有一个使他动摇,却决定性地击败了试探者的种种企图,把某些朋友的非难驳得哑口无言,因为这些人不了解他的苦恼的隐秘特点。"在他的祭司中有摩西和亚伦。"⑤没错,摩西是伟大的,他使埃及备受瘟疫之苦⑥,在许多神迹奇事中解救百姓,进入云里,制定双重律法,外在的字义法和内在的精义

---

① 《创世记》28:12。
② 失败或"生育能力的丧失"。
③ 《创世记》41:40。
④ 《约伯记》1:1。
⑤ 《诗篇》99:6。
⑥ 《出埃及记》7:8以下。

法。亚伦是摩西的兄弟,既是血缘上的,也是灵性上的,为人献祭、祷告,如伟大而圣洁的帐幕里的执事,这帐幕是主所支的,不是人所支的。① 巴西尔完全可以与两人相提并论,因为他所遭受的不是身体上的瘟疫,而是精神上、心理上的,是埃及的异端之族;他引领热心为善的人② 走向应许之地③;他把律法,这律法不再是模糊不清,而完全是属灵的,写在不能破碎、永远保存的心版上④;他进入了至圣所⑤,不是一年一次,而是常常,我可以说天天,因而他向我们揭示了圣三位一体;他洗涤百姓,不是用暂时的洒水,而是以永恒的洁净。约书亚有什么特别的美德⑥? 他慷慨,捐献产业,拥有圣地。巴西尔岂不是一位宗主教(Exarch)⑦? 他对那些因信得救的人⑧难道不是慷而慨之? 他难道没有照着旨意,把不同的产业和居所分给跟随他的人? 所以,他也完全可以使用这样的话:"我的分坐落在佳美之处"⑨;"我的命运在你手中"⑩,这命运比地上降到我们头上,可能被夺走的命运宝贵得多。

73. 然后,略过士师,或者最杰出的士师,"那些求告他名的人中有撒母耳"⑪,他还未出生之前就交给了神,一出生就立即成圣⑫,用他角里的膏油膏诸王和祭司。⑬但是巴西尔难道不是还在母腹时就作为

---

① 《希伯来书》8:2。
② 《提多书》2:14。
③ 《希伯来书》11:9。
④ 《哥林多后书》3:3。
⑤ 《希伯来书》9:25。
⑥ 《约书亚记》1:2。
⑦ Metropolitan(宗主教)。
⑧ 《以弗所书》2:8。
⑨ 《诗篇》16:6。(参看和合本此节译文:"用绳量给我的地界,坐落在佳美之处。"——中译者注)
⑩ 《诗篇》31:16。(参看和合本15节译文:"我终身的事在你手中。"——中译者注)
⑪ 《诗篇》119:6。(和合本此节经文为:"我看重你的一切命令,就不至于羞愧。"——中译者注)
⑫ 《撒母耳记上》1:20。
⑬ 《撒母耳记上》16:13。

婴儿献给神,穿一件外袍①在坛上献祭,岂不是天上之事的预言家,受主的油膏,并为那些借着圣灵得完全的人膏油?在诸王中,大卫是出类拔萃的,他从敌人所得的胜利和纪念品②都有记载,而他最显著的特点是温文尔雅③,在他还未登上王位之前,就能以琴声降伏恶鬼。所罗门请求神,神就赐给他极大的智慧聪明和广大的心④,使他成为当时最著名的人。而巴西尔,在我看来,与前者的文雅相比,与后者的智慧相比,都毫不逊色,若说有高低,也微乎其微,所以他才能平息暴跳如雷的掌权者的傲慢,才能不仅引来南方的女王从地极来拜访他,或者其他人从遥远的地方慕他的智慧之名而来,而且还使他的智慧闻名于天下。我略过所罗门一生中的其他事件。即使我们不说,也是众所周知的。

74. 你是否称颂以利亚⑤面对暴君的勇气,还有他在火中乘旋风升天⑥之事?或者以利沙的佳美产业,伴随着以利亚之灵的羊皮外衣⑦?那你也必称颂巴西尔的生活,在火里煎熬的生活,我的意思是说他一生经历无数次试探,他从火中出来,被火烧,却没有烧毁,"荆棘"的奥秘⑧,出于上面的美好的皮外衣,以及他对肉身的漠然。我略过其他,只说三个少年人在火里毫发未损⑨,躲避神的先知在大鱼肚子里祷告耶和华⑩,从鱼肚子里出来,就像从房间里出来一样;义

---

① 参看《撒母耳记上》2:19。
② 《撒母耳记下》5:1。(经文出处有误,应是5:10。——中译者注)
③ 《诗篇》132:1(七十士译本)。
④ 《列王纪上》4:29。
⑤ 《列王纪下》1:1。
⑥ 《列王纪下》2:11。
⑦ 《列王纪下》2:13、15。
⑧ 《出埃及记》3:2。
⑨ 《但以理书》3:5。(经文出处有误,似应为3:27。——中译者注)
⑩ 《约拿书》2:1。

人落在狮坑里，封住狮子的口①，马加比七兄弟②的争战，他们与父母亲一起在血里，在种种磨难里得完全。巴西尔赶得上他们的忍耐，也赢得了他们的荣耀。

75. 现在我转向新约，将他的生活与新约里那些名人相比，我将在教师中找到使他们的门徒受尊重的原因。谁是耶稣的先行者③? 就是约翰，他是道的声音④，点亮的明灯⑤，在光面前，他甚至在母腹里跳跃⑥，希律盛怒之下斩了他，他先于光到了阴司⑦，即使在那里，也预告将要到来的光。倘若我的话在人听来过于大胆，那我要预先使他相信，在作这样的比较时，我既不偏爱巴西尔，也不暗示他等同于那大过凡妇人所生之人的人⑧，只是表明他被激动而效法，并且在一定程度上拥有自己的显著特点。因为热忱的人效法伟大的人，即使只是在很小的程度上，也不是小事。巴西尔在苦行主义上效法约翰，这不是很明显吗？他也住在旷野，在他整个隐退期间，每晚守夜只穿一件褴褛的袍子；他还爱吃与约翰类似的食物，通过禁欲为神洁净自己；他也被认为是称职的基督的预告者，如果不是先行者的话，而且那时也与约翰相仿，不仅他周围地区的人都出去到他那里⑨，更远地方的人也来到他面前；他也同样立在两约之间，执行一约的精义，废除另一约的字义，消解表面显然的律法，使隐藏的律法得以

---

① 《但以理书》6: 22。
② 《马加比传下》7章1节。
③ 《路加福音》1: 76。
④ 《路加福音》3: 4。
⑤ 《约翰福音》5: 35; 1; 8。
⑥ 《路加福音》2: 41。(疑出处有误。见和合本译文："每年到逾越节，他父母就上耶路撒冷去。"——中译者注)
⑦ 《马太福音》14: 10。
⑧ 《马太福音》11: 11。(参看和合本经文的译文："凡妇人所生的，没有一个兴起来大过施洗约翰的。"——中译者注)
⑨ 《马太福音》3: 5。

成全。

76. 他效法彼得的热情①，保罗的深刻，两人的信心，西庇太儿子②的高尚言语，所有门徒的勤勉和单纯。因而他也得到信赖，掌握诸天的钥匙③，不仅从耶路撒冷直转到以利哩古（Illyricum）④，还拥有更广阔的福音范围；他不是被称为雷子，而是成为雷子；他躺卧在耶稣的怀里，汲取了他话语的力量，思想的深刻。他没有成为司提反⑤，尽管他渴望成为，因为那些原本可能用石头打他的人仍然对他尊敬有加。我还可以更简洁地加以概括，免得对每个人都作这些方面的详尽论述。在某些方面他是独特的，在某些方面他效法前人，还有一些方面则超越所有善良的人。他的各方面美德都胜过这个时代的所有人。最后我还要说一件事，寥寥数语就可说完。

77. 他的美德是如此之大，名声是如此之显赫，以至于他的许多小特点，甚至可以说他的生理缺陷，也被一些想要扬名的人接受。比如，他脸色苍白，胡子拉碴，步履蹒跚，多思多虑，总是沉思默想，说话吞吞吐吐，许多人不问青红皂白就效仿，认为这是沉思的样式。此外，他的衣着风格，床的样子，以及吃饭的样子，在他没有一样是刻意为之的，不过是偶然而随意的，却也有许多人效而仿之。所以，你很可能看到许多外观上相似的巴西尔，但这种表面上的相似甚至不能说是远距离的回音。作为一种回音，虽然表示声音的消失，但无论如何总是极其清晰地显示出原声，而这些人根本达不到他的精神，连

---

① 《使徒行传》4：8。
② 即雅各和他兄弟约翰。——中译者注
③ 《马太福音》16：1。（参看和合本经文的译文："法利赛人和撒都该人来试探耶稣，请他从天上显个神迹给他们看。"——中译者注）
④ 《罗马书》15：1。（参看和合本19节。——中译者注）
⑤ 《使徒行传》7：58。

接近他的愿望也不可能满足。有机会见到他，或者为他做点事，或者留下一点他或开玩笑或当真说过的话做过的事做纪念，这也不是微不足道的小事，而是完全有理由受到最高的尊重；因为我知道我自己就常常以这样做为豪，须知，就是他的即兴创作，也比其他人的精心之作更宝贵，更卓越。

78. 当他跑尽了当跑的路，守住了所信的道①之后，他就渴望离世，他得冠冕的时候到了②，他听到的召唤不是"你上这山去，死在山上"③，而是"死了，就上到我们这里来"。这里他又行了神迹，绝不比以前提到的那些奇事逊色。当他几乎断气，呼吸停止，气若游丝时，突然铿锵有力地说出最后的话，从而带着敬虔的话语离世，并且指定他最优秀的助手接替他的位置，把他的手和圣灵都给予他们，免得一直辅助他的神父之职的门徒们受人蒙骗，失去神父的职分。我的任务已经接近尾声了，然而，这最后的一幕实在很不情愿描述，由别人来说比由我自己来说更为合适。因为我无法使我个人的不幸升华，尽管我非常希望能做到这样，也知道这损失是我们大家共同的，这不幸是临到整个世界的。

79. 他躺卧在床上，舒出最后一口气，等候高处的唱诗班，那是他长期凝望的方向。全城人都涌到了他的身边，无法忍受失去他的痛苦，强烈抗议他的离去，似乎他的离去是一种压迫。他们双手紧紧抓住他的身体，嘴里不停地祷告，似乎这样就能留住他的灵魂。他们的痛苦使他们变得心神烦乱，每个人都渴望，如果可能，把自己的一部

---

① 《提摩太后书》4：7。
② 《腓立比书》1：23。（参看和合本此节经文："我正在两难之间，情愿离世与基督同在，因为这是好得无比的。"——中译者注）
③ 《申命记》32：49。（参看和合本49—50节经文："你上这亚巴琳山中的尼波山去……你必死在你所登的山上……"——中译者注）

分生命转加给他。当然他们失望了,要知道他毕竟是一个人啊;他说出最后的话"我将我的灵魂交在你手里"①,就愉快地将自己的灵魂交给带他离开的天使照管,当然并非没有信仰的指示和吩咐让现场的人受益。此时,一件比以前发生的所有事情都要令人瞩目的奇事发生了。

80. 圣徒被抬了出去,由圣洁之人高高举起。每个人都想靠近他,有的想抓住他的衣裳繸子②,有的只想摸摸影子③,或者装着他圣洁尸体的棺木,(还有什么能比那身体更圣洁或更纯洁的?)有的想靠近那些抬着棺木的人,还有的看看就心满意足,似乎这样也是有益的。市场、门廊、两三层的房子都站满了护送的人群,有走在他前面的,有跟在他后面的,有伴随着他同行的,人头攒动,你挤我推,数万来自不同民族、不同年龄、不同经历的人,在这里大集合。赞美诗被哀歌压了下去,哲学上的达观认命沉到了灾难之下。(大家开始彼此相争)我们本族人与外族人,犹太人、希腊人和外邦人相争,他们也与我们相争,似乎表现出越多的哀伤,就能分有更大的益处。在结束我的故事时,我得说灾难以危险告终,许多人因为推搡挤压,在混乱中失去了生命,与他一同离世了;能与他一同离世,也许被认为是一种幸福的结局,有些狂热的演讲者很可能会称他们为"葬礼的牺牲品"。尸体终于避开了那些想要抓住他的人群,穿过堵在前面的人群,送进了他先祖们的坟墓,神父的行列中又添了一位伟大的神父,传令官的行列又多了在我耳边回响的洪亮之音,殉道者的行列又加添了一位殉道者。如今他已在天上,如果我没弄错,他正在那里为我们献祭,为

---

① 《诗篇》31:6。(参看和合本5节。——中译者注)
② 《路加福音》8:44。
③ 《使徒行传》5:15。

百姓祷告，因为他虽然离开了我们，却并没有完全离弃我们。我，格列高利，已经半截子入了土，我们伟大的联盟一旦消失，我也被一分为二，可以设想，没有了他，我就失去了方向，不知道今后我的目标是什么，要在痛苦的余生中独自踯躅，实在不易。就是现在，当我没有尽到自己职责的时候，晚上往往会有异象告诫我，指导我。我眼前的目标与其说是把悲痛融进我的赞颂，描绘这个人的公共生活，展示始终如一的美德画面，所有教会，所有灵魂都敬仰的榜样，使我们记在心里，作为活的律法，引导我们行正道，以至劝告你们这些已经完全接纳他的理论的人，把眼睛凝视在他身上，还不如说是描述一个看见你们也为你们所看见，因而借圣灵得完全的人。

　　81. 那么就到这里来，所有参与他的合唱团的成员，不论是教会人士，还是教外人士，不论是我们的同胞，还是外邦人，都围绕到我这里来；帮我一同赞颂，每个人都或问或答地论述他的某种优点。作法官的，想想这位立法者；搞政治的，想想这位善于治国的人；管理民众的，想想他如何遵守秩序；研究文学的人，他是教师；独身者①，他是新娘的领头；嫁娶的，学习他的克制；隐居的，他给你翅膀；住院修士，他是你的审断者；单纯的人，他作你的向导；沉思的人，他是神圣的（divine）；快乐的人，他是控制者；不幸的人，他是安慰者，他是年长者的朋友，年轻者的导师，贫穷者的救济，富裕人的管家。我想，寡妇也要赞颂她们的这位保护人，孤儿赞颂他们的这位父亲，穷人赞颂他们的这位朋友，客人赞颂这位接待者，弟兄赞颂这充满弟兄之爱的人，病人赞颂这位医生，不论他们得的是什么病，需要的是什么样的医治；健康人赞颂这位保守健康的人，所有人都会赞颂

---

① Virgin，通常为童女，然而这里是指巴西尔作为守贞者，因此译为独身者。——中译者注

他，他使自己向什么人就做什么事，好叫他得着他们，如果不是全部，至少也是大部分。

82. 这就是我献给你的颂文，巴西尔，这舌头对你来说曾是最甜美的，说这些话的人在年龄和地位上都是你的朋友。如果此文能表达你的功德，那是你的功劳，因为正是出于对你的信心，我才发表这篇论说你的演讲。然而如果它远不能达到你所期望的，我们这些因年龄、疾病和失去你的悲痛而筋疲力尽的人，会有什么样的感受？不过，我们既然做了我们能做的事，神必是悦纳的。但愿你这神圣、属神的人从天上凝视我们，或者借着你的恳求让我们的刺留在肉体上①，这刺是神赐给我们作为鞭策的；或者劝服我们大胆地忍受它，引导我们的全部生活走向那最有益于我们的方向。如果我们升天了，请你也在那里你自己的帐幕里接待我们，这样我们就住在一起，一起更清晰也更完全地凝视圣三位一体，我们现在只在一定程度上得到这三位一体的影子，到那时，我们的渴望就可以得到满足，我们所经历的一切争战，所忍受的一切攻击就都得到补偿。这就是我们对你的赞颂。谁会在那里赞颂我们呢？即使我们提供了在我们的主基督耶稣里值得谈论或赞颂的话题，因为你先离我们而去，愿荣耀归于他，直到永远。阿们。

---

① 《哥林多后书》12：7。

第三部分 书 信

致克勒图尼乌神父：驳阿波利拿里
（第五十一封书信）

致我们最尊敬、神所爱的弟兄和同为神父的克勒图尼乌（Cledonius），格列高利，问主内平安。

我想要知道，教会事务的这种革新究竟是什么样的革新，任何人，或者如圣经所说的，过路人，只要高兴，就可以把原本组织得井然有序的羊群打乱分裂，用偷盗，或者准确地说，用剽窃得来的虚妄教义来掳掠它。就算我们目前的攻击者有什么理由在信心上指责我们，即便那样，他们也不应当不给我们一点提醒就放胆去尝试这样的事。他们应当首先劝告我们，或者诚心听听我们的劝告（如果至少多少考虑到我们是敬畏神，为信心劳作，帮助教会的），然后，如果必要，再进行革新。当然，他们也许会为自己的疯狂行为找到某种借口。然而，我们的信心一直是公开宣讲的，既有成文的，也有口头的，无论在这里，还是在遥远的地方，无论我们身处险境，还是安然无恙，都是一如既往，那么为何有些人要如此这样地攻击我们，别的人却保持沉默呢?

　　最可悲的不是（虽然这也足以令人震惊）人们借着那些更恶的人把自己的异端邪说灌输给比较单纯的灵魂，而是他们还说谎话诽谤我们，说我们也持和他们一样的意见和立场，也就是在他们的钩上放上诱饵，用这种幌子来歹毒地实现自己的意愿，使我们那些单纯的人成为他们作恶的支持者，因为这些人把他们看作弟兄，而不是敌人。不仅如此，他们还断言，如我所听说的，西方教会会议已经接纳了他们；事实上，他们在这次会议上一度受到谴责，这是众所周知的事。然而，如果那些持有阿波利拿里观点的人现在被接受或先前曾被接受过，那请他们拿出证据来，我们就无话可说。因为显然，他们只有赞成正统信仰才可能被接受，其他任何情况下都不可能被接受。他们当然可以援引教会会议的备忘录或大公书信（Letters of Communion）来证明，因为这是教会会议的常规做法。然而，如果这些只是措辞，是他们自己炮制出来的，是为了蒙蔽人，借有信誉的人给自己增加分量，那么就让他们闭嘴，让他们约束自己的舌头，然后毫不留情地驳斥他们。我们相信这样的任务非常适合你，与你的生活方式和正统教义是相称的。不要让这些人自欺欺人，把"主的人"（Man of Lord）——这是他们对他的称呼——冠以其实应当称为"我们的主和神"的那一位，说什么他是完全没有人的心灵的。我们并没有把主的人性与神性割裂，我们坚持位格的统一性和同一性（Identity）教义，他先前本不是人，只是神，在万世之前是独生子，没有混合身体或任何形体性；然而在这末后的时代，他为了拯救我们也取了人性；他的肉身是受苦的，他的神性是不受苦的；他在身体上是受限制的，在圣灵上是不受限制的；他既是属地的，也是属天的；既是可触摸的，也是不可触摸的；既是可领会的，也是不可领会的；为的是借着这同一位格，他既是完全的人，也是完全的神，好叫因罪堕落的整个人类得以改造，成为新人。

若是有人不相信圣洁的马利亚是神之母，他就从神性那里被剪除了。若是有人认为神只是把童女当作一个管道通过，并没有同时以神的方式和人的方式在她里面成形（以神的方式，因为没有男人的配合；以人的方式，因为符合妊娠规律），那么这人也同样是不敬神的。若是有人主张基督的人性是形成的，后来才被赋予神性，这人亦当受咒诅。果真如此，那就不是神的生育，而是对生育责任的逃避。若是有人引入两个儿子的概念，一个是父神的儿子，一个是母亲的儿子，不相信统一性和同一性，那么他必丧失应许给那些完全相信的人做儿子的名分。神和人是两个本性，就如灵魂和身体是不同的本性一样；然而并没有两个子或两个神。尽管保罗论到过诸如内在的人和外在的人这样的话，然而在此生中并不存在两个人。另外，（我若可以说得简洁一些）救主由各不相同的元素构成（因为不可见的不同于可见的，非时间性的也不同于时间性的），然而他并不是两个位格。神断乎不许！两个本性合而为一，神成为人，人成为神，或者可用其他任何正确的表述。我说不同的元素，是因为这与二位一体中的情形刚好相反；我们承认三位一体里面是有不同的位格，免得把位格混淆，但不是不同的元素，因为三位格在神性上是一，且是相同的。

如果有人说借着恩典在基督里面所做的工就如同在先知身上做的工，以前没有现在也没有在本质里面与他结合，那就让他不具有更高的神能（Higher Energy），或者毋宁说，让他充满相反的力量。如果有人不敬拜被钉十字架的，他必被革出教会，成为杀神者（Deicides）中的一员。如果有人认为主是借事工成为完全的，或者洗礼之后，或者从死里复活之后才成为完全的，所以可以说配得嗣子的名分，就像希腊人恳求添加到诸神行列中去的人物,那么他必被咒逐。因为凡有开端或有进步的,都是成为完全的,不是神,虽然这样的表述可以用来说明他的渐次显明。如果有人认为他现在已经脱去了其圣洁的肉身,他的神性取消了身体,不论他现在穿戴着身体,将来也要穿戴它,那么他必看不到主再来时的荣耀。请问,他既取了身体,若不穿戴,那这身体现在何处?它并没有被收藏在太阳里,那是摩尼教徒的胡言乱语,以便受到某种可耻的敬拜;也不是散发到空气里然后分解了,如同声音或者气味的传播那样;或者像闪电划过,没有任何停留。若是那样,他复活后如何处理他的存有,或者刺他的人如何看见他的存有,因为神性本质上是不可见的。不仅如此,他必带着他的身体再来——这是我所得知的——比如他的门徒在山上看见了他,当他的神性支配肉身时,他也显现了自己的形体。我们说这一点是为了消除疑惑,同样,我们写另一点是为了纠正那新奇的教义。如果有人认为他的肉身是从天上下来的,而不是从地上来的,不是从我们来的,而是高于我们之上的,他应当被咒逐。经上所说的话,第二个人是出于天①;属天的怎样,凡属天的也就怎样②,除了从天降下仍旧在天的人子,没有人升过天③,以及诸如此类,应当认为是指与属天者的联合;正如万物是借着他造的④,基督住在你们心里⑤这话不是指属神的可见本性,而是指心灵所感知到的东西,只是他们的名称合而为一,就像两个本性合而为一,彼此融合,这符合他们密切联合的法则。

如果有人相信他是人,却没有人的心灵,那他是真的丧失了心智

---

① 《哥林多前书》15:47。
② 《哥林多前书》15:48。
③ 《约翰福音》3:13。
④ 《约翰福音》1:3。
⑤ 《以弗所书》3:17。

(mind),根本不配蒙受救恩。须知,他没有披戴的,他就不可能医治;只有与他的神性联合为一,才可能被拯救。如果堕落的只是半个亚当,那基督穿戴并救赎的也可能只是半个;如果是他的整个人堕落,必是与受生之子的整个人联合,因而得救的也是整个。那就请他们不要嫉妒我们的完备救恩,或者把我们的救主形容成只有骨头和神经系统,在人性上不过徒具表象。如果他的人性没有灵魂,就是阿里乌主义者也不这么认为,那么他们就会把他的苦难归于神性,因为哪个使身体运动,哪个就受苦。但他若有灵魂,却没有心灵,他又如何是人呢?人岂是没有心灵的动物?若是这样,就必然包含这样的推论,他的形式和外观是人,他的灵魂却是马的或牛的,或者是另外的某种兽的。这样说来,他所救的也是这样的东西,我却一直被真理蒙骗,以至夸口一种早已给予他者的荣耀。然而他的人性若是理智的,不是毫无心灵的,那就让他们不要再这样毫无心智地疯言疯语了。这样的人又说,但是神性取代了人的理智(intellect)。这怎能驳倒我呢?须知,神性若只是与肉体结合,那不能成为人,只是与灵魂结合也不能,只是与肉身和灵魂结合,却撇开理智,也不能成为人,因为理智是人之为人最本质的部分。所以,要保守整个人,然后与神性结合,这样你就在我的完全性上有益于我。然而这人又说,他不可能包含两个完全的本性。你若只是以形体的方式去看他,当然不能。一蒲式耳不可能容纳两蒲式耳,一物体的空间不可能容纳多个物体。然而你看的若是思想上的无形的东西,请记住,我就我一人来说,能同时包含灵魂、理性、理智和圣灵;在我之前,这世界,我指的是可见与不可见之物的体系,同时包含着圣父、圣子和圣灵。因为属理智的存在者(intellectual Existences)具有这样的性质,可以无形体、看不见的方式相互混合,或与身体混合。比如,许多声音可以由一只耳朵听到;许多眼睛可以集中于同一个可见对象，嗅觉可以闻到许多气味；各个感官也不是彼此限制，或者排挤，感觉对象也不会因感知觉的增加而减少。与神性相比，哪里有人或天使的完全心灵，以至于大的要把小的排挤出去？灯与太阳相比不算什么，一滴水与整条河相比几乎是无，我们没有必要先去掉小的，把灯从屋里拿走，把水从地上取掉，才能使它容纳更大、更完全的东西。至于一物如何包含两种完全，比如房子如何包含阳光和太阳，或者土地如何包含水汽和江河，这是需要探讨的问题，值得作更多的思考。他们岂不知道，与此物相比是完全的东西，与彼物相比可能就是不完全的，就如小山与大山相比，一粒芥菜籽与一颗豆或者其他更大的东西相比，尽管它们在同类中算是大的。或者如果你愿意，拿天使与神相比，或者拿人与天使相比，道理都是一样。所以，我们的心灵之谓完全和具有支配性，只是相对于灵魂和身体而言的，不是绝对的完全，相对于神来说，就是仆人和臣子，不享有他的王位和尊贵。同样，摩西在法老面前是神①，但在神面前是仆人②，这是经上所说的，照亮黑夜的星辰被太阳遮挡，所以你们在光天化日之下甚至不知道它们的存在；小火把放到大火炬旁边，既没有毁灭，也不能看见，也没有熄灭，只是合成了一团火，大的渗透于小的。

但是，有人会说，我们的心灵注定是要遭诅咒的。那么我们的肉身呢？岂不也注定遭诅咒吗？因而，你或者因为罪把后者放在一边，或者因为救恩接受前者。若说他取了更坏的，以便借着他的道成肉身使它成为圣洁的，那他为何不能取好的，好叫它借着他的化身为人而得称为圣的？既然泥巴可以发酵，变成新的一团，那么请问你们这些

---

① 《出埃及记》7：1。
② 《民数记》12：7。

聪明的人，为何形象不能发酵，与神混合，借着他的神性成为神？我还要补充一点。如果心灵被完全拒斥，说它容易犯罪，当受到刑罚，出于这样的原因，他取了身体，却扔了心灵，那么那些心里犯罪的人就有了推诿的理由。因为照你们的观点说，神的见证已经表明这心里的罪是不可能医治的。我再来说说更大的后果。你，我尊敬的先生，侮辱我的心灵，如果我是 Anthropolater ①，那你就是 Sarcolater，这样，你就把神与肉身连结起来，因为他不可能以另外的方式连结；于是你摧毁了分离的墙。而我这个无知的人，并非哲学家的人，我的理论是什么呢？（神的）心灵要与（人的）心灵结合，这是更相近，且更相关的，然后借着它与肉身结合，作为神和肉身之间的中保。

我们再来看看他们对取了人，或者如他们所说的，取了肉身所作的解释是什么。如果这是为了使原本不可理解的神成为可理解的，借着他的肉身就如透过一层面纱与人交往，那么他们所显现的面具和表演很可爱，不必说他也可以用其他方式与我们交往，比如古代所使用的方式，在燃烧的荆棘中出现②，以人的形象出现。③但如果目的是叫他借着同类成圣而除灭咒诅，那么正如他为着拯救招来咒诅的肉身而需要肉身，为拯救我们的灵魂而需要灵魂，同样，为拯救心灵，他也需要心灵，它不仅在亚当里堕落了，而且是第一个受影响的，这是医生关于疾病的说法。显然，领受诫命的，就是没有遵守诫命的，没有遵守诫命的，也就是敢于犯罪的；犯罪的就是最需要拯救的；需要拯救的，就是他亲自披戴的。因而，心灵必被披戴在他身上。不论他们

---

① 阿波利拿里主义者似乎指控正统教义者是 Anthropolaters，或者说敬拜的只是一个人。圣格列高利反驳他们说，若如此，他们自己实际上就是 Sarcolaters，或者说敬拜的只是肉身，否认他们敬拜为主和救主的他具有心灵。
② 《出埃及记》3：2。
③ 《创世记》18：5。（似应为 18：1。——中译者注）

喜欢与否,这一点已经得到充分证明,或者使用他们自己的术语,得到几何学和必然性的证明。然而你们的做法就如同一个人的眼睛受伤了,随后脚也受伤了,你们只去看顾他的脚,对眼睛却不理不睬;或者好比说,一个画家画了很糟糕的作品,你们只是去改正作品,对画家却不置一词,似乎作品不是他败坏的。如果他们被这些论证折服,退而求其次,说,在神,就是撇开心灵只拯救人,也是可能的,那么我为何不能说,他也可以撇开肉身拯救人,只凭一个旨意就行,正如他成就其他事一样,不需要身体就成就了它们。那么就把身体与心灵一同拿走吧,好叫你们的巨大愚蠢得以彻底。然而他们被后者蒙骗了,因此奔向肉身,因为他们不知道圣经的习惯。我们也将教他们知道这一点。在那些知道圣经习惯的人看来,圣经里每一处都称他为人,以及人子,这是事实,甚至没有必要提出来加以说明。

然而,他们若是依据"道成了肉身,住在我们中间"①的经文,取消人最高贵的部分(就像制鞋匠对付较厚部分的皮一样),只让神与肉身结合起来,那么他们该说神只是肉身的神,而不是灵魂的神,因为经上写着:"你曾赐给他权柄,管理凡有血气的"②;"凡有血气的都要来就你"③;"愿凡有血气的,都永永远远称颂他的圣名"④,这些话其实是指代每个人。或者,他们必认为我们的先祖下到埃及时是没有身体,看不见的,约瑟被法老投入监牢,入监的只是约瑟的灵魂,因为经上写着:"他们带着七十五个人(Soul,灵魂)下了埃及"⑤,"铁

---

① 《约翰福音》1:14。
② 《约翰福音》17:2。
③ 《诗篇》65:2。
④ 《诗篇》145:21。
⑤ 《使徒行传》7:14。(参看和合本此节译文:"约瑟就打发弟兄请父亲雅各和全家七十五个人都来。"——中译者注)

链捆拘了他的灵魂"①，然而灵魂是不可能被拘的。这样主张的人不知道这样的表述是一种借喻手法，用部分来表示整体，就如圣经里说到小乌鸦啼叫求神②，其实是指全部长羽毛的飞禽；或者只提到北斗、参星和昴星③，而没有列举所有星宿和神对它们的管理。

而且，神对我们的爱不可能以其他方式显明出来，只能提到我们的肉身，他甚至为我们降到我们最低的部分。因为肉身没有灵魂宝贵，只要有一点点理智的人都不会不承认。所以，道成了肉身这段经文，在我看来等同于经上所说的"神使那无罪的，替我们成了罪"④，或者"为我们受了咒诅"⑤；不是说主变成了这些东西，他怎么可能成为罪或咒诅呢？然而因为取了这些，他就使我们众人的罪孽都归在他身上。⑥这个问题说到这里，已足以澄清真理，叫许多人明白。我写它，不是想要撰写论文，只是想检查欺骗发展到了什么程度；如果考虑周全了，我也会就这些问题作更详尽的阐述。

还有一个问题比这些更严重，一个特别的观点，我必须提到，不可忽略。我恨不得那搅乱你们的人，把自己割绝了⑦，重新引入第二个犹太教，第二种割礼，第二套祭祀体系。这样的事若是成了，还有什么东西妨碍基督重生，把他们挑选出来，再被犹大出卖，钉十字架，埋葬，复活，所有一切都以同样的顺序成全，就像希腊的循环体系，同样的星辰环行产生同样的事件？至于筛选的标准是什么，为何这些事应当发生，那些事应当省略，请这些夸口著作等身的智慧者来

---

① 《诗篇》105：18。（参看和合本此节译文："他被铁链捆拘。"——中译者注）
② 《诗篇》147：8。（见和合本147：9译文："他赐食给走兽和啼叫的小乌鸦。"——中译者注）
③ 《约伯记》9：9。
④ 《哥林多后书》5：21。
⑤ 《加拉太书》3：13。
⑥ 《以赛亚书》53：7（七十士译本）。
⑦ 《加拉太书》5：12。

告诉我们吧。

但是由于他们以自己的三位一体理论洋洋得意,诽谤我们的信仰不纯正,诱惑大众,所以人们有必要知道,阿波利拿里虽然承认圣灵有神性之名,但不承认他有神性之权能。认为三位一体由大、较大、最大的圣灵、圣子和圣父构成,就如光、光束(Ray)和太阳一样(这在他的作品里说得很清楚),这不是通向天上的神性之梯,而是从天上下来的梯子。然而我们认识的神是圣父、圣子和圣灵,这些不只是名称而已,他们也不是在地位或权能上各不相等而有区分,相反,他们都有同一个名称,因而在神性上也是一本性一本质的。

如果有人承认我们在这个题目上说出了真理,但指责我们与异端联合,那就请他拿出证据来,我们就接受这种指控;我们若不能说服他,就保持沉默。但是无论如何,在还没做出判断之前就提出什么革新,那是很危险的,尤其是在这样一个非常重大的事情上,涉及如此重要的问题。我们已经在神和人面前提出抗议,还将继续抗议。完全可以相信,倘若我们不是看到教会被撕得四分五裂,就是现在,我们也不会写下这些,其实他们借着目前虚谎的会众①还有许多其他伎俩。但是,当我们提出这样的抗议时,如果有人或者考虑到他们将获得的利益,或者由于畏惧,或者出于极其卑琐的心灵,或者由于教牧者和掌权者的某种疏忽,或者由于喜爱新奇,追求革新,从而把我们看作不值得信任的人予以拒斥,并与这些人同流合污,分裂教会的高贵身体,那么无论他是谁,必担当他的罪名②,当审判的日子,必要句句供出来。③他们冗长的著作,新编出与大卫的诗相悖的诗歌,以及

---

① 《诗篇》26:4(七十士译本)。
② 《加拉太书》5:10。
③ 《马太福音》12:36。

他们格律的优雅，可以看作是第三约，那么我们也可以编写诗篇，创作出更多的格律。因为我们也认为自己拥有神的灵，如果这实在是圣灵的恩赐，而不是人的炮制的话。我希望你们能公开宣称这一点，免得有人说我们忽视了这样的一种恶，而要我们担当责任，似乎这种邪恶理论是因为我们的忽视才得了滋养和力量的。

驳阿波利拿里：致克勒图尼乌的第二封信（第五十二封书信）

因为许多人都到您尊敬的阁下这里来，要求确证他们的信心，因而您语重心长地请我简单地阐述一下我的观点，于是我写信给您。尊敬的阁下，其实您先前就是知道的，我从来没有也不能在尼西亚信经上再增添什么，那是圣教父们在尼西亚相聚为摧毁阿里乌主义异端确立的信经，所以我坚守并在神的帮助下将永远保守那一信仰，只是就当时关于圣灵还没有完全阐述清楚的细节作点补充，因为当时，有个问题还未提出讨论，即我们要相信圣父、圣子和圣灵都属同一神性，因而承认圣灵也是神。这样说来，那些这样认为并教导的人，我就是这样的人，就接纳到团契中，那些不这样认为并教导的人，就要拒斥，视之为神和大公教会的外人。另外，由于关于神取人性，或者道成肉身还有个问题未决，我也要向大家清楚地阐明，认为只有一个子，从父生的，和后来从童女马利亚生的，是同一个子，我不称他为两个子，而是敬拜他为在神性和尊贵上完全同一而不可分的子。若是有人不同意这样的陈述，不是现在，就在以后，当审判的日子来到，他必要向神句句供出来。

他们对子的心灵的看法毫无理智。简单地说，这就是我们所反对的。其实几乎可以说，他们就是唯一符合他们所设置的条件的人，正是因为缺乏理智，没有脑子，他们才想斩除他的心灵。然而他们不可以指责我们曾经接受只是现在拒斥了他们所爱的维塔利乌（Vitalius）①的信仰，这是经罗马的主教达马苏（Damasus）的要求在他的作品中流传下来的，对此我也要作简短的解释。这些人，当他们在其真诚的门徒中，在那些刚被接纳进来了解他们的秘密的人中，就像摩尼教徒在那些他们称之为"拣选者"的人中，阐述他们的理论时，就原形毕露，全面暴露出他们的顽疾，甚至不承认救主有肉体。然而当他们遭到关于圣经所表明的道成肉身的共同回答的驳斥和压力时，又承认正统教义的话，但是确实摧毁了心灵；因为他们承认人性并非没有灵魂，没有理性，没有心灵，并非不完全，但是他们引入神性取代灵魂、理性和心灵，似乎它只是与他的肉身混合，而没有与属于我们人的其他属性结合；虽然他的清洁无罪远远高于我们，是对我们的苦难的洗涤。

因而，他们错误地解释经文"但我们有基督的心"②，而且解释得非常荒唐，因为他们说，他的神性就是基督的心灵（心）。而我们对这话的理解是，所谓有基督的心（心灵），其意思是说，人若效仿救主从

---

① 维塔利乌或维塔利斯是阿波利拿里的主要追随者之一，分裂教会的安提阿主教是由他祝圣的，其间，当还是正统派时已被梅勒提乌（Meletius）任命为神父。然而他因为嫉妒另一位神父而与他的主教争吵，然后受到阿波利拿里影响。他被召到罗马对自己被指控为异端做出辩护；他用机智而圆滑的语言作了一个忏悔，被教宗达马苏接受为正统；但教宗把整个案件移交给保利努斯（Paulinus），他当时被西方教会公认为是一个正直的主教。然而，维塔利乌不能接受所要求的考验，就退出了这个职位。他在回罗马的途中访问了纳西盎，格列高利把他看作信心上的弟兄接待了他，然而经过深入了解之后，就不得不收回这一立场。维塔利乌虽然承认我们的主既有人的身体，也有人的灵魂，但是否认他有人的心灵，根据他的教义，心灵的位置由神性来取代。

② 《哥林多前书》2：16。

我们取的心灵,从而使自己的心灵得了洁净,并且尽其所能与基督的心灵一致,那就可以说他有了基督的心;正如那些已经在肉身上得了训练的人,就可以证明已经有了基督的肉身,在这意义上,可以说与基督成为一体,是基督的分有者。所以他说:"我们既有属土的形状,将来也必有属天的形状。"①他们既没有像我们这样理解经文,于是就宣称,完全的人,并非"曾凡事受过试探,与我们一样,只是没有犯罪"②,而是神与肉身的结合。因为,他们说,还有什么比这更完全的吗?

他们对描述道成肉身的话,即他变成了人,也要同样的把戏,不是把它理解为他进入了人性里面,使自身周围环绕人性,如圣经所说,他知道人心里所存的③,而是教导说,它的意思是指与人结交、交往,并引用"他显现在地上,与人交谈"④的话来作证。你还能再讨论什么呢?他们拿走人性和里面的形象,用他们发明的新面具只是洗净了我们的外面⑤,看得见的东西;他们自相矛盾至极,有时候为了肉身的缘故,他们对其他一切都以粗糙而属体的方式去解释(他们正是从这里引申出他们的第二个犹太教以及乐园里上千年的傻乐,甚至认为我们在同样的上千年之后将重新开始同样的境况);有时候又把他的肉身看作一个幻影,而不是实在,认为它不曾有过我们所有的种种经历,甚至说它并非完全无罪。他们出于这样的目的引用使徒的话,然而在理解和表述上却又不按使徒的方式,即我们的救主取了奴仆的

---

① 《哥林多前书》15:49。
② 《希伯来书》4:15。
③ 《约翰福音》2:25。
④ 《巴录书》3 章 37 节。
⑤ 《马太福音》23:25、26。

形象，成为人的样子①，似乎这话表明的不是人的样子，而是某种骗人的幻影和表象。

这些话若是正确理解，就成为正统教义，若是错误解释，就是异端邪说。既然如此，那么我们若是在更加正统的意义上接受维塔利乌的话，希望它们是从这个角度令我们信服，尽管别人对他作品的动机感到愤怒，又有什么可奇怪的？我想，这就是为何达马苏本人在有更多的了解后，同时知道他们坚持以前的解释后就弃绝他们，推翻他们所写的认信书的原因；同时也对自己因头脑简单，上他们的当，受他们的骗感到恼怒不已。

他们既然公开受到这样的处置，就不该恼怒，而应羞愧；他们也不应诽谤我们，倒该鄙视自己，从他们的门口撕掉那大言不惭的宣称，说自己是正统教义的夸口，接受一切进来的同时带着我们必须敬重的问题和荣誉的人，不是穿戴神的人（God-bearing Man），而是穿戴肉身的神（flesh-bearing God）。虽然这些新的真理预告者对头衔非常在意，然而还有比这更不合情理的事吗？诚然，由于它的反题很灵活，有一定的诡辩风格，有耍花招的江湖骗术，可以取悦于没有知识的人，然而这实在是荒唐中最为荒唐，愚蠢中最为愚蠢。若是有人要把"人"或"肉身"这个词变为"神"（第一个是我们所乐意的，第二个是他们所乐意的），然后使用这精彩的反题，被认为如此神圣的反题，那么我们要得出什么样的结论呢？那就是，我们必须敬拜的不是穿戴神的肉身（God-bearing Flesh），而是穿戴人的神（Man-bearing God）。简直荒谬透顶！今天他们向我们宣告一种自基督以来一直隐藏的智慧——足以使我们痛哭流涕的事。如果信心始于三十年前，那么

---

① 《腓立比书》2：7。

基督显现之后有近四百年的时间过去了，我们福音所经历的所有时间岂不是枉然的，我们的信心岂不也是徒劳的；殉道者所作的见证是徒然的，这么多如此伟大的主教对百姓的管理也是毫无意义的；恩典是关乎格律的事，而不是关乎信心的事。

谁能不惊异于他们的学识，因为他们根据自己的权威来划分基督的事，把诸如他出生、受试探、饥饿、干渴、劳累、困乏这些话分配给他的人性，而认为他的神性体现在：他得到天使的荣耀，他胜过试探者，他在旷野给人粮食，并且以这样的方式喂养他们，他在海上行走；一方面说，"你们把他（拉撒路）安放在哪里？"①这是属于我们的，另一方面，大声呼叫："拉撒路出来"②，使他在死去四天之后又复活的，又是超越我们本性的；虽然"他陷入痛苦，被钉十字架，埋葬"属于所蒙的帕子，另一方面，"他自信，复活，升天"属于里面的宝藏；然后他们指控我们引入两种本性，分离或冲突，指控我们把超自然的神奇联合分开。他们或者不应指控我们，或者不应这样指控我们；至少，如果决心保持一致，而不是同时提出自己的原理和对手的原理，就应当如此。他们缺乏理性到这种程度，既与自身矛盾，又与真理冲突，甚至当他们自己失和争吵时，既意识不到这种矛盾，也不以此为羞。若是有人认为我们写这一切是出于自愿，而不是迫不得已，认为我们是在破坏合一，而不是尽我们所能巩固合一，那么务必让他知道，他是完全错误的，对我们的愿望根本没有做出良善的猜测。须知，在我们眼里，没有什么或者不曾有过什么比和平更宝贵，如事实本身所表明的；然而，他们的所作所为以及与我们的吵吵嚷嚷完全排除了一致的可能性。

---

① 《约翰福音》11：34。
② 《约翰福音》11：43。

译名对照表

Abbe Benoit 阿贝·本诺伊特
Abaris 阿巴里斯
Achaia 亚该亚
Achiles 阿奇莱斯
Actaeons 阿克泰翁
Aeacidae 埃阿西德
Aëtius 埃提乌
Aeon 伊涌
Agamemnon 阿伽门农
Aglaophons 阿戈拉弗
Aidoneus 埃多纽斯
Alexandria 亚历山大城
Alcmaeonids 阿尔克曼尼兹
Alias 埃利亚斯
Alpheus 阿尔菲乌斯
Ambrose 安波罗修
Anaxagoras 阿那克萨戈拉

Anastasia 复活堂
Andrew 安德烈
Anomoean 阿诺摩伊
Anthimus 安提姆斯
Antioch 安提阿
Antisthenes 安提斯泰尼
Aphrodite 阿佛罗狄忒
Apis 阿庇斯
Apollinarius 阿波利拿里
Apollo 阿波罗
Apollonius 阿波罗纽
Argive Pegasus 阿尔基乌·佩迦苏斯
Argos 阿耳戈斯
Artemis 阿耳忒弥斯
Aquila 阿奎拉
Arcadia 阿卡迪亚
Ariadne 阿里亚德

Aristotle 亚里士多德
Arius 阿里乌
Arsenius 亚尔塞纽
Asphodel 阿斯弗德
Astarte 阿斯塔蒂
Armenian 亚美尼亚人
Asia Minor 小亚细亚
Athanasius 阿塔那修
Athene 雅典娜
Attica 阿提卡
Augustine 奥古斯丁
Babylon 巴比伦
Basil 巴西尔
Bellerophon 柏勒洛丰
Benoit 本诺伊特
Billius 比利乌
Burgundian 勃艮第人
Byzantium 拜占庭
Cadiz 卡底兹
Cadmus 卡德摩斯
Caesar 凯撒
Caesarea 凯撒利亚
Callistus 卡利斯图斯
Canon Bright 卡农·布赖特
Cappadocian 卡帕多西亚
Caria 卡里

Carmel 迦密
Carthage 迦太基
Castalis 卡斯塔利亚
Cecropidae 塞克罗比德
Celei 塞雷
Chaldeaan 迦勒底人
Chalcedon 卡尔西顿
Chemosh 切摩什
Chimaera 奇美拉
Chiron 奇龙
Chrysostom 克里索斯托
Cleobulus 克莱俄布卢
Cledonius 克勒图尼乌
Constantinople 君士坦丁堡
Cornelius 科尼流
Crates 克拉特斯
Cretan 克里特人
Curetes 库里特
Cynic 犬儒学派
Cyprian 西普里安
Cyprus 塞浦路斯
Cyril Hieros 西里尔　黑洛斯
Cyzicus 西济库
Damasus 达马苏
Deadalus 底达鲁斯
Decian 德西乌斯

Delphian 德尔菲
Demeter 得墨忒耳
Demosthenes 狄摩西尼
Diogenes 第欧根尼
Dionysius 狄奥尼修斯
Dionysus 狄奥尼索斯
Dodoneaan Oak 多多奈方舟
Dragon 大龙
Eacidae 埃阿西德
Eleusis 埃琉西斯
Elias 埃利亚斯
Elisseus 以利沙
Elysian 埃吕西亚
Emmelia 埃梅利娅
Empedocles 恩培多克勒
Epicurus 伊壁鸠鲁
Epiphanius 伊比芬尼
Epirus 埃皮鲁斯
Erastmus 伊拉斯谟
Estius 埃斯提乌
Ethiopia 埃提阿伯
Euclid 欧几里德
Eunomius 欧诺米
Eusebius of Samosata 撒摩撒他的优西比乌
Eustathius 欧大悌

Eutychianism 欧迪奇主义
George 乔治
Gnostics 诺斯替主义
Goths 哥特
Gratian 格拉提安
Gregory of Nazianzus 纳西盎的格列高利
Gregory of Nyssa 尼撒的格列高利
Gregory Thaumaturgus 行奇迹者格列高利
Gyges 巨格斯
Hecate 赫卡特
Hellas 赫拉斯
Heracleidae 赫拉克莱德
Hilary 希拉利
Hippodrome 希波德若姆
Homer 荷马
Iphigenia 伊菲基尼娅
Irenaeus 爱任纽
Isis 伊希斯
Ithyphalli 伊特法利
Jerome 哲罗姆
John of Damascene 大马士革的约翰
Jovian 约维安
Judaea 犹太

Kronos 克洛诺斯　　　　　　　Memphites 孟菲斯人
　　　　　　　　　　　　　　　Mendesians 曼德西亚人
Laconia 拉康尼　　　　　　　　Midas 弥达斯
Libyan 利比亚　　　　　　　　Minos 弥诺斯
Lombards 伦巴底人　　　　　　Minotaur 弥诺陶
Lucifer 路西弗　　　　　　　　Mithras 密特拉神
Lucius 鲁西乌　　　　　　　　Modestus 摩德斯图
Lycia 吕西亚　　　　　　　　　Molione 摩利奥娜
Lydia 吕底亚　　　　　　　　　Momus 莫摩斯
Maccabee 马加比　　　　　　　Montanus 孟他努
Macedonius 马其顿　　　　　　Mysia 密细亚
Maiden 玛伊顿　　　　　　　　Nautilus 瑙提鲁斯
Mammon 玛门　　　　　　　　Neoceasarea 新凯撒利亚
Manes 摩尼　　　　　　　　　Nero 尼禄
Manicheanism 摩尼教　　　　　Nestorianism 聂斯脱利主义
Marathonians 马拉托尼乌主义者　Newman 纽曼
Marcion 马西昂　　　　　　　　Nebuzaradan 尼布扎拉丹
Marcus 马库斯　　　　　　　　Nicetas 尼西塔
Marc 马库　　　　　　　　　　Nicomedia 尼哥米底亚
Mausolus 摩索拉斯　　　　　　Notus 诺图斯
Maximilla 马克西米拉　　　　　Novatian 诺瓦替安
Maximus 马克西姆　　　　　　Novatus 诺瓦图
Maximinus 马克西米努　　　　　Oecumenius 奥伊库美纽
Meletian 梅勒提安　　　　　　Oceani 奥逊尼
Meletius 梅勒提乌　　　　　　Orestes 俄瑞斯忒
Memphis 孟菲斯　　　　　　　Orions 奥里翁

Orpheus 奥菲斯
Origen 奥利金
Osiris 俄西里斯
Palamedes 帕拉米德
Palestine 巴勒斯坦
Palladius 帕拉迪
Parrhasii 帕拉西
Paulinus 保利努斯
Pelopidae 佩罗比德
Pelops 珀罗普斯
Pentapolis 奔塔波利斯
Persephone 波士弗尼
Petavius 佩塔维乌
Phalli 法利
Phidiea 斐迪阿
Plato 柏拉图
Phanetes 潘奈特
Photinus 福提努
Phrygia 弗里吉亚
Pneumatomachi 敌圣灵主义者
Polybius 波利比乌
Pontus 本都
Poseidon 波塞冬
Priscilla 百居拉
Pylades 庇来德
Pythagoras 毕达哥拉斯

Rhadamanthus 剌达曼提
Rhea 瑞亚
Sabellians 撒伯里乌主义者
Sardica 萨底卡
Sasima 萨西马
Scythians 锡西厄人
Semiarian 半阿里乌主义者
Sinope 西诺坡
S. John the Evangelist 福音书作者圣
　约翰
Sebasteia 塞巴斯蒂安
Seleucia 塞琉西亚
Semele 塞米勒
Sidonian 西顿人
Siricius 西里西乌
Socrates 苏格拉底
Sozomen 索宗曼
Spartan 斯巴达人
Stoa 斯多葛
Suicer 苏伊舍
Suidas 苏伊达
Symmachus 西马库斯
Tantalus 坦塔鲁斯
Tauris 陶里斯
Taurus 陶鲁斯
Tertullian 德尔图良

Thessalian 塞萨利
Thrace 色雷斯
Tethyes 忒提斯
Theban 底比斯人
Thebes 底比斯
Theodoret 狄奥多勒
Theodosius 狄奥多西
Thracian 色雷斯人
Thomas Aquinas 托马斯·阿奎那
Tillemont 提勒蒙特
Tischendorf 提斯切多夫
Titan 泰坦
Triptolemi 特里波托瑞米
Trommius 托若米乌
Trophonius 特洛弗尼乌
Tyana 提阿那

Tyre 推罗
Ullmann 乌尔曼
Vandals 汪达尔人
Van Espen 凡·伊斯奔
Valentinus 瓦伦廷
Valens 瓦伦斯
Vitalius 维塔利乌
Wordsworth 华兹华斯
Xenophon 色诺芬
Xerxes 薛西斯
Zeno 芝诺
Zephyrinus 芝菲里努
Zeus 宙斯
Zeusides 芝乌克西德
Zeuxippus 芝克西普斯

译 后 记

纳西盎的格列高利是公元 4 世纪非常重要的基督教神学家，他关于三位一体神学的清晰、合乎正统的阐释，不仅是当时基督教世界反对阿里乌主义的最重要的文献之一，也是今天基督教神学的重要思想来源。

本书辑入纳西盎的格列高利的几篇重要演讲和书信。五篇"神学演讲录"已经清楚地说明了本书的主题，其他几篇演讲以及书信也都与此有关。与阿里乌主义论辩的演讲，驳阿波利拿里主义的书信以及论洗礼的演讲，都涉及三位一体的主题。此外，本书还选入关于巴西尔的长篇演讲。巴西尔是卡帕多西亚三大教父的领袖，与纳西盎的格列高利有着深刻、生动的友谊，他们在思想上有高度的一致性。在这篇演讲中，纳西盎的格列高利不仅表述了他对于巴西尔的赞颂和深切怀念，还从一个侧面展示了卡帕多西亚教父的神学整体性的背景。

感谢许多学者参与并协助本书的翻译。感谢陈廷忠博士为本书奉献精彩的中译本导言；感谢牛稚雄先生解决了翻译中一些相当专门的问题，并提出改正意见；感谢吴欲波博士和张力先生提供有关 Being 的中译者注释的资料，感谢游冠辉博士、王爱玲女士和刘峣女士细致的编辑和校对工作；感谢章雪富博士作了初次校对，撰写三个颇为详细的中译注释,并选辑了翻译篇目。

本书翻译为教育部"希腊化和古代晚期西方哲学研究"社科项目。本书所引的圣经经文采用和合本译文。

最后,盼望读者和专家提出批评意见,以完善译本的质量。

浙江工商大学教授　石敏敏

2008.7